U0061865

中國的近代：
大國的
歷史轉身

羅志田
（著）

自 序

我的上一本非學術文字的文集，是 2007 年 1 月出版的《昨天的與世界的》。此所謂"非學術"，不少就是把已有的學術文字簡化改寫，以適應更廣泛的讀者，因為總覺得學人研究的心得應與更多人分享。這類文字十餘年間一直斷斷續續在寫，且常有出版社的朋友在提醒和敦促將其整合出版。但不知為什麼，近年好像比以前還忙，總沒時間來做這樣"不急"的事；同時也希望這些文字能有關聯相近的主題，讓讀者更容易"一目了然"。結果是積下了幾十萬字，也沒有組合成集。

不過，一直有些買過這類拙作的朋友遞來關切，說好久沒見我這方面的書了，問我是不是忘了他們。任何寫作，永遠是一個讀者參與的長程。儘管江湖有大小，術業有專攻，學人終是社會人，躲進小樓，也成不了一統。這些讀者，叫我如何能忘呢！適有身在大學卻常為出版社做事的朋友，發來設計編排漂亮的書樣，提示這樣的機會也可能為我所有，於是編成了這個集子。

史學之外的朋友怎樣看歷史和史學，是我向來想要了解的。在與各類不學歷史的專業學人的接觸中，我常注意探尋他們的歷史知識來自何處。結果有些令我吃驚，即歷史學人不太看得上的教科書，影響似乎很大。進而推廣到學界以外的一般人，一個非常有意思的現象是，人們對歷史的熱情一直濃厚，但不計"戲說"和"穿越"者，說歷史的書，賣得好的往往不是所謂"歷史學界"看重的（即使在"歷史學界"之內，銷量大的也往往是那些敢於下判斷願意給出"答案"的書）。不知一般人所謂的"歷史知識"，是否就這樣形成？

為什麼學界看重的研究新進展，卻常疏離於那些對歷史有興趣的人，是一個特別值得反思的大問題。今日大學這種教育方式是外來的，實際到 20 世紀才引進（儘管京師大學堂始建於 1898 年），故歷史教育在整個教育體系中的地位，是國人面對的新課題。就學問言，歷史教育與歷史研究的關係，關係到我們希望構建一個什麼樣的歷史學。兩者都亟須進一步探討。拋開這些往小了說，主要的責任應在我們這些史學從業者身上。我們何以不能讓內行覺得好的作品，也能為一般人所接受，是很需要檢討的。

或許我們一些人誤解了學術規範，把最低的起碼要求當成了終極目標。不少研究通篇都在"規範"地回應學界對具體問題的爭議性見解，幾乎面面俱到，而對所研究的史事本身，則很難說是否推進了我們的認識。不幸這樣的論著最容易通過所謂的"同行審查"而發表，但顯然不能滿足行內行外對"歷史研究"的要求，反而把對歷史有興趣的人拒於千里之外。

其實史學以至於整體的學問，本在大千世界之中。傅斯年有一個重要的主張，即大學應為社會"供給學術"，以喚起和強化國人對於學術的"愛好心"和"自覺心"，進而改善民德（詳正文）。也只有愛學的自覺豐沛於社會，學問才能在涵泳中進步。所以我們一方面要改進自己的研究取向，不僅與同行對話，更當直面歷史本身，至少面對行內外對"歷史知識"的要求；同時，無論專業壓力有多大，都須適當"撥冗"，與非專業的人分享自己的讀史心得，讓學術可以貢獻於社會。

當然也還有文字能力的問題。我自己的學術文字，總想在有限的篇幅裏，表出盡可能多的意思，往往壓縮得很厲害。養成習慣之後，甚至給報紙寫的文字，也追求言簡義豐，每被認為信息太"密集"，不利於閱讀。後來也曾反省，文字或如網格，壓之太過，就看不到間隙了，有些像我們四川話說的"一餅粘"；或許還是張弛有度，多少留些喘氣的餘地更好。其實還是辭達意的能力不足，若是功夫到了，即使意境深遠的話，也可以說得風韻疏淡。雖不能至，心嚮往之。

這本書主要討論的是"中國的近代"，借用一本流行史書的名諱，說的是一個大國不得不轉身的"那些事"。所收各文，基本維持原樣，僅做了個別的修訂，希望能使文字稍更通暢，讓讀者看得舒服些。原來有不少注釋，為適應一般的讀者，所有關於出處的都已刪去，僅留下少數說明性的注釋。

全書立足於文化眼光，藉助歷史想像，觀察中國的近代，述說一個大國如何從歷史轉身。但並不如一些青年學生喜歡的那樣

"系統全面"，而更像是一些具有個別特質的事，相互聯結成一個組合體，甚至像是一串"事故"。當然，事既有"故"，便皆有因緣，背後自有其邏輯關係。不妨既注重其個別特質，復探索其互動關聯，順理以成章，庶幾展現近代中國一些有特異色彩的面相，以及那些使其不得不如是的脈絡淵源。

儘管以前的"天下"已經轉化，後來的"世界"彷彿外在，眼前"中國"這個文化生活區，卻是我們自己的。近代的中國，轉身還在繼續，卻首先是從歷史走來。要了解是哪些因素影響和形塑了我們今天的生活，就需要重新審視"中國的近代"。把自己的讀史心得與有興趣的朋友分享，是我們這些專業學人之所願；從歷史中認識自己，進而書寫屬於自己的歷史，是所望於讀者。

2018 年 7 月 28 日於江安

目　錄

引言：大國的歷史轉身

　　中國的近代是一個充滿激情的動盪時代，也是一個在很多方面與過去和外國都"不一樣"的時代，產生了不少此前此外都不易見的現象——如"家庭"這一護祐成員的"溫暖港灣"反被視為阻礙其成員救國興邦的桎梏，成了革命的對象；而不少在精神物質兩層面皆已確立精英地位的既得利益讀書人，並不希望維持現狀，反不斷倡導和鼓勵各式各樣的"革命"（詳正文）。

　　有意思的是，中外研究者基本將這類"非典型"現象，視為理應如此的"常態"。這意味著或者大家都同意近代中國可以是個"例外"，或者大家都已接受這本來就是個"不一樣"的時代（然可以不必表出）。外國人把中國的近代視為"例外"，可能是出於歧視（即不以常人待化外之人）；中國人而有相同的認知，固不排除是這類外來觀念的內化，恐怕還有別的原因，需要仔細斟酌。若眾皆如此，似表明很多人有意無意間已感覺到這是一個梁啟超所說的"過渡時代"，故可以允許很多"不一樣"的存在？

　　過渡時代的基本特徵，就是總處在一個緊張的狀態中。首先是既存秩序不再顯得"恆常"，同時過去相對易得的"穩定"，也被頻繁而劇烈的動盪所取代。許多洋溢著激情活力的面相，往往不能以常理度之，明顯帶有梁啟超所說的"革命性"，即事情"最難律以常軌"，往往出現"結果與預定的計劃相反"的現象。

為什麼會這樣呢？簡單說，因為這是一個歷史悠久、看重文化的大國不得不轉身的時代。具有比較眼光的人，常喜歡對比近代中國和日本改革的成敗。如果以學西方學得像不像，尤其是物質層面的富強，日本更成功是不言而喻的。但俗話說大有大的難處，一個大國要轉個身，遠比小國更困難。何況中國這樣名副其實的地大物博之國，真轉起身來，也只能寄希望於大器晚成，而且還會有很長的過渡期（此過渡不僅是一般常說的從傳統到現代，更包括從文質化轉向物質化）。

今日我們對近代中國的認知，既帶有很多想像的意味，同時又缺乏足夠的想像力，最主要的就是沒有充分認識到近代中國的特異性。而且這類特異性已經影響到對近代中國的認知本身。故不僅過渡時代的特異性需要進一步的認識，因此而產生的獨特認知又會對我們認識自己有什麼樣的影響，都相當值得反思。或可以說，中國的轉身還在繼續，卻首先是從歷史走來。是哪些因素影響和形塑了我們今天的生活，非常需要藉助歷史想像，重新審視"中國的近代"，了解那些使其不得不如是的脈絡淵源。

首先，近代中國的轉身，在很大程度上是被動的。韋伯（Max Weber）注意到，古代中國的理想秩序是和諧，上天是維持"神聖的社會秩序恆常不變與不受干擾的守護者"，只要遵循

"合理規範的支配"，即可得到穩定。而對西人而言，上天是"被畏懼或被熱望的、非理性的命運急轉的源頭"，因為西方在"自然與神之間、倫理要求與人類性惡之間、原罪意識與救贖需求之間、此世的行為與彼世的報償之間、宗教義務與社會—政治的現實之間"，皆有緊張性。而在儒教倫理中，這些緊張完全沒有，也就缺乏它們激發出的激情和突破。

不過，由於外力的衝撞，中國的近代似也出現了兼含畏懼和熱望的非理性"命運急轉"。此前中國也曾有過被征服的經歷（元朝和清朝），這次遇到的卻是文化與武力相結合的"現代型"外力，它更加"理性化"，也更能算計，似乎並不一定想要全面的領土征服，卻將獲利的希望寄於中國人思想觀念的改變。實際上，近代西潮的衝擊，也成功改變了很多中國讀書人的思想。

若據韋伯所說"上天"在中西文化中的意義，近代中國這突如其來的"命運急轉"，就真有天崩地裂的意味了。其中當然蘊涵著豐富的創造力，卻也伴隨著中國人所不熟悉也不欣賞的多種緊張。以澄清天下為己任的讀書人，確曾努力想要順應這樣的"命運急轉"，但中國是一個廣土眾民的大國，而且歷史悠久，有著顯著的非物質特色。這樣的大國要轉而以富強為目標，可不那麼簡單。

本書講述的，就是一個大國不得不轉身的故事。我把一篇《從文化看復興與崛起》的小文放在前面，作為本書的前言。裏面涉及的大國與小國、近代的記憶與失憶，以及從認知回歸泱泱大國風範的意思，大概是今天很多人也感興趣的。那是一篇命題作文，並非我常寫的題目，但也告訴我們，就是流行的“大國”話語，也不必都是同樣的思考。其中關於物質與文質的辨析，尤點出近代的一個重大變遷。

晚清的鄧實把文質看作物質的對應項，而今人則多表為“非物質”，頗似把虧損說成“負增長”，最能體現思考重心之所在──心裏只想增長，則虧損便成為另類的增長；眼中唯有物質，文質也就成了非物質（不過立言當從眾，我現在也多表述為非物質，以隨順世緣）。

從過去極為看重非物質面相到後來思想的全面物質化，是一個根本性的劇變。孟子看重的恆心與恆產的關係，就此顛覆。心態已充分物質化的今人，或已看不出無恆產而有恆心的意義，也越來越難以理解非物質時代的昔人。這恰是所謂大國轉身特別需要引起我們關注的地方，即由於大器晚成的過程太長，有些自己的特性可能久假不歸，使今天的人難以認識過去的自己，不啻自我的悄然隱去。

前面說到很多人都確認近代日本改革的成功，其實日本真正成功之處，可能更多表現在雖已大規模西化，仍在很大程度上保持了自身文化的生活樣法。反觀我們，從衣食住行看，雖不能說已經西化，卻已迥異於百多年前的中國。既不夠西化，也不那麼“中國”；不中不西，亦中亦西，恰是近代中國衍生出的一個特異色彩。

　　毛澤東曾總結說，白鴉片戰爭後，"先進的中國人"一直在"向西方國家尋求真理"。既以"學外國"為標的，若不能如陳寅恪所說的，"一方面吸收輸入外來之學說，一方面不忘本來民族之地位"，就很難"於思想上自成系統，有所創獲"，反可能陷入陳先生多次提到的"非驢非馬"狀態。

　　一方面是不少今人喜歡學著說東方是西方的"他者"，另一方面卻出現了中西互混而人我難分的現象。近代大國轉身的艱難，正表現在許多類似的轉變之上。這樣一些時代性的面相，特別需要從史學視角進行通論性的觀察。

　　本書的文字大體分為五個板塊，第一部分是偏重古代的通論，明確近代中國是從歷史走來。分別探討史學在中國的地位及其發展歷程、與時偕行的中國農耕文化、夷夏之辨和文野區分，以及巴蜀文化的一些特色。

　　中國文化區別於各大"文明"的一個獨特面向，就是對歷史的特別看重和史學長期具有特殊的地位（史為近道之學）。我們甚至可以說，如果不了解史學的獨特性，就不能真正了解中國文化。而守先待後這一中國史學看重的責任，也最能提示近代與古代的關聯。

　　農耕曾是中國文化的核心，四民社會中居於前兩位的，就是士和農。而四民之首的讀書人，至少兩千多年來追求著以耕讀為標榜的生活樣法。近代"命運急轉"後，農民淪為"落後"的象徵，農村、農業等也成了"問題"，而且是"出問題""成問題"

意義上的負面問題。更或因士人中一些人隨順世緣，轉而青睞工和商，與農民"翻身做主人"相伴隨，士人自身也逐漸成了"問題"——"知識分子"本身就成了問題，而"知識分子問題"更一直是執政者的困擾（薄一波曾言及此）。耕讀既去，士和農也成了難兄難弟。這一切，都需要返璞歸真，重新溫習農耕文化的本色，才能真正理解那不一樣的近代。

如果說"滿漢中西新舊"是理解近代中國的六字箴言，其中前四個字，都與夷夏之辨密切相關。對向以文化自豪的中國讀書人來說，近代文野的更易可能是他們最大的困擾。自從以強弱定文野的新見引入，以前文野區分的開放性隨之狹窄，進而僵固，尋求富強乃成朝野之必需。而文野區分本是夷夏之辨的基礎，後者更是理解近代中國的一個要素——清雍正帝曾明言清人是"外國入承大統"，甚至自稱"外夷"，但又力圖證明清人已從夷變為夏。這樣一種認同的尷尬，曾使鴉片戰爭後的一段時間裏，漢族讀書人不便徑用"夷狄"稱西人。更因前有異族的征服，使得辛亥鼎革後想要回歸什麼樣的"傳統"，成為一個需要斟酌的問題。面臨西潮的強力衝擊，卻連自己的"傳統"也需要辨析，能不容易"失憶"？一些人乾脆把全部問題歸咎於"傳統"，也不失為一種尋求解脫的"出路"。

對於地大物博的中國來說，文化的區域性一直是自我認識和認識自我的重要因素，也是認識者自身不小的困擾。巴蜀文化本身有其需要體認的特性，而更重要的是，類似巴蜀這樣的地方文化，究竟是中國文化之下的一個區域分支，還是存在於某一特定區域的中國文化？書中的小文並沒給出結論，但在種族、民族、族群等範疇引進之後，這視角對認識中國本身和認識中國文化，都至關緊要。我們或可這樣想：中國文化不必是由一個個可區隔的子文化相加而成，而是中國之內各地方人共同分享又各自表述的一個文化——共享者反映共性，各表者表現個性。甚至人類這一命運共同體，也不妨由此體認，庶幾多一些包容，少許多"博弈"。

在上述鋪墊之後，第二板塊是本書最為吃重的核心部分，直接呈現近代中國一些基本層面的特異性。主要處理的是前述六字箴言的後四個字——中西新舊。這四個字有一種相互纏結的關聯：由於中國在中外競爭中屢敗，中西的認同讓很多中國人感覺不舒服，於是催生出取代中西的新舊，然而新舊又不完全等同於中西。那是一個思想和社會都已失去重心的時代，呈現出革命加轉化的過渡特色。更由於治國平天下的道出於二，過渡時代的新舊與中西皆飄忽流轉，有不少的跨越和交集。而它們的持續纏繞互競，正歸結於近代中國已沒了重心。

從口岸的租界到鄉村的煤油燈，芮瑪麗（Mary Wright）所說的"外國無所不在"已非常顯著；明可見一系列"不平等條約"構成的體系，暗則是很多讀書人被西方改變了思想，說"外國在華存在"已成中國既存權勢結構的一個組成部分，似不為過。面臨西潮的猛烈衝擊，很多中國讀書人都在思考中國向何處去這一共同問題。以前世道破壞，感覺前行無路，往往會回頭看看過去。近代則出現了一個區別於古代的逆轉，即不再回頭尋求思想資源，而是眼光向外，透過東瀛而面向西方。

這樣一種從縱向到橫向的眼光轉移，形成朝野共趨的國家目標外傾，是一個與從重文質走向物質化並列的根本性變遷，或可表述為走向世界的新中國。其間各式各樣的組合不斷呈現，雖非新非舊、不古不今，甚或"童牛角馬"，卻也使中國文化獲得新的生命樣態。不過，在中國向世界奮力前行時，卻面對著一個日新月異的世界，還不知會不會變好。迄今亦然。

第三部分涉及一些歷時性的近代大事件，不少都是以千年為計量單位的巨變。第一個就是實行了千年以上的科舉制被廢除了，直接導致維繫了兩千多年的四民社會走向解體。第二個則是與之相伴隨的晚清新政，竟然達成了立憲法的朝野共識。從以道治國向以法治國的模式轉化，已經觸及了統治的根本。立憲一旦實行，皇帝就真成了虛君，實即否定了皇帝自身的統治正當性。如此涉及"大經大法"的舉措，足以表現當時朝廷尋求變革的決心，卻不能防阻辛亥革命的發生。

或因"革命尚未成功"的孫中山遺訓，辛亥革命並不成功的看法，基本衍化成學界一種固定的認知（如黎澍先生所言，我們的近代史研究常追隨"國民黨觀點"）。處此語脈之中，我們對這次根本性的歷史轉折有多"大"，認知有些不足。前述新舊中西的纏結提示我們，對近代中國的要事要務，需要真正"學貫中西"的體認。對於像辛亥革命這樣已超出政治的巨變，要深入理解中國傳統政治的基本理念，也熟悉 19 世紀影響中國的西方經典學理，才能得出接近本相的認知。

杜亞泉就把辛亥革命視為"五千年以來之大變"，不以小變視之。他最重要的睿見，就是看到了清季改革與革命的關聯，指出了摹擬西方的繁複政治，本身就可能導致革命。杜先生特別駁斥了"無學部則教育必衰，無農工商部則實業不振"的時代謬見（不幸今日史家中持此觀念的還不少），強調"國運之進步，非政府強大之謂"。蓋"一國政府之本分，在保全社會之安寧，維持社會之秩序，養其活力之泉源，而勿涸竭之"。若政府一意"擴張政權"，對社會取干涉態度，則"干涉甚則礙社會之發展，擔負重則竭社會之活力，社會衰而政府隨之"。

這是真正學貫中西的見道之論。中國傳統政治本是近於西方經典自由主義的小政府模式，朝廷以一系列的儀式性舉措強調其存在，但在具體治理上則有意無意與人民"相忘於江湖"。近代可以說是小政府遇到了大問題，而一旦由崇尚無為而治改為模擬西方的繁複政治，小政府體制就面臨了強有力的挑戰。杜亞泉把辛亥革命視為立憲的延續，卻在民國二年發現"立憲之前途尚遠"，充滿了悲觀。這也是民初那些年很多讀書人的共識，所以醞釀出了新文化運動，以及其中的五四學生運動。

不過，向被視為分水嶺和里程碑的五四新文化運動，其實需要重新認識。狹義的"五四"是指 1919 年那次學生運動，而廣

義的 "五四" 則泛指新文化運動。前者的標誌性口號是 "內除國賊、外抗強權"，而後者則以提倡 "德先生" 和 "賽先生" 著稱於世。實際的結果是狹義者獲得了整體的冠名權，而廣義者的口號成為代表全體的表述。但若拿所產生的結果來評判，五四新文化運動基本不可逆的實際遺產，是白話文取代了文言，成為中國人的書面表述方式。這同樣是一個至少以千年計的大變化，而且影響了數以億計的人。以後的世界歷史，恐怕都不能不對此說上幾句。

"五四" 的多樣性從一開始就存在。學生運動時正在中國的杜威（John Dewey），把運動描述為 "一個民族／國家的誕生"（the birth of a nation）；但運動的當事人傅斯年看到的，則是此時 "中國算有了 '社會'"。在一般人眼裏，國家和社會即使不對立，其間也充滿了緊張。杜威和傅斯年的不同表述，正表出 "五四" 蘊涵的豐富。

那是一個充滿矛盾和衝突的時代。發生在當時的事情，都打上了時代的烙印，需要從此理解和認識。我們今天不少習以為常的概念，例如國家和社會，其實也是在 "大國轉身" 的過程中形成的。對那些喜歡學著說中國古代是 "帝國" 的人來說，"國家" 和 "社會" 可能都是 "帝國" 轉化的產物，實則更像是以前耳熟能詳的 "天下" 在近代渙然崩解的後果。

伴隨 "大國轉身" 形成的類似概念，還有文化和政治。今人常把文化和政治區別看待，而在那時很多人眼裏，政治就包含在文化之中。若把新文化運動與晚清的改革和革命聯繫起來縱向思考，它究竟是一個西潮衝擊下的"反應"，還是一個更多帶有自我意識的"覺醒"，就不是一個小問題。梁漱溟以為，從晚清的改革到辛亥革命，都是想要接受當時所見西方文化的努力，也是對自己文化的改革。似乎辛亥革命已是一場人心革命，而新文化運動則進一步整體性地轉向文化。

這裏隱伏著一個不小的分歧，在杜威和傅斯年看來，五四新文化運動更多表現出斷裂，而胡適、梁漱溟等人則看到了歷史的延續。文化和政治的緊張，也因此成為後來很多人的一個重要分歧——對於中國的問題，究竟是從思想社會著手改變政治，還是訴諸更直接的行動，以武裝革命解決一切？

從新文化運動到北伐那十餘年，更是一個年年翻新、幾乎可以說一年一個樣的激變時代。其間我們熟悉的"五四""五卅"和北伐，都曾被親歷者視為歷史轉折的里程碑。十多年就三次經歷"里程碑"似的轉折，這樣的歷史足夠驚心動魄，卻也讓當事人無所適從。朱自清後來說的"一切都在搖盪不定之中，一切都在隨時變化之中"，最適合描述這一"動亂時代"。

當然，在不斷的轉折中，也有一個總的趨勢，就是政治逐漸壓倒文化。而其具體表現，則是從言說走向行動。政治壓倒文化在五卅運動之後就基本成了定局，但要到拿槍的北伐這一國民的革命，才真正終結了言說的時代，開啟了行動的時代。按朱自清的總結，"五四"和北伐之間根本性的轉變，表現為前面"我們要的是解放，有的是自由，做的是學理的研究"；後來則"我們要的是革命，有的是專制的黨，做的是軍事行動及黨綱、主義的宣傳"。

既然進入了"行動的時代"，政治和軍事也就更引人注目。隨後的一段時間更是動亂多事之秋，而內政與外交的關聯互動和相互纏結，也更趨緊密。北伐前國內的根本政治變化是北洋體系的崩潰和南方新勢力的興起。國外需要注意的是，日本和俄國這兩個鄰近大國的政局，也和中國一樣以動盪著稱，發生了很多非常規的"革命性"轉變。

由於外國因素已成國內政治舉足輕重的組成部分，中國稍大一些的政治事件或內政變動，都可見外國勢力的身影。北伐前涉外的關稅、法權會議的成敗，皆須與中國內政特別是內爭聯繫起來考慮；而南方聯俄及南北之爭等大事，也都與國際競爭（特別是英俄的宿鬥）息息相關。尤其蘇俄帶來的新型政治運作方式，對中國政治產生了長期的影響。更讓人目不暇接的是，北伐結束不過十年，全面的抗戰又已爆發。

借用孔子"叩其兩端"的字面義，對抗戰史的研究，或可以從兩頭看中間，即從全面抗戰爆發前以及抗戰結束後的歷史來認識抗戰本身。往前看，至少要延伸到 1928 年的濟南事變。教科書上說得不多的那次事變，其實非常重要，因此而導致的"繞道北伐"，直接影響到新的國民政府對北方的控制。此後的中原大戰進一步確定了中央政府對華北政治的實際放棄和東北軍的入關。"九一八"事變須和此前的中原大戰聯繫起來考察，東北軍主力都在關內，是促成"不抵抗"的一個現實因素。往後看，1945年日本投降後的一年多，是中國歷史大轉變的關鍵。1947年開始的局面，在1945年末恐怕是不能想像的。考察這一年多的歷史劇變，對認識抗戰時期的政治軍事等，可以有很多啟發。

對這些近代大事件的認知，和我們今天的時代有著千絲萬縷的聯繫。中國從來就是大國，但在近代成為弱國後，很多人淡忘了曾經的輝煌，逐漸養成以"弱小"自居的心態。略有小成，則沾沾自喜；稍遇不適，就要"不高興"。起伏之間，總帶幾分不平之氣。真正泱泱大國的國民，首先要具備休休有容的風度，其次要勇於承擔責任。遇事當先問問自己做得好不好，而不必總向身外尋找責任承擔者，說古人害我們，外國整我們，彼此"互相抱怨著過活"（魯迅語）。

這樣的"弱小"心態，多少都與失憶相關，正是大國轉身的副作用。如今我們的經濟體量已"走在世界前列"，對近代積弱成習的中國人來說，國際地位提高本應是愉悅的事；近年實際出現的，卻是一些"不高興"的言說，並以能"說不"來表現"強大"和"有力"。這類反常現象，可能與我們對近代史的基本態度相關，即側重於檢討和反省，內容也向以屈辱和反抗為主。過去太強調"落後就要捱打"，無意中便露出"進步就要打人"的暴發戶模樣，不見了大國國民的風度。

可知不僅當代現象是在歷史中形成，眼前心態也受到史學熏染。反過來，史學受外在世局的影響一向顯著。在西方，大體上世界每經歷一次大的動盪，思想家都會產生某種 "歷史終結" 意味的觀念。在今天這樣一個變化急劇的時代，面臨多方面的失序， "我是誰" 和 "他是誰" 的問題又變得重要，對近代中國的研究，也可能出現轉變。

1949 年中共掌權後，西方中國史想要解答的一個主要 "問題"，即中共的革命何以成功。後來所謂亞洲四小龍的經濟起飛，以及 80 年代末歐洲和中國的事變，都在很大程度上直接影響了西方學界的思路轉變。近三十年中國經濟的持續高速發展，以及那些總欲 "說不" 的 "不高興" 言說，已經在衝擊西方思想界和學術界。或許用不了多久，還會出現一次中國研究的典範轉移，導致對近代中國史的再次重估。

一方面，中國經濟體量的大幅增長，意味著國際影響的增強，這是有目共睹的。試圖為此尋找歷史 "原因"，可能會成為研究者一個未必自覺的預設，相關的論著會越來越多見。另一方面，因世界多方面失序而強化的認同問題，使我人與他人的辨析更加深入。因文化差異而看到非我一方不合心意的現象，也變得相對容易。國人的表現，很可能影響外人的認知；因為人類是個命運共同體，中外已比從前更加息息相關。

上面說的雖是西方的中國史研究，然而異文化的視角，可以提供一些生於斯長於斯的人容易忽略或思考不及之處。對歷史感興趣的人，可能要有思想上的預備，保持一種開放的心態，以適應可能很快會面臨的變化。同時，今日經濟發展的現實，或可幫助我們獲得重審近代史的新角度，更多關注近代中華民族那主動、建設的一面，更加平和、平靜地看待大國轉身的艱辛，不論成敗，皆能挺起胸膛承擔，回歸到休休有容的真正大國風範。

第四部分是一組書評。我要坦白地說，這些書評除個別外都是受約所寫。但讀者閱後便知，所評書的分量，絲毫不因此而減低。最後一篇《辛亥革命的"歷史書寫"》，尤其與前面所說一般人的"歷史知識"如何形成相關。此書的作者李鴻谷是非史學的新聞人，並嘗試"以新聞方法寫史"。他所依據的，是一些或許出自"海選"的著作和幾本很多年前的教科書，使我深感幾十年來關於辛亥革命史的研究雖有進展，卻很少反映在新的教科書中。如果我們這些專業學人堅持自說自話，有意"躲進小樓成一統"，實在怨不得一統之外仍有百舸爭流。

第五部分轉入一般說大國者較少提及的學術和教育，首先解釋在近代道出於二之後，我們對自身學問的認知出現了什麼樣的轉變。今人熟悉的從中學到國學再到四部之學的稱呼，還真體現了西方"他者"的意味，因為沒有西學就不必言中學，而沒有外國之學，也用不著說什麼國學。反過來，有人試圖以外國無國學來否定國學存在的正當性，也有些數典忘外 —— 美國就有自己的國學（American Studies），雖然不很熱門，卻也不能說是沒有。

最有意思的是，很多人視為中國固有的"四部之學"，不過是近代才出現的創新（其中的"集學"，即使在近代也只有少之又少的人提起過）。而且這看似保守的稱謂，實充滿了反傳統精神。如果退回去兩三百年，在經典神聖的時代，有人敢說經學與史學、諸子學和所謂"集學"並列為平等的四部，說重了可以是大逆不道，說輕點也只能是酒後失言。只有受了西方諸學平等的影響，又試圖表明"我們也有分科之學"，才在中國書籍分類中找到靈感，而出此創新成果。

從這些"常言道"的異化，便可知大國轉身的變化，涉及方方面面。離了學術，既難讀懂，也不易陳說。有些僅以物質說大國而不及學問者，或也是"弱小"心態積之久，遂看不到人與國都還有非物質的需要。人當然先要吃飯穿衣，然後顧及其他，但也不全是衣食足才知榮辱。在"有文化"的地方，要飯也不能丟份兒 —— 據說某晨一婆婆開門看見要飯的，忙盛乾飯一碗佈施。討口子（川人稱要飯的為討口子）謝而笑曰，我們早上吃甜食。這雖是笑話，卻也不無啟發。孔子在"絕糧"時就說："君子固窮，小人窮斯濫矣。"窮而不濫，方顯君子本色。

人之所以和一般動物僅重食色不同，很大原因是能讀書受教。而我們近代變化最大的一個面相，就是教育。新教育對時代和人的影響，恐怕遠超出我們的認知。在中國的近代，出現了一個歷史上前所未有的社群，就是留學生。不僅規模大，而且如潮水般波濤洶湧，且往往受到官方鼓勵，其行為超越於政權的轉換。這是一個仍在繼續擴充、在社會上產生了重要影響但又不時存在一些爭議的群體，需要從其歷史語境和發展進程中去認識。

　　若僅從教育視角看，中國本有學無常師的傳統，留學似也自然。不過，中國人本自視為世界文化中心，而視洋人為野而不文的“夷狄”。在近代一系列的戰敗之後，對西方的態度，也從降節學習“夷狄”之“長技”，到傾慕“泰西”的學問，蜂擁出洋遊學。自己也留學的胡適，就寫過著名的《非留學篇》，慨嘆中國從文化中心到稱弟子國，是“天下之大恥”！因為在中西文化競爭之時，留學乃是“學不能競”的結果。

　　以留學生而非留學，其內心的緊張和煎熬，又怎一個苦字了得！但至少在早年，留學被看作一條教育救國之路，雖崎嶇也不能不勉力前行。不過胡適的意思，留學是個臨時性的階段，是以不留學為目的。要中國能辦好自己的大學，才是“萬世久遠之圖”。由於“大學”本是一個從外面引進的新生事物，中國人嘗試自己辦大學，也不過一百多年。直到今天，大學的精神和定位，也未必達成共識。

　　至少從民國初年開始，不少辦學者也形成了一些基本的準則。對蔡元培及其稍後的一兩代人來說，所謂大學精神，就是獨立精神和自由思想，外加批評態度 —— 有批評態度然後能獨立思考，精神獨立才談得上思想自由。大學在社會中的定位，就是為社會供給學術。而其在教育系統中的定位，則是“研究高深學問”。故大學應秉持“君子不器”的辦學宗旨，不“灌輸固定知識”，也不從事以“學成任事”為目標的技術培訓，更不“販賣知識”。

　　這樣的大學精神和定位，已經離我們很遠了。但媒體常提及的所謂"錢學森之問"，似可從中看到答案。畢竟"學成任事"本身，是不太需要獨立精神、自由思想和批評態度的。由於沒有了"君子不器"的追求，上課時看重固定知識的灌輸，輕視學術風氣的培植。等於是大學化為中學（我們的中小學本以課程繁重著稱），就很難為社會供給學術，喚起國人愛好學術之心了。

　　其結果，大學中人自己學問方面的準備不足，則不僅不能改革社會，反會被社會所融化。於是很多讀書人對社會乃敬而遠之，不復敢言化民成俗、改變社會的責任了。其實顧頡剛先生很早就提出，學者若真想改革社會，就應當"快些去努力求學"。不過，今日校園計日程功的要求，已近於匪夷所思的程度。"努力求學"與"改革社會"之間，也已形成某種程度的緊張。是側重術業的專攻，還是繼續澄清天下，個體學人很難兼顧，遑論所謂"雙贏"。

　　以前澄清天下就是讀書人的責任，與術業專攻之間並不存在緊張。在新時代的語境下，原來不是問題的，如今卻成為不小的問題，給學人的自定位帶來很多困惑。不過清儒沈垚說過，"文章可絕於朝，不可絕於野"。這樣以天下為己任的傳統意識，和大學當為社會供給學術的現代定位，都鼓勵著我們這些專業學人繼續與非專業的人分享自己的讀史心得。社會有愛好學問之心，便知歷史從不虛無。畢竟人人都從歷史走來，也需要在歷史中認識自己。只要根基仍在，就是坐井仰望，也見一天清朗。

前言：從文化看復興與崛起

2014年時，曾因一位熱心朋友的介紹，在上海"廿一講堂"向一些對文化重建感興趣的人請益。題目是他們選的，來自我在《南方週末》上的一篇小文——《別成了失魂的文化遊民》。而那次講述的主要內容，即是從文化看復興與崛起。

辨析復興與崛起

有一段時間，復興與崛起兩詞都很流行，大家說的似乎是一事。其實兩詞意思大不同，崛起通常可以是第一次，通俗地說就是從小到大，甚至從無到有；而復興則是曾經光輝過，已有從小到大的經驗，後來又"溫故知新"，再次輝煌。不論復興還是崛起，皆非無因而至，而是有所憑借，不過隱顯不同而已。

今日所稱"西方"的核心，半可說崛起於近代。因為起來的既不是曾經輝煌的希臘、羅馬，也不是盛極一時的天主教（舊教），乃是以新教為標識的"野蠻族群"。但所謂"半"者，則新教與舊教本是同根；而歐人後來的尚武精神，也多少源自羅馬。尤其歐洲有文藝復興一說，直指希臘——那既是復興的目標，也是崛起的淵源。

若言中國之崛起，至少在殷商時期。據李濟的研究，那時從喜馬拉雅山以東的太平洋兩岸（從北極到南極，包括南北美洲）這一廣大地域的文化中心，就是殷都安陽。人類古文明多自視為天下之中，而殷商之自詡為"中國"，那天下的範圍可真不小。這當然也不是憑空而至，像甲骨文那樣繁複的文字，便絕非短期可以形成。

惟殷商盛極轉衰，又被周武王伐滅。史書的記載，是"小邦周"對抗"大邑商"，故周的成功也是一種"崛起"。周本殷之屬國，若從舊觀念看，基本是以下犯上，孟子卻詮釋為"聞誅一夫紂矣，未聞弒君也"，成就了"順乎天而應乎人"的中國革命學說。那"革命"觀念建立在道義為基礎的天命之上，常可支持那些"得道"的崛起者（後來的改朝換代，除漢高祖和明太祖以布衣登大位及外族入主外，往往以"禪讓"的形式進行。不仁者每見其虛偽，其實也體現了對文化形式的尊重——權力對形式"包裝"的借重，從來不是無緣無故的）。

周以後中國迭有盛衰，而文化自信尚能維持和延續。從歷代中外競爭看，元、清兩朝異族入主，其失敗之慘烈，遠在清末之上，卻甚少有人主張蒙古人或滿人的政制、文化要高於漢人，不僅是"外國入承大統"（清雍正帝語）的新朝基本採納了舊朝體制，更重要的是士人對中國文化的信心仍能保持。而在晚清，不過在沿海被打敗（當然首都也曾被威脅），就逐漸失去了對中國文化的信心。庚子八國聯軍入侵北京之後，朝野的自信進一步喪失。

這是前所未有的根本性轉變，其間一個重要原因，就是西人的誘導，改變了中國人的思想方式，接受了以強弱定文野的外來觀念。康有為曾說："數千年之文教，不能以數十年之貧弱屈也。"但近代中國恰是如此，接受並承認了強者是文明的，弱者是野蠻的；既然被打敗了，就不僅是技不如人，而且是文化不如人。於是自認野蠻，由自以為原處"天下"之中而退居"世界"的邊緣，從此走上以模仿趕超外國為途徑的"自強"之路。

對於中國而言，那是一個不得不變革的時代，也就是一個學習的時代。近代的歷史，大約就是一個在外力衝擊下從被迫轉變到主動改革的進程。當年讀書人關注和思考的基本問題，即梁啟超在 1912 年所說的，明確"我國在世界現居何等位置"及將來如何"順應之以謀決勝於外競"。一般情形下，模仿是最簡單也最直接的變革方式，往往是變革者的首選。在很長的時間裏，必須向西方（及其變體日本和俄國）學習，成為朝野的共識。20世紀的幾次武力政權轉換，都沒有影響這一基本的思路和走向。所不同的，只是向誰學和怎樣學。

中國人原本是以"天下"來認識人類世界的，後來卻以新興的"世界"取而代之。這當然不僅是名稱的轉換。由於這一新來的體系基本為西方所構建、所主導，而中國更多處於"化外"，中國便必須先"進入"世界，然後才談得上改善在世界的地位。於是"進入世界"就成為近代中國持續努力的目標。而一旦進入"世界"成為國家民族追求的方向，就意味著要放棄自己原有的"天下"秩序，且反過來獲得既存外在秩序的接納。

此前無論"萬方來朝"在構建"天下"的完整性方面負載了多少象徵意義，其所代表的外在秩序並非國家思維之所側重；而融入"世界"成為國家目標後，雖不能說整體上外事壓倒內事，但因為所面臨的外在秩序與既存的政治和文化體系有著極大的甚至是基本的差異，就不能不對既存的內在體制進行大幅度甚至根本性的修改，以獲取外在體制的承認。

晚清的數次改革，直到最後幾年的立憲，可以說都是以模仿為主的外向型改革，就是想要改善中國在世界的地位。甚至最後的辛亥革命，仍基於類似的目的，主要不是為解決自身的內部問題，而更多是外向的。這樣從改革到革命的接續，在古今中外都是不多見的。

國家目標的外傾，是一個幾千年不曾有的根本性大逆轉，充分表現出"近代"與"古代"的一個重大區別──原本"四裔"對"中國"而言基本是存而不論的，後來則外來標準成了制定國策的基礎，且基本國策也以外向為主。這一傾向形成於清末，影響直到現在。中間雖一度閉鎖，隨即開放，經濟因改革而大發展，遂有今日。

近代的記憶與失憶

似乎是黑格爾說過：凡是存在的都是有理由的。相當一些人把復興看作崛起，也有其因緣。中國在近代歷盡屈辱，逐漸淪為弱國。在一個弱肉強食的時代，弱也就是小，我們實際早已習慣於做小國國民了。積弱漸久，遂習慣了受氣吃虧。就像有些人遇到車禍，雖幸存卻失去了記憶。很多中國人或就因為近代一度的屈辱，遂忘卻了幾千年曾有的光榮。

其實若從世界史的視角看，像中國統治的國土面積那麼大，維持那麼久（朝代雖更易，體制基本未變換），似僅此一例（歐洲也曾有大帝國，都未能長存）。康有為便曾指出，能有"五千年光大宏巨、長久而無恙"者，世界古國中"惟我中國而已"。中國"何以能為萬里一統之大國""何以能為四萬萬人同居之大族""何以能保五千年之文明"，是"國人不可不深長思"的。

數千年之文教，竟因數十年之貧弱而淡忘，除一些人勇於自我批評外，也與我們近代歷史記憶的塑造相關。過去關於中國近代的史書和教科書，大致都以屈辱和反抗為核心，不過表述的方式不同（如侵略、反侵略等），基本是國恥壓倒國粹，未曾脫出晚清人的思緒。其實近代的百多年，中華民族不僅只有所謂"落後捱打"的被動一面，同樣還有主動的、建設的一面，包括保守和維新。

上述歷史記憶的選擇性塑造，符合"知恥近乎勇"的古訓。然而隨著時間的推移，多次反覆強調負面的屈辱，橫向有將負面感覺擴大化的可能，縱向更可能貽害於後人。我們固不應掩蓋傷痕以粉飾太平，卻也不必始終籠罩在往昔的哀痛之中。歷史不能僅是負擔，它更是動力，是資源，是發展的基礎。若自定位始終在吃虧，難免總感覺不滿。常感屈辱之餘，可能產生莫名的喧囂紛擾，也最容易像魯迅說的那樣"互相抱怨著過活"。

人必自尊，而後人尊之。所謂泱泱大國，從上到下，都要有從容之風。抗戰時國民政府提倡"處變不驚，莊敬自強"，是有針對性的表述。那也並非僅僅口頭一說，抗戰後的"以德報怨"，就是真正能體現大國之風的壯舉，為人類歷史上所少見。即使在宇宙之中，也足以為人類的驕傲。可惜這樣的壯舉，竟為中日兩國以及他國許多人所遺忘！失了遠慮，自然多見近憂；大家都有些近怨恨而遠德性，也就難免不斷地"互相抱怨"了。

不過幾十年前的事，竟然能共同失憶，作為史學從業之人，我是很感愧疚的！這一事例提醒我們，人的群體性健忘，可以多麼普遍而平常。

近代失憶之後，形成一種特殊的反傳統思路，即國家或社會出了問題，卻並不像後來套話所說的那樣"各自多作自我批評"，而是先把責任推給古人和傳統文化。同一思路的橫向延伸，就是把問題歸咎於外國的侵略。不論責備古人還是外國人，都不說自己做得好不好。其實事事責備外國人也只是一面，思路相近而表現相反的傾向，就是處處都說外國人好。

少年胡適在清末觀察到："現在的人，把我們祖國的光榮歷史忘記了，便甘心媚外，處處說外國人好，說中國人不好。"西方在侵略的同時，確實帶來新的思想資源，對中國文化的重建有很大的幫助。但失憶者在尊西趨新的同時，有時可能忘了外國的侵略，更不記得我們既曾有向敵人學習的勇氣，也曾有寬恕侵略者的胸懷和氣度。

所有這些表現的共性，就是沒有做到古人所說的"反求諸己"，而其根源，多少都與因失憶而喪失了自身文化主體性直接相關。在近代似無盡頭的持續學習進程中，也有人注意到怎樣保持自我主體性的問題，但更多人以為，當時最主要的目標，是"送窮"以"退虜"，仍著眼於中外的競爭。就連樂道"中學為體、西學為用"的張之洞，其實也已因焦慮而相當激進。他不過是象徵性地維持"中學為體"，實際注重的則是引進西學之"用"。

反對"中體西用"的嚴復，更提倡以"西學"之標準審視"中學"，結果發現既存中國學問都"散見錯出"、不成章法，尚不能稱之為"學"，遑論為"體"。無體之用，正類無根之木，於是真正散見錯出而枝葉化，散碎飄零而不知所歸。

國家的大小當然是實在的，但很多時候也是一種認知。遺忘了曾經有過的輝煌，便很容易把再次"從小到大"當成"從無到有"；視大國為小國，復興也就成了崛起。有段時間，大家都關注歐美的"大國崛起"，其實更適合我們參考的西方歷史經驗，或是其文藝復興。

近代也曾出現選錯參照系的類似問題。歷代很少提及的"富國強兵"，到晚清成為政府不可迴避的責任。已致富強的外在體制，自然成為必須模仿的"正確"治理模式。然而在模仿的進程中，所選楷模與中國的差異，也帶來一些長期流衍的負面後果。

大國小國與物質文質

不論是復興還是崛起，大國不能全學小國。近代中國的模仿對象，最初也有俄國，終因其被日本打敗而落選；後來確立的主要模仿對象，正是日本。但日本的幅員、人口等基本因素，與中國相差太遠，給制度設計造成了極大困擾，導致清季在新政期間很多政策，根本無法實施。

同理，大經濟體不能全學小經濟體。然而榜樣的力量是很大的，大到超出我們認知的程度。清季如此，今日亦然。由於改革開放後中國的新經濟實際是以香港、新加坡等"亞洲四小龍"的經濟起飛為模板，並兼學日本（改革開放之初真正影響中國的西式經濟大國），外銷性經濟增長成為一個主導的力量。這一無意中形成的發展模式，卻忽視了"大龍"和"小龍"在不少方面是不一樣的，甚至可能有基本的差異。一個廣土眾民的大國，不能像島國那樣眼光一味向外，也不能像城市規模的經濟體一樣把國家命運賭在外貿上。

清季在新政期間的新政策多出於留學生，他們每以外國事例比附中國，模仿痕跡甚重。馬其昶在宣統二年就上奏說，那時鼓動增加稅收者，常說"歐美納稅重於吾國，人民應盡義務，多取之不為虐"。歐美納稅重於中國確是實情，但馬氏指出了一個時人忽視的重要現象，即"今日中國之民，其應享利益，何一事可比泰西"？若不效其應享利益而"獨欲效其納稅"，恐怕"憲政成，而陛下之赤子無噍類矣"。這樣的建議，不啻"亡國之言"。後來的發展，被馬氏不幸而言中。

類似現象在當時和此後都不斷重複（後來也有不少"專家"建議在徵收方面學外國，卻不問中國人"應享利益"是否可比外國人），所以民國元年梁啟超就提醒說："自二十年來，所謂新學新政者，流衍入中國。然而他人所資為興國之具，在我受之，幾無一不為亡國之媒。"此言將馬其昶的警告推衍到更廣泛的層面。與民元時很多人尚頗感興奮相比，梁啟超的心緒是有些悲涼的。他所說的當然不是清朝遺老所謂的"亡國"，而是從道的層面看到了"亡天下"的前景。

所謂"亡天下"，用今天的話說就是文化的整體失落。在近代開始的物質至上傾向，即其中一個表徵。文化雖也包括物質，卻向有非物質的一面，後者更是中國文化的強項。近代中國追求物質富強成為主流，連康有為這樣想做教主的人，也曾提倡"物質救國論"。其實中國傳統向來重視非物質文化，對物質層面的富強，既不特別強調，卻也不忽視。

古人一面承認衣食足而知榮辱，又強調"讀書"方式可能改變物質對人的支配性影響（即孟子所說的"無恆產而有恆心"）。對於不一定能讀書的人，則更注重"富而後教"。溫飽的問題是必須解決的，此後的很多問題，富強卻不一定能解決。從南宋起，昔人提出的解決方式，就是以幫助百姓"治生"為基礎，在基層構建一個以士人為中心的"禮治社會"，以確保文化的在地化。這類"禮下庶人"的運動雖各地成效大小不一，卻一直延續。

自從近代"物質興起"之後，我們的思維和想像，都已相當物質化。如今中國似已富強，卻也淡忘了富強之外的天地。對於各類"非物質"的事物和面相，久已生疏，以至於視而不見了。晚清的報紙曾說，物質的匱乏固是民窮的表現，但物質再豐富，若缺乏獨立思考的能力和習慣，則"凡所思想議論行為而皆窮"，這才是真正的"民窮"。蓋失去自我，不思自立，則不能不有所依賴。"一旦失所依，則知怨而已。怨之極，則思亂而已"。思想亂則議論亂，行為也隨之由怨而亂，"以為除亂之外，則無所行為也"。

這是一個重要的提醒。存在固然可以決定意識，但意識卻超越於物質的存在（這道理很簡單，我們現在接受、推行的中外理念，大都產生於物質生產遠遜於今日的時代）。富強不僅是物質的，在很大程度上也是非物質的。思想貧乏還是豐富，直接體現在人的言說和行為之上。香港鳳凰衛視有個欄目叫作《風範大國民》，其內容且不問，其名稱確實反映出逐漸開始體味富強的國人最迫切的需要。

從認知回歸大國

如前所述，中國在近代淪為弱國，國人也慣於自視為小國國民。而中國又是一個曾經輝煌的大國，洋溢著文化的自負。從那樣的高位墜入困頓，其慘痛更是非同尋常。世人的心態，也充滿了起伏，容易產生不平之氣。而人的行為舉止，很大程度上會受到心態的影響。蓋不僅言說是表述，行為也是一種表述。言為心聲的古訓，也可延伸到行為舉止之上。世家子雖落魄，仍不願失格，以維持體面，多少還能有所為有所不為；若曾經輝煌的記憶不在，就可能像窮困者忽然闊了起來，或不免生出暴發戶的習氣。

另一方面，近代國家目標的外傾，無意中遮蔽了自我的主體性，形成一種反應式的行為模式。自信不足，便過分在乎別人的

"說三道四"；凡遇"說三道四"，必即刻回應，有時甚至不免反唇相譏。結果類似電影《南征北戰》裏所說，算盤珠子總被他人撥動；因自我主體性的喪失，連帶失去了行為的主動性。

兩者的共性，就是喪失了大國國民的風度。泱泱大國的國民，首先要具備休休有容的風度，其次要勇於承擔屬於自己的責任。自己的好處不能忘，不好的也無須迴避。誰都不免有錯，過而能改，善莫大焉；過而不知，改從何起？過而諉諸他人，則連改的可能都排除了。孔子說的"不貳過"，大概就有誰的過失誰負責、不推卸給他人的意思。這是大國國民的起碼風度。

可惜近代沉淪日久，這樣的國民風度，已有些可望而不可即了。有句俗話說：光腳的不怕穿鞋的。一無所有者無可損失，固然可能無所畏懼；但生活中的窮困潦倒，也可能折損人的志氣，使之日漸猥瑣。反過來，富足同樣可以像鎖鏈，將人束縛。如今我們開始富裕，腳上穿鞋之後，似乎也更加趨避風險，而光腳時養成的習氣仍在。

近年卸責之風漸成慣性，在個人、社會或國家出問題時，不是反求諸己，多做自我批評，而是向外（過去也是外國）尋找責任承擔者，並據此做出可以免責的"合理"解釋。雖自己試圖規避責任，又往往樂於告訴別人該怎麼做，近於古人不提倡的"好為人師"。

古人主張"己所不欲，勿施於人"。所謂"己欲立而立人，己欲達而達人"，要"仁者"才可以做，非一般人所能為。通常說的推己及人，是指體諒他人，不是指導他人。早年的蒙學教育中，就曾提倡各人自掃門前雪，莫管他人瓦上霜。以前有人將此視為自私，竊以為是說至少要先有能力自掃門前之雪，然後或許可管他人瓦上之霜。近年我們已較為西化，無意中接受了不少想要征服異端的外國宗教精神，越來越“好為人師”，喜歡涉足他人瓦上之霜，且遠比以前積極主動得多。

實際上，我們一面不能忘記自身的文化主體性，同時又不能不與他人他物和諧共存。要避免人人都“互相抱怨著過活”這一大家都極不愉快的狀態，特別需要對非我的“他人”予以更多的尊重。大國要有大國的風度，大國國民要有大國國民的風度。一個文化悠久的文明，一個有著悠久文明的民族，不能表現得像“沒文化”的暴發戶一樣。

今日我們既然在經濟體量上已恢復大國地位，就更需要在認知層面從小國回到大國，放棄光腳時養成的規避習氣，挺起胸膛做個勇於承擔責任的大國國民。不必總說古人害我們，外國整我們，先問問自己做得好不好。豈不聞“天下者，我們的天下”。該我們承擔的，只能自己承擔。天下無道，就盡力變無道為有道；天下有道，則努力使之更好。

（原刊《讀書》2014 年 11 期）

守先待後：史學在中國的歷程

君子以多識前言往行，以畜其德。

——《易經》

一

　　中國的歷史悠久，是我們常說的話。正式書寫下來有確切紀年的中國歷史，從公元前 841 年（即西周所謂共和元年）一直延續到現在，可能是世界上最長的。沒有確切紀年而見諸文字記載的歷史，還要長得多。司馬遷（約公元前 145 —前 87 年）的《史記》裏記載的第一位帝王是黃帝，據說他生活在公元前 2800 年前後。而他只是"五帝"之首（或之一），傳說中在"五帝"之前的君主至少還有"三皇"。後來一般所說的"三代"，指的是更晚的夏商周。

　　《史記》中關於商代皇帝世系的記載，大部分可見於殷墟出土的甲骨文之中，因此被視為可信的。像甲骨文這樣的書寫體系，若非一兩人在短時間裏所創造，就必有一個較長的形成過程。我們似不能因為沒有出土材料以表現其形成過程，就確認它是倉頡或商代什麼人造出來的。同理，在今人視為科學的考古發現中雖然還沒出現夏代的文字紀錄，但其頻繁見於商周兩代人的日常敘述之中，我們當然也不能"以不知為不有"（傅斯年語）。

據最近一項有爭議的研究（夏商周斷代工程），夏代約為公元前 2070—前 1600 年，商代約為公元前 1600—前 1046 年，而周代則是公元前 1046—前 771 年。依我個人的陋見，年代固以準確為佳，但遠古的事情，模糊些可能更正常，精確了反容易生歧義。且不僅遠古，凡事涉宏闊者，或也以表現得"渾沌"些為宜。若析分而精確之，則可能出現"日鑿一竅，七日而渾沌死"的結果（《莊子·應帝王》）。

廣義地看，中國這一實體，與很多國家不一樣。過去有人說，中國不僅是一個國家，也是一片大陸，或是一種文明。而中國的歷史和史學，也與很多國家不一樣，一直有著非常特殊的地位。

至少有文字記載以來，中國與西方及其他很多地方的一項重大不同，就是"道"或真理（價值觀）不必來自超人世的上帝。中國古人非常敬天，又未曾尊崇一位絕對全能之神。天和人之間既有所區分，又不是二元對立的，而始終是互通的。天卵翼著人，卻不主動干預人世，僅以周而復始的四時變化提示其存在，表現出其運行之道。另一方面，天雖不言，人對天道的追求又是永恆的，就像其他一些社會中的人始終在尋覓上帝一樣。

在一個沒有上帝或上帝已淡出的世界裏，歷史和史學就重要得多。在很長的時間裏，史學承擔的責任，就是通過歷史記載和敘述，來說明並論證關於天道、人世以及文化和政治認同等各項基本理念，具有特出的文化地位。因此，歷史和史學在中國的核心地位，遠非其在世界其他很多地方（例如我們常引為標準的西方）的地位所能比擬。

歷史和史學，在中國都是後起的名詞，皆源於早期的"史"。在"史"的基礎上，又產生出"歷史"的說法。這個觀念有些模糊，喜歡準確概念的人會問：究竟是過去的人和事是歷史，還是把這些內容記載或敘述出來的是歷史？

在實際生活中，過去發生的歷史和被陳述的歷史，都被看作歷史、稱作歷史。只要有說話寫作時的上下文在，一般人也不覺得難以理解。梁啟超曾主張，實際發生的歷史（即史蹟）、記錄下來的歷史以及撰寫的歷史，均為"史"；此外還有研討如何撰寫歷史的學問，是謂"史學"。為了概念的準確，我們或可分為"史事的本身"和"認知的歷史"（含口頭和書面等傳述）。這樣區分後，兩者仍有一個顯著的共性，即它們都是當事人所創造的。

在建構後人所獲得的"歷史知識"方面，"認知的歷史"反比"史事的本身"起到了更大的作用，發揮著更大的影響。因此，從原初的史事到所謂的"歷史知識"，是一個相當長且可能一直發展著的過程。今日所謂的歷史研究，也是這過程的一部分。要了解歷史，恐怕也需要某種參與意識，主動置身於歷史形成的進程之中。下面就試從這一進程來看史學在中國的地位及演變。

二

以前的說法，春秋戰國時流行的諸子百家，都源於早年特定的官家職位（王官之守）。這個說法胡適不同意，實則大體言之有據。諸子如何且不論，古代史學出於官守，是基本無疑的。也曾有人把中國傳統文化說成史官文化，或者過於誇大，卻也從一個側面揭示出"史"在中國文化中的地位。而史官文化又曾頗受詬病，指斥之言，流傳甚廣。不過那是個別思想家在獨居一室而沒什麼資料可看時所說的話，大致類似傳說中的"文王拘而演《周易》"，是所謂幽憤之言；也可以說是一種帶有詩意的創作，不能視之為實錄。

中國古代社會非常重視天人互通，上古的史官是所謂天官，兼行祭司的一些功能，要觀察並記錄天象，與天溝通（《禮記·玉藻》說"王前巫而後史"，用今天的話說，兩者工作性質相類，然又有別）。後來天人互通變得更直接，出現了"天視自我民視，天聽自我民聽"（《孟子》引《尚書·泰誓》）的新思路。那意思是說，君主是天之子，他在人間替天執行天道；但天道是否真正得到貫徹，卻表現在民眾這方面。而君主了解民視民聽的方式是"採風"，即通過搜集各地的民歌民謠，來了解民間的喜怒哀樂。史官的另一職責，就是匯聚和整理採風得來的信息，讓君主知道自己的統治是否仍代表著"天命"。

那時"國之大事在祀與戎"（《左傳·成公十三年》），祭祀的對象除了相對虛懸的天神，就是祖先。在古代中國，祖先不僅是智慧的源泉，也是認同的依據，受到特別的敬重。而維繫歷史記憶，便是史官的基本任務。史官的又一項主要職責，是記錄朝廷的大事和君主的言行。據說還有具體的分工，有的專記言，有的專記事。

這一功能可能起源於有文字之前。文字產生之後，由於書寫方式（早期多用刻）的困難和書寫材料的有限，能夠寫下來的都是大事要事，並且記錄非常簡短，形成了傅斯年所謂"電報語法"。更詳細的故事，是通過盲人傳誦說唱的方式來延續的。兩者的分工明確，要做到"史不失書，矇不失誦"（《國語·楚語上》）。朝廷裏擔任傳誦職務的說唱盲人，據說有三百之多，充分體現了古人對歷史記憶的重視。

可以說，古代的史官承擔著全方位的溝通角色 —— 空間方面從人間社會最底層到上天入地，時間方面從過去到現在。司馬

遷所說的 "究天人之際，通古今之變"，形象地表述了這一基本的功能。據說從天子之朝到各諸侯之國，都設有這樣的史官。甚至地方事務，也有類似的人負責記錄和採風。中國的史書之所以能長期延續不斷，與這樣一種特別看重歷史記憶的傳統直接相關。

正因此，古人對記錄和著述異常重視。據王國維的考證，史官的一項專職，就是 "藏書、讀書、作書"。這類 "掌書之官，自古為要職"，故 "大小官名及職事之名，多由史出"（《釋史》）。據說上古官各有史，天子也是一官，太史就是天子之史。這個說法沒有確切的依據，且諸侯之下似也有太史。後來有記載說，漢武帝時 "天下郡國計書，先上太史公，副上丞相"。有人因此以為太史公 "位在丞相上"，或是傅會，卻頗能印證太史為君主之史的說法實有淵源。

現存最早的史書有《尚書》和《春秋》，前者是商周兩代的政治文獻，後者是公元前722－前481年間魯國的歷史記錄。過去很多人以為，兩書都經過孔子（公元前551－前479年）的修訂和編纂。另一種被認為經過孔子修訂的文獻是《詩經》，主要是周代中央和各地方國的詩歌，大概與前面說的 "採風" 有直接的關聯。孔子編書這個說法當然是有爭議的，也有人不相信。如果這些文獻都經孔子編纂，他就是中國史學之父了。

三

孔子對他所處時代政治和文化秩序的紊亂非常不滿，據說他修訂《春秋》的目的，就是要以對人和事的褒貶來使違背秩序的亂臣賊子畏懼。但他的撰述方式不是以抽象的言論來表達意見，而是要把看法表現在往昔的具體"行事"之上——通過對人與事的記載與否和怎樣記載，來達到褒貶的目的，以判定朝廷的作為是否體現了"天命"。這樣，記載在一定程度上也是一種詮釋。史學因而負有監督和證明的重大責任，直接影響著君主統治的合道性及其在歷史上的地位。

在春秋戰國（公元前 770—前 221 年）期間，各諸侯國日益獨立，政治秩序紊亂，而文化秩序卻開始集中。那時最顯著的現象是百家爭鳴，諸子皆"思以其道易天下"。這固然是思想解放的表徵，同時也揭示出大家都"以天下為己任"，並不以思想家個體所在的"國"為思考和關注的重心。"天下"是一個伸縮性相當大且常被誤解的開放觀念，如其本義所示，它既可以是地理意義的世界，也可以是全體人類的社會，但又往往側重於作為"天子"的君主實際統治的地域，更多的時候是三者都有所兼顧。

在孔子棄世後的兩百多年裏，中國的歷史發生了重大的轉變，即真正大一統王朝的出現。司馬遷已記載，公元前 221 年的秦統一，是"自上古以來未嘗有，五帝所不及"的新氣象。秦漢一統與此前的夏商周的根本不同在於：以前雖然也有周人表述的"溥天之下，莫非王土"的觀念，但天子更多是被尊為共主，其政教之所及，往往是象徵多於現實、文化重於政治；秦統一使天子由共主轉換成唯一的治主，教化所及便意味著具體治理之所及，故政教所及的意義，也因此而由虛入實，漸從更多是文化的變為主要是政治的。

到漢武帝時（公元前141—前87年在位），以孔子為代表的儒家從爭鳴中脫穎而出，被確立為獨尊的思想，其學說也就成為具有正統意識形態地位的經典，全面指導著國家、社會和日常生活。經過孔子詮釋的"三代"，被推崇為黃金般的理想社會，而孔子也被尊為集大成的聖人。他的確體現了歷史的轉折——經過孔子的整理，此前的思想成為一個體系；而此後的歷史，也常以他所整合的思想為起點。若沒有孔子，中國歷史會很不一樣；對中國歷史的認知，也會很不一樣。

漢代確立的經典成為所有讀書人的必讀文獻，學習和闡釋經典的士人也確立了其四民之首的社會地位（其他三民是農、工、商）。歷代士人都以做"天下士"為目標，他們的關懷或廣及"天人之際"，而其始終想要澄清的"天下"，仍是這眾生所在的人世——他們要讓"三代"的秩序重現於當世，變無道的社會為有道的社會。

四

經典的神聖地位既確立，詮釋經典的經學成為首要的學問，史學的地位有明顯的下降。不過，由於經典是歷史地形成的（後人便有"六經皆史"之說），文本又相對固定，而其論述的主體更是遠古的年代，在涉及具體的人事時，史學仍經常與經典分享著確認文化和政治正當性的核心功能（經學本身也受到史學的影響，所謂古文經學，就非常注重"見之於行事"）。尤其因為天視天聽都表現在民視民聽之上，而理想社會又在遙遠的三代，史學仍然是接近和認識真理（價值觀）的一種主要途徑。

在儒家經典獨尊之後，史官的地位逐漸降低，史學的基本功能也有所變化，但紀錄和傳承卻始終受到重視。《說文解字》對"史"的界定，就是"記事者也"。東漢設有東觀等著作之所，修史者也在其中，大約即是"藏書、讀書、作書"之古風的延續。唐代正式設立史館，專職修史（但史官卻不必是史家，也不以史家為個人身份認同）。宋代以後，每一新的朝代都要為前朝修史，成為一種制度。這既是為了總結歷史的教訓，也藉以確立新朝的政治正當性。以前史官的記錄是獨立的，不受君主的干預，被記錄的君主也無權閱看所記的內容。也是在唐代，這個規則開始改變，此後的記錄就越來越多地處於君主掌控之下了。

既要盡可能真實地留下歷史記錄，又要通過選擇性的記錄來體現"褒貶"，這一雙重職責顯然有些內在的緊張。不過，自從為前朝修史成為慣例後，這個內在的矛盾便已外化為相對固定的分工 —— 記錄的是本朝的言行（即尚待撰述的"歷史"），而撰寫成文的褒貶則針對著前朝的歷史。"記"和"寫"的分工形成後，記錄的選擇性減弱，可以更接近"實錄"（這是後來很多朝代對官方記錄的名稱）；而褒貶針對的是前朝，也受到相對較少的制約。

結果，記錄的功能越來越帶有守先待後的含義。每一朝代的人都盡可能記下有關自身的材料，留待後人修史之用。即便是失勢者的歷史記憶，也要盡量保存。《論語》所說的"興滅國，繼絕世，舉逸民"，過去多視為一種當世的整合措施，其實正提示著守先待後的要義。人們似乎相信：即使這個朝代滅亡，也不會在歷史的敘述中消失，後世總會有人根據所留材料為這個朝代修史。而新的王朝建立後，對於所滅王朝，也必須留給它歷史上的一席之地。這既是前人對後人的一種信任，也成為後人對前人的一種責任。

這一從紀錄到撰寫的過程逐漸制度化，成為中國史學的傳統。無論是一國、一地，乃至一個人，都可以留下適當的紀錄，讓後世知道這個國或這個人的存在（上古各級都有類似史官的設置，提示出歷史的"個性"從很早就受到尊重）。在維持歷史的延續性方面，這一原則有著顯著的作用。例如，蒙元的歐亞征服是世界歷史上的大事。但歐洲方面的歷史呈現出明顯的斷裂，促成了所謂的黑暗蒙昧時代 —— 用柯林伍德（R. G. Collingwood）

的話說，就是後人不能理解和思考的時代。而中國這邊的明朝，雖也曾出現主張明代越過元代而上接更前一朝的所謂正統之爭，但明仍修元史，維繫了歷史記載的連貫性。對比蒙元征服後中西的歷史記憶，即可知守先待後的重要。

五

如前所述，孔子創立了歷史褒貶應"見之於行事"的撰述原則。在此基礎上，形成了中國史學據事以言理的傳統。而"事"不能離"人"，故以人為中心來構建歷史，是中國史學的一個重要特色。在 20 世紀以前，所有中國正史的主要組成部分都是各類重要人物的傳記。但人物的重要卻不一定體現在功業之上，史書不僅記載事業上的成功者，也關注那些能體現道德力量的人。《史記》中列傳的第一篇是《伯夷列傳》，講述伯夷和他的弟弟叔齊的事，他們反對周武王以方伯的身份領兵攻打其君主商紂王，到周武王滅商而成為君主後，兩人遂不食周粟而餓死。

在古代中國，歷史記憶的重要正體現在《易經》所說的"君子以多識前言往行，以畜其德"。故事功上無表現，並不意味著在歷史上無意義。沒有多少事功表現之人，仍可因其體現的歷史意義而納入歷史記載。歷史記載的一個目的，是要使讀史者自身能有道德的提升。伯夷和叔齊能夠入史，就是基於他們的人格力量，而不是其事業的成功。

實際上，中國史學有一項很早就開始並長期持續的原則，即歷史敘述之取捨，不以政治競爭的勝負為標準；用老百姓的話說，就是不以成敗論英雄。觀司馬遷對“滅秦”這一政治鼎革中陳涉、項羽和劉邦的處置（勝者劉邦和敗者項羽皆納入“本紀”，曾經推動歷史的陳涉也和吳太伯、齊太公一樣列入“世家”），可知他在承認競爭結果的同時，更重視的是歷史進程中各參與者的實際作用和影響。

在民間，不以成敗論英雄的文化觀念表現得更加充分。蘇東坡曾說，“世以成敗論人物”，故曹操也在英雄之列。但在民間傳唱的戲曲中，曹操最多不過是個奸雄；而關羽和岳飛這兩個從人變成神的歷史人物，以及半人半神的諸葛亮，在事業上都不算很得志，甚至可以說是失敗的，反特別受到老百姓的推崇（其中讀書人起的作用也不小）。不過，老百姓喜歡有德者也有事功，有時也忍不住賦予有德者以事功，故諸葛亮等被增添了各類神勇，以特別的方式呈現出一種另類的“優勝劣敗”。

人們常說，“歷史總是由勝利者書寫的”。這一流行說法，最能反證不以成敗論英雄這一歷史敘述準則的難得。朝廷的所作所為是否體現了“天命”、是否合於倫常，在很大程度上是由撰寫出來的歷史所判決的。史書既為官修，則其有意無意間自會代政治上的取勝者立言；但即使官家的歷史敘述者，似也有意識地延續著不以勝負定取捨的史學傳統。兩種取向之間一直存在著緊張的關係，新朝在否定前朝的同時，又要表彰忠於前朝的人士，便是在史學這一雙重性中尋求平衡。

新朝對前朝人士的表彰，半出主動，半為被動，既體現史學的代言功能，也可見歷史撰述體制化之後的約束力。儘管歷史記載會使"亂臣賊子懼"的說法日漸化為一個富於想像的憧憬，在一個充滿歷史感的文化中，對具體的帝王將相而言，流芳千古和遺臭萬年，仍可能是影響其當下行為的選項。"身與名俱滅"的詩句，恰反襯著身後留名的嚮往。藉歷史以定"褒貶"的士人自己，也不乏"青史留名"的訴求。普通百姓雖不能個個留名，也通過仰慕和崇拜、厭惡和蔑視等選擇，參與了歷史記憶的形塑。伯夷和叔齊或許只得到讀書人的青睞，諸葛亮、關羽和岳飛卻在不同程度上成為雅俗共賞的對象。

比祠廟祭祀更為歷久不衰的，是民間那通常黑白分明的口碑。寄予了長存期望的碑刻，未必真能抵禦風沙雨雪的沖刷侵蝕；而人與人之間一代又一代的口口相傳，卻是名副其實的有口皆碑。身滅名存，正因口在碑在。而且，民間的口碑雖未必認可正史的敘述及其褒貶，卻常常分享著"蓄德"的基本理念。

與此同時，還有相當數量的野史稗史。這些"私修"的史書在材料上往往不如官修正史可靠，卻少了許多忌諱和束縛，常能述及官書有意省略或無意中忽視的面相。而民間歷史知識的獲得，則更多受到說唱、戲曲和評話的影響（這方面最成功的可能是《三國演義》，裏面的很多故事掩蓋甚或取代了《三國志》的正式記述，後來即使讀書人也難免混淆）。

若不以準確計，或可以說，不間斷的正史、相對隨意的野史，以及伸縮靈動的民間傳說，共同構成了我們今天所說的"歷史知識"。從表面看，民間的歷史認知不僅與歷代正史這類嚴肅著作關係不大，就是與野史稗史的關係也不大。不過，在一個以讀書人為重心的社會中，民間的歷史記憶也會受到讀書人史學觀念的影響；而歷史知識在民間的衍化，又會反過來影響到讀書人。在歷史知識的形成過程中，讀書人上及官方之正史，下繫百姓之記憶，使整個歷史記憶處於一種循環的流動之中。而史學的地位，也與實際歷史的變遷息息相關。

六

這一切都因為 19 世紀西方對中國的全方位入侵而改變，中國的遼闊幅員和眾多人口使得入侵者不以領土的直接佔領為目標，而採取了代價更小的間接控制方式，希望以文化滲透為經濟利益鋪路。"中國市場"的神話雖因生活習俗和中國購買力有限等原因長期未能實現，但西方在文化控制的競爭上卻相當成功，逐漸改變了很多中國讀書人的思想。自身文化立足點的失落，造成中國士人心態的劇變，從自認為世界文化的中心到承認中國文化野蠻，退居世界文化的邊緣。近代中國可以說已失去重心。

最能體現近代巨變之根本性的，是傳統的"道"被空間化了，王國維曾簡明概括為"道出於二"。由於中國和西方各有其"道"，本應普適於天下的"道"也就退縮為相互競存的一方區域之道了（詳後文）。更重要的是，"道"的大步退讓直接影響到"道統"的延續。

"道統"作為專有名詞出現雖晚，但類似的意識卻淵源甚早。《莊子》所謂"道術將為天下裂"的說法，揭示出原有一種公認也共尊的"道術"存在。基本上，漢武帝"獨尊儒術"以後，更具體的道統便大致確立；後來孔子成為"素王"，就是對既存統系的一種形式確認。由於"天不變，道亦不變"，這一道統幾乎是永恆的，除非"變天"。而"素王"也就超越於一切改朝換代，包括異族入主。近代的"道出於二"，則是一個根本性的大逆轉，提示出"變天"的徵兆。而民初由政府廢止讀經，則是政統正式對道統"說不"，宣示了"變天"的確立。

在此思想社會的巨變中，學術領域也出現了明顯的權勢轉移。儒家經典因為不能解決新興的富強要求而一步步淡出，出現了從"通經致用"到"通史致用"的轉向。隨著近代西方民族主義的輸入，歷史被提升到決定國族與文化存亡的高度，史學也獲得了新的道義提升。然而從長遠看，這一時段也僅是曇花一現。由於和經學一樣不能對新興的"富強"要求做出直接貢獻，史學也逐漸卸下了民族復興的重任，卻未能解除其外在的功能。

從 20 世紀初年開始，相當一部分趨新士人以為，為了不影響中國這一國家和中國人這一民族的發展，必須把中國傳統送進博物院，不許其在新時代裏延續。甚至一些被視為"守舊"的士人，也多少接受傳統已成"古董"的見解。一方面，很多人同意傳統已經"古董化"，無法解決新時代的現實問題；另一方面，他們又對這傳統保持著警惕，似乎承認其對新社會仍具有很強的侵蝕力，因而堅持著從"現代"裏驅除"古代"的努力。

1919 年的五四運動後，被稱為"賽先生"的科學漸成"真理"的象徵，但科學更多地體現為"精神"和"方法"，具體一度落實在以史學為重心的"整理國故"之上。民族主義與科學巧妙地結合起來：沒有科學的支撐，國學便上不了台面；沒有"國故"這一多數中國學者耳熟能詳的具體治學對象，以方法為依歸的"科學"便不能落在實處。與此同時，作為"科學"另一表徵的唯物史觀也開始流行，在 1949 年後更成為主導性的史學解釋模式。

讀書人的整體自信不足，也直接影響到史學，曾被賦予振興中華重任的史學，反一頭扎入西學懷抱之中。儘管 20 世紀是一個政治巨變頻繁的時代，這樣一種詭論性的學術發展，卻呈現出持續的態勢。百年間中國學術的走向，基本是隨西學之波而逐西方潮流。在此大趨勢下，一度得到提升的史學很快被更能代表"真理"的"科學"所排開，它自己也面臨著必須成為一種"科學"

以競存於萬學之林的生存危機。

學校和公眾所關注的歷史內容也發生了很大的改變。在 20 世紀之前，歷史記錄的"前言往行"是想要成為君子之人修德的基礎，或者是治國的借鑒。如今受到近代西方文明觀的影響，卻要提供中國也曾有"科學"的見證。奧運會的開幕式就是歷史內容轉變的象徵：被認為提供了一個史詩般畫面的儀式，強調了造紙術等歷史上的"四大發明"。這些被視為代表了中國文化的歷史因素，在百年前很少受到關注，到近代才被發掘出來，並賦予了新的意義。毫無疑問，這些發明的確是中國歷史的組成部分，但科學在中國從來不曾有過其在近代西方那樣的核心地位。

七

回溯往昔，以歷史紀錄和著述的持續和連貫而言，中國可說是世界之最。而對歷史的重視，也非比尋常。在"經"的崇高地位被確立以前，"史"是禮法之所從出，也是行為和決策的思想資源。在近代經學被推出歷史舞台後，史學又曾一度登上高峰。"五四"後胡適推動整理國故時，甚至以為國故就是中國文化史。直到 1940 年，對史學不甚滿意的林同濟仍說，"史學在中國，似乎是注定的百學之王、百政之始"。

　　然而，百多年來歷史功能和歷史內容的改變，帶來了很多困惑。在目前動盪紛亂的社會裏，不講規則的舉止風起雲湧，思出其位的言行此起彼伏，越來越多的人開始分享著"人心不古"的憂患意識；也有不少人習慣了推卸自身的責任，把今日的問題歸咎於歷史和傳統。另一方面，在全社會都強調"有用"的世風激盪之下，"歷史有什麼用"的外國疑問，也已引進中國；從老百姓到學者，很多人都分享著類似的問題。就像"五四"後許多人既認為傳統已"古董化"，又對這"古董"保持著警惕一樣，上述三種態度（歷史有正面作用、歷史起負面作用、歷史無用）揭示出社會的群體意識仍處於緊張而無所適從的狀態。

　　實則歷史本是一種存在，無所謂有沒有用的問題；大部分人質疑的歷史，大概就是史學。五十多年之前，史學雖已衰落，還是一門非常重要的學科。中國的科學院裏，一個學科通常只有一個研究所，而與歷史相關的研究所，至少曾有三個。在最近二十多年間，不僅社會科學院裏與歷史相關的研究所頗有寂寥之感，大學裏的歷史系也已開始出現了"危機"意識。

　　不過，史學從業者生計的轉變，甚至史學在社會中地位的轉變，都不算什麼"危機"。史學的真正危機，在於"往昔"本身的意義日漸萎縮，導致史學社會角色的轉變，即其已淡出於時人行為和決策的基礎思想資源了。

　　群體的"我"，從來是立體的，不僅有四面八方，並貫穿著過去、現在和未來。而史學曾是一門可以通過判定過去的"對錯"以解釋現在的學問,其解釋並為社會所接受,影響著群體的行為。當其不能像以前一樣對當下的社會問題給出答案、為將來的前行提供方向,或者不被需要答案和方向的社會所期待時,它就只能接受一個相對邊緣的位置,扮演著字面意義的"守先待後"角色,在含英咀華中待叩而鳴。

很多時候,危機也意味著因危而生的機遇。在一個紛亂的社會中,多元與斷裂實較親近,都不那麼一脈相承。面臨變化急劇的時代,文化認同的意義被重新喚起。當自然和社會現象日趨複雜,而科學家的答案又過於辯證(例如說嚴寒即是氣候變暖的表徵)時,大眾又開始尋找不一樣的答案。已經有好些年了,坊間賣得最好的,據說仍是歷史類的書籍(卻多非專業史家看重之書)。在"歷史知識"已部分被改變的同時,中國和中國人的往昔,又開始成為社會關注的一項中心議題。對史學而言,這一新來的關注是福是禍,也只有讓歷史來證明了。

八

亨廷頓(S. P. Huntington)曾論及一個現象:當非西方國家在追求以富強為標誌的"現代化"時,它們競相往西方尋求成功的秘訣;而在這些國家達到相當程度的"現代化"後,又轉而聲

稱是其本土文化 —— 而不是從西方尋來的秘訣 —— 促進了它們的成功。他進而推論：國家的富強可能導致本土文化的復興。近年中國經濟的迅速發展與"國學熱"的同步，似可支持他的推論。

但文化復興的前提，是文化並未斷裂。至少要有少數君子，能夠多識前言往行，以守先待後。另一種頗不樂觀的可能是：當中國逐步實現長期追求的"富強"目標，因而出現傳統文化復興的需求時，包括"專家"在內的國人，對傳統文化實已相當隔膜。近年"國學"方面的種種創新型表述（包括言和行），似也印證著這一可能性。面對這樣的狀態，史學究竟何去何從？

在過去，史學曾經分享著經學對人生社會的指導角色。實際上，以前中國所有的學問，都不能疏離於社會人生。"前言往行"與"蓄德"的關聯，正在於此（據《漢書·藝文志》，古人通經，亦為蓄德）。前述東漢置修史者於著作場所之中，即體現了學問好則史學優的原則 —— 學養所在，著史自不差；若學無根基，史著也好不到哪裏去。本來史學就是盡可能去了解異時異地之人，而把他們的故事講出來。無論其目的是重建、再現還是詮釋，史學的前提都是理解往昔。因此，古今中外關於理解的探索，都是史學方法。

現代史學對歷史職業感的強調，在一定程度上反促進了所謂職業史家（professional historians）的自我封閉。這些專業人士蝸居在範圍不大的學術共同體中，兩耳不聞窗外事，自我分享也自我欣賞。歷史專業化之後，不僅個人修養成為學外之事，就是廣涉他學似也不再迫切，甚或可有可無。解除了"褒貶"重負的職業史家，也已不那麼看重"蓄德"；更因教育學術資源政府化這一特定國情，他們又傳承了"正史"與民間歷史敘述的疏離（對那些在意識層面反傳統甚或"反封建"的學人，這真是個不小的諷刺）。

進而言之，在可以"褒貶"的正史廢除後，歷史撰述體制化的約束力也就不再。既然無所謂身後之名，肉食者的行為可能如入無人之境；即使還看重"身後之名"的人，也沒有正式的"青史"可以讓其留名，只剩下民間的口碑。重要的是，在史學淡出於世人的基礎思想資源後，民間的歷史興味也發生了巨大的轉變——如果說民間的口碑此前尚分享著"蓄德"的基本理念，往往還賦予有德者以事功，如今則已不太關心事主有德與否，而更看重那可被賦予的事功，以及可以諷今、娛今的故事。

隨著突破"邊界"的新學理日益輸入，以及我們學界對"創新"的提倡，一種"戲說"歷史的全新敘述模式越來越流行。借古諷今依然常見，卻漸有被借古娛今所取代的趨勢。最發人深省的是，與過去的"演義"不同，電視上新編歷史劇中的皇帝太后，越來越像革命文藝作品中的政委，不僅嘔心瀝血，而且語重心長。其餘王公將相，仍是戲中主角，卻也更食人間煙火，與民同樂。

這類劇目通常都能賣座，與坊間的歷史書賣得好相映成趣；這表明老百姓的歷史感還在，甚或在增強。但賣得好的歷史書與賣座的電視劇相類，都是戲說型或"俳優化"的；這樣的歷史感，頗現出幾分"去道德化"的意味。一些標榜"求真"的職業史家，總是忍不住要非議富於"創新"的歷史劇。其實，正是無意褒貶的職業史學，與"去道德化"的民間史感相表裏，共同切斷了"前言往行"與"蓄德"的關聯。

九

要知道，對於往昔的探索和了解，本不僅為了豐富我們的歷史知識。專業史家曾否自問：史學變得"現代"以後，與人生的關聯何在？

所謂傳統，或許就像孔子所說的，"視之而弗見，聽之而弗聞"，同時又"洋洋乎如在其上，如在其左右"（《禮記·中庸》）。古人常說：鹽化於水，鹽已無形，而仍在水中；且每一滴水中，皆有鹽在。歷史亦然。它早已進入我們的生命之中，成為我們日常生活的一部分，招之未必來，揮之難以去；就像曾化於水的鹽，不必有形，不必可見，卻始終存在，且無所不在。

換言之，歷史不僅是一種知識。那些在意識層面未曾經驗過的往昔，仍以經驗的形式存留在我們的行為之中。或正因為傳統處於一種難以追憶的朦朧狀態，而又對後來的社會、思想、政治和生活等產生著實際的影響，它就特別需要解釋。史學即不啻傳統的解釋者。前面說了，記載也是詮釋；而任何解釋，皆不排除創意。歷史與史學，就這樣相輔相成，在不斷解釋中發展。

古往今來，本是一個持續的長程。借《易經》的說法，史學首先要"彰往"，不能讓人類的往昔湮沒；然後要"藏往"，維持人類的歷史記憶；進而還要"察來"，知道人類怎樣可以比過去更好。藏往不是要復古，察來也並非預測。所謂以史為鑒，不僅是認識和了解到自己或他人過去的成敗，遂可以模仿或規避；更要設身處地，以體會前賢如何面對困境和挑戰，分享其行事中的喜怒哀樂，以達成個體或群體的心靈提升。

溫故知新的意義，正在於多識前言往行，以蓄其德。

人多遠慮，然後可以少近憂。過去的經驗，可以告訴我們曾經有過的機會和選擇，以及我們曾否進行了足夠的努力；也可以提示我們當下所處的地位，幫助我們思考怎樣可以做得更好。

也只有多識前言往行，才能守先待後。從人類到本土，都還有無數前言往行，等待著史學從業者去探索和發現。就像知道治史不可能完全客觀仍可朝客觀方向努力一樣，認識到史學有其外在功能，並承認這一事實，應不致影響史家趨近並揭示歷史真相的學術努力，或許反可增強專業學者的敬業之心。至於史學本身的學術發展，有其內在的戒律和講究，此則史家皆知，毋庸贅言於此。

今日不僅史學是"危"與"機"並存，世界大體也都是一種

"危"與"機"並存的狀態。歷史已經說明，人類的確在不斷進步，但也時有退步。今人已不易相信歷史會向著一個（神或人）既定的理想目標前進，但我們或許可以不讓歷史朝某些方向發展。面臨著已被過度開發的自然和日呈紛亂的世界，大至人類，小到個人，若不能比過去做得更好，前景絕不樂觀。倘若真能做得更好，明天自然也會更美好。這就是歷史重要之所在，也彰顯出史學的意義。

（連載於《文匯報》2013 年 12 月 28 日—2014 年 1 月 14 日）

與時偕行的中國農耕文化

　　從很早以來，至少從有文字到大約數十年前，中國基本是個以農業為主的社會。或可以說，農耕文化就是中國傳統社會的主流文化。[1] 從全人類和長時段的角度看，到目前為止，中國對世界最大的貢獻，可能還是農耕文化時代產生的基本思想。目前正處於發展中的工商業文化，似尚未形成什麼足以稱道的貢獻。而中國的農耕文化，頗有其獨特的地方。自然與人生息息相關，就是中國農耕文化的一個基本觀念，到今天也還有啟發性。

一　時間與變易

　　中國古人對時間的認識，與西方相當不同，與我們現在的認

1　此所謂中國農耕文化，僅大體言之，基本上是今日言族群者所謂"漢地"（亦伸縮波動）的農耕文化而已。此一限定，承北京大學哲學系沙宗平教授提示。

知也很不同。對中國古人而言，時間不必是一個目的明確、可計量的從起點到終點的線性走向（在近代西方進化論興起之後，又增添了越來越進步的涵義），其本質在於變易，是一種持續的存在，所謂"時乃天道"（《尚書·大禹謨》）。在此持續的存在之中，沒有一個最後的終點，反而是"終則有始"，即四時在變化中周而復始，終點不過是一個新的起點。[1]

如《易經》"恆"卦之彖辭所說："天地之道，恆久而不已也。'利有攸往'，終則有始也。"蘇東坡解釋說："物未有窮而不變者。故'恆'非能執一而不變，能及其未窮而變爾。窮而後變，則有變之形；及其未窮而變，則無變之名；此其所以為'恆'也。"而"利有攸往"，就是"欲及其未窮也。夫能及其未窮而往，則終始相受，如環之無端"（此處及以下蘇東坡語均自《東坡易傳》卷四）。正因時間是一種持續的存在，故對其計量是為了方便，而不必是出於其本質。

在常人眼裏，四時循環是常規的天象。《逸周書·周月》說："凡四時成歲，有春夏秋冬。"而"萬物春生，夏長，秋收，冬藏，天地之正，四時之極，不易之道"。這是古人通過觀察自然現象得出的結論。時雖有序有常，也可能"無常"。惟在變易的通則之上，"無常"也是"常"。所以蘇東坡解釋"恆"卦的象辭之"雷、風，恆。君子以立不易方"說："雷、風，非天地

1　關於時間的中西認知，承施耐德（Axel Schneider）教授提示。

之常用也;而天地之化所以無常者,以有雷、風也。故君子法之,以能變為恆;'立不易方',而其道運矣。"

簡言之,四時循環是建立在"變"的基礎之上,即變化是比循環更基本的準則。因此,周而復始的循化並不是簡單的重復,"終則有始"說的是終點之後一個新的開始;四時仍是四時,但春夏秋冬卻是新的春夏秋冬。近代中國人接受進化論之後,對這類貌似循環論的觀念並未給予足夠的重視,其實裏面有相當深邃的道理,還需要進一步探索。

古人關於時間和變易的基本論述,最集中地表現在《易經》一書之中。王弼說"卦者,時也;爻者,適時之變者也"(《周易略例》)。這既是對《易經》基本精神的簡明概括,也最能表現出古人對於自然的態度。那有序而常變的"時",是中國文化的一個核心觀念。在充分承認天道以變為恆而四時有序的背景下,人的行為就應當"與時偕行",既不失時也不逾時,盡可能"與四時合其序"(《乾·文言》),同時也要"適時之變"。

對古人而言,天人是相通的。把觀察到的天象描述出來,一個重要的目的是要辨析其與人世的關聯。故"恆"卦的象辭又說:"日月得天而能久照,四時變化而能久成。聖人久於其道,而天下化成。"蘇東坡進而解釋說:"照"的雖是日月,"運之者天也"。以"日月之運、四時之變"來說明"恆久不已之道",是"明其未窮而變"。故"寒暑之際,人安之。如待其窮而後變,則生物無類矣"。聖人"觀其所恆,而天下萬物之情可見矣"。

二　天道與人世

中國傳統的一個主要特點，是敬天但以人為本，不一定尊崇一位絕對全能之神。換言之，"道"或真理，不必來自超人世的上帝，這是中國文化一個極其關鍵的特色。在這樣的社會裏，如果略作理想型的表述，天和人之間永遠是互通的。所以，從天子到庶人，其所作所為都要因時、順時、隨時，而且還要隨地。《禮記·月令》所謂"毋變天之道，毋絕地之理"大致即我們今日常說的隨時隨地（後面還要說）。

中國農耕文化的一個核心，是認識到並明確承認自然資源和人的能力都是有限的，主張溫飽層面的"寡欲"，在此基礎上實行仁義；而並不非常強調"開發"，反而把很多這類行為視為（個體或群體的）人"多欲"的表現。古人既意識到人在面對自然時能力有限，又充分認識到人的潛能可以相當強大（不論性善性惡）。人一旦"多欲"，採取進攻性的舉措，觸及的方面可能是很多的，在態度上甚或可以說是無限多的，包括自然，也包括人本身，最後可能危及人類自身以及人與自然的和諧共處。

人可以在遵循自然規律的基礎上利用自然，而不是反過來站在自然的對立面去榨取甚至破壞自然。所有人，包括帝王在內，其行為可以有相當的自由，但以不超越自然為限度。因此，中國古代特別警惕"人主"的"多欲"，因為那可以影響到整個社會。[1]

由於天與人是相通的，君主被視為天之子（但這與西方的君權神授觀念有很大區別，因為"道"或真理不必來自超人世的上帝）；他在人間代替天執行天道；但天道是否真正得到貫徹，卻表現在老百姓方面，所以說"天視自我民視，天聽自我民聽"（《孟子》引《尚書·泰誓》）。君主了解民視民聽的一個方式是"採風"，即通過搜集各地的民歌民謠了解民間的喜怒哀樂，也由此知道自己的統治是否仍代表著"天命"。

經過孔子詮釋的夏商周"三代"，被推崇為黃金般的理想社會。正因為天道是"終則有始"，所以理想社會可以在遠古的"三代"，但需要改善的卻是當下的人生。歷代士人都以做"天下士"為目標，他們的關懷必須廣及"天人之際"，而其始終想要澄清的"天下"，仍是這凡俗的人世——要讓"三代"的秩序重現於當世，變無道的社會為有道的社會。

---

[1] 不能"多欲"的取向至少在對外政策方面得到了較長時期的貫徹，包括文化上的不輸出和不擴充。古代行為準則的一個要點即《禮記·曲禮》所謂"禮聞來學，不聞往教"。孟子對學生的態度是"往者不追，來者不拒"，要學生主動向學才施教。這一準則同樣適用於夷夏關係。何休注《公羊傳》，即把"躬自厚而薄責於人"這個與人相處的倫理準則延伸到對外關係上："故略外也，王者不治夷狄。錄戎者，來者勿拒，去者勿追。"與孟子對學生的態度相類，故有視夷狄為未學之人的意思，門戶對其開放而並不勉強其入學。在"修文德以來之"的大方向下，對於傾慕華夏文化的夷狄固表欣賞且予鼓勵，亦可向之傳播華夏學問。若夷狄本身無"變夏"的願望，華夏一方似要無要努力使其"變夏"的責任感和使命感（如清代就禁止向不友善的夷狄輸出中國文化）。

三　對土地和農耕的尊重

在一個農業文明中，文化不能沒有根，且必須扎根於土地之中。文化與土地的關聯，是農耕文化的一個基礎。傳統農耕文化另一個主要特點是安土重遷，即大部分的人家居耕織，日出而作，日落而息。安土重遷不是不外出，而是有分工。最基本的分工，即所謂"男耕女織"。女子基本不外出，至少不鼓勵其外出（女權主義者可能看到歧視，但也未必不是出於善意，譬如對弱者的保護）；男子可以有外面的事業，但也有"父母在，不遠遊"的考慮。

實際的現象是，男性中並不真正務農的一部分常常外出：商人追逐什一之利，當然頻繁外出；當兵也是"事業"之一途，可能遠到邊塞，但不受鼓勵（貴族時代除外，那既是義務也是特權）；在很長的時間裏，讀書做官被視為"上進"的正途，多數人是在鄉間讀書，然後到今日所謂城市為官。做官之人或候缺或丁憂或告老，多半要還鄉；軍人亦然。商人多是隻身外出，家人仍定居，往往還在家鄉置地以為保障，甚或藉此轉變身份。

在尊重土地的基礎上，發展出對農耕特有的尊重。從西周開始的禮制，天子親耕籍田（藉田）、后妃親蠶，成為一種必需的象徵性儀式。到宋代蘇東坡還曾描述"蒼龍掛闕農祥正，父老相呼看藉田"（蘇軾《元祐三年春貼子詞·皇帝閣》之四）的熱鬧。天子親耕的儀式雖然只是一個象徵，但對農耕的特殊尊重，已表達得非常清楚。

如果對 "勞心" 和 "勞力" 做進一步的區分，則勞心者或許可實行 "代耕" 的方式。孟子就注意到（並且承認）資產對人的支配性影響，但認為 "讀書" 這一方式可能提高人的自主能力，改變人對資產的依賴性。所以一般人是無恆產即無恆心，惟有士可以 "無恆產而有恆心"（《孟子・梁惠王上》）。他進而提出，如果士君子能使國家 "安富尊榮"、人民 "孝弟忠信"，則即使 "不耕而食"，也不算尸位素餐（《孟子・盡心上》）。

仔細體會孟子的意思，只有那些學養高到可以超越於資產支配的人，並對國家人民有具體的貢獻，才可以享受 "不耕而食" 的特例。對無恆產則無恆心的一般人而言，當然就應 "耕而食" 才對。所以他明言， "士之仕也，猶農夫之耕也"（《孟子・滕文公下》）。這一對應的比擬，清楚地表明 "仕" 不過是一種 "代耕"；孟子的整個立論，仍建立在重 "耕" 尊 "耕" 的基礎之上。沿著這一思路，後來衍生出 "筆耕" "舌耕" 一類的表述，反映著很多實際 "不耕而食" 者對 "耕" 的尊重。

進而言之， "仕" 既是士人的責任和義務，也是其追求的目標，卻不必是士之常態；大部分讀書人毋寧說長期處於一個為出仕而持續準備的過程之中。天子尚且要親耕，讀書人自不能疏離於耕作和土地。《漢書・藝文志》所謂 "古之學者耕且養"，是一個簡明的概括。到後來，象徵著與土地關聯的 "耕讀"，成為中國一個持續了至少兩千年的核心觀念。

耕讀也是四民之首的"士"賴以維持其身份認同的一個基本
象徵。如身歷清末廢科舉的山西舉人劉大鵬,自詡其家"以耕讀
為業,不耕則糊口不足,不讀則禮儀不知"。這恐怕更多是一種
理想型的表述,劉家上一代主要收入就來自他在外經商的父親,
劉大鵬自己出仕不成,也不得不像大多數未能做官的讀書人一
樣以"舌耕"為生,出任塾師,後來更長期經營小煤窯,但終
以"老農"這一自定身份認同度過餘生,以維持耕讀之家的最後
一點象徵。與劉大鵬相類,很多讀書人實際不"耕",或不怎麼
"耕",但仍要維持這一認同,以示未曾疏離於土地和農耕行為。

勞動的分類和分工是人類一個非常重要的創造,在此基礎
上,中國古人進一步發展出一種本末的區分,即以農為本,以工
商為末。這樣的觀念,一直貫徹到 19 世紀。此後隨著"物質的
興起",又出現幾乎相反的傾向 —— 農業人口嚮往城市、離村進
城,成為 20 世紀的持續現象。至少很多經濟學家和社會學家,
現在仍致力於鄉村的城市化,要讓農民進城。

四 體會重農抑商的思路

最遲大約在漢代,中國人已經在思考西歐中世紀晚期或近代
早期思考的那些基本問題,得出的結論卻不同。假如套用西方

"生產"和"分配"的概念，近代西方人的結論似偏於前者，而早年的中國人則偏於後者；即在充分承認物質有限並且不側重開發的基礎上，特別重視"分配"，最典型的表述就是"不患寡而患不均"的思想。因此，中國古代所謂重農抑商，既是一個基本的傾向，也是農業社會的習慣思維。

古代本有"工賈食官"（《國語‧晉語四》）的傳統，如孟子所說，"古之為市也，以其所有易其所無者，有司者治之"（《孟子‧公孫丑下》）。因此，工匠賈人多近於官奴，身份很低賤。而工賈之事也是鄙事、賤事，貴族既不願參與，大概也不能參與。秦漢時詔令律條中常將賈人與罪人、贅婿等同列，視為卑賤而國家可徵發的社群，就是上述傳統的遺存。

但春秋戰國本是禮崩樂壞的時代，貴族體制的崩潰帶來思想和行為的解放，使一些商賈有很大的發展，甚至可以身居相位（如呂不韋）。而孔子也可以用"吾少也賤，故多能鄙事"（《論語‧子罕》）來解釋其超過一般人的能力（這裏當然有謙遜，但若世風不變，這樣的謙遜恐怕說不出口）。不過，以農為本、以商為末的思想，在周秦諸子之中仍相當普遍。

古人並非不知道"用貧求富，農不如工，工不如商，刺繡文不如倚市門"。但這更多是特指以"末業"為"貧者之資"（《史記‧貨殖列傳》），略近於今日所謂"脫貧"。且其所言有男女的分工，最後半句是指女性，"倚市門"明顯指謂著鄙賤之事。古人善用對偶表述，這話含蓄地暗指男性中的經商者類同於女性之"倚市門"者；豈止是富而不尊，簡直就是雖富卻賤。

也就是說，貧寒者可以藉"末業"致富，若立志要成為國家棟樑的，就不宜如此了。漢初"天下已平，高祖乃令賈人不得衣絲乘車，重租稅，以困辱之。孝惠、高后時，為天下初定，復弛商賈之律，然市井之子孫亦不得仕宦為吏"（《史記·平準書》）。這是歷史上有名的"抑商"政策，但對商的"抑制"並不是全面的，而僅是相對的。即並不阻礙商人發財甚或發大財，但不能不限制商家在其他方面的發展。

在生產力並未充分發展時（如上所述，古人本不主張"發展"得太充分），把社會資源進行有區隔的分配，特別是將名、利、權三者進行大致明晰的分疏，使各有所得，是古人充滿智慧的處理方式。類似的措置長期得到貫徹，但也不是一刀切，仍能關注特殊區域的行業特色。如清代商人之家在科舉方面受到不少限制，但也有專門分配給工商業地區的科舉名額，四川的鍵為就是其一；在這些地區，商人子弟所受限制就意義不大了吧。

對商的警惕的確是農耕文化的一個重要成分。古人一方面充分了解並承認商的本質是求利，即使惟利是圖，或也不算違背其"職業道德"；在此基礎上，更注意到與商相關的思想行為擴充到其他領域可能產生的重大影響。故以發財為目的之商業作為是可以允許的，其行為模式和思想風尚卻須受到限制，不得推廣。

這一顧慮是有理由的，至少就當年的社會倫理言，商業行為模式有可能帶來毀滅性的影響。不論是國家還是社會，不僅要算經濟賬，也要考慮其他方面的輕重緩急。這一點，也算是成功商人的呂不韋，請人編成一部《呂氏春秋》，就說得非常清楚：

> 古先聖王之所以導其民者，先務於農。民農非徒為地利也，貴其志也。民農則樸，樸則易用，易用則邊境安，主位尊。民農則重，重則少私義，少私義則公法立，力專一。民農則其產復，其產復則重徙，重徙則死處而無二慮。捨本而事末則不令，不令則不可以守，不可以戰。民捨本而事末，則其產約，其產約則輕遷徙，輕遷徙，則國家有患，皆有遠志，無有居心。民捨本而事末則好智，好智則多詐，多詐則巧法令，以是為非，以非為是。（《呂氏春秋・上農》）

安土重遷與農耕的緊密關聯，在這裏反映得相當明晰。其中既有今日所謂經濟的考慮，也有昔人特別看重的文化因素——落葉就要歸根，"死處"是那個時代的人最關切的問題之一，可直接影響其行為。這些具體思考都建立在農耕社會的基礎之上，不一定能推廣到其他社會，但其思路很清楚，就是農業和商業各有其附載的行為模式和思想風尚，不能僅從直接獲"利"多少的物質角度來計算，還要考慮今日所謂社會和政治的成本與後果。

很多年後，蔡元培仍以類似的理念來辦大學。他主張區別"學"與"術"，即以文、理為"學"，法、商、醫、工等為"術"。兩者在學理上"雖關係至為密切"，卻"有性質之差別"。教學上也應予區分，即"大學專設文、理二科，其法、醫、農、工、商五科"則獨立出去。因為大學要"研究高深學問"，而後者的培養目標則是讓生徒"學成任事"。兩方面"習之者旨趣不同"，對學風有實際的影響。各科兼設的結果，使本應致力於研究高深學問的"文、理諸生亦漸漬於法、商各科之陋習"，會造成全校風氣的轉變。蔡先生的主張雖未被後來的校長所採納，其思路卻與早年重農抑商的想法相近似。

五　平心反思農耕文明

由於近代中國翻天覆地的變化，百多年來，傳統本身成為一個不那麼正面的負擔，農耕文化也因此受到一些影響。人們說到農耕文化，如果不加以貶斥，也往往帶一點抱歉的意味。在這樣的氛圍下，對於中國的農耕文化，願意進行深入研究的人不多。已有的論述並不少，但能形成共識，可作為進一步探討基礎的見解，似乎也不多。

反過來，隨著農耕文化受到強烈的衝擊，更衍生出許多"非農"甚至"反農"的觀念和言論，迄今仍較流行，甚或越來越流行。有些觀念反映出非常豐富的想像力，如前些時候出現的"毒奶粉"，就被有的學者歸咎於農業文明，說成是中國商業文明發展不充分的表現。在一個社會上，發生了在幾千年的農耕文化期間不曾發生的事，常規的思維似乎應該反思生產和生活方式發生了什麼變化，以及這些社會變化與新的社會行為之間是否有什麼關聯，等等。但一些學者幾乎恰好是反其道而言之。關鍵是這樣說的好像還不是一兩人，有些在本專業是很不錯的學者，也非常誠懇地相信這一點（我朋友中就有這樣的人）。

這個現象非常值得反思。"毒奶粉"不過一例，今日還有大量製販假藥等傷天害理的行為，都是歷史上前所未有的。如果遵循《呂氏春秋》和蔡元培的思路，出現這類現象，更可能是在發展非農業經濟的同時，改變了與農耕文化相伴隨的行為方式；即商業文明的好處還沒學到，又已把農業文明的優點拋棄了。

近代形成的反傳統思路有一個特點，國家或社會出了問題，卻並不像後來的套話所說那樣 "各自多作自我批評"，而是先把責任推給古人或傳統文化。農耕文化之所以會成為非農耕文化行為的替罪羊，既體現出這類推卸責任的反傳統思路已成為某種慣性思維，也說明我們對農耕文化的了解已經非常不足了。

現在我們常常聽到農業文明 / 文化、工業文明 / 文化和商業文明 / 文化的這類說法，我不知道人類文明或文化是否確可以這樣劃分。假如可以這樣劃分的話，這些文化各自如何界定，如何區隔，估計也難有定見。不過，有西哲說過，凡是存在的都是有理由的。既然有不少人這樣說，可以假設這樣的分類有其道理在。

對這些文明或文化,個人無意在其間做什麼價值判斷。人類的歷史太悠久,有文字以後也已經好幾千年,我們生活在這長期積累之後,只要把歷史視為思想資源而不是精神負擔,就應該有足夠的智慧在人類經驗的基礎上對各類文明取長補短,產生出一種相對均衡、人與人和人與自然都能長期和諧共處的取向來。從這個意義上看,農耕文化對自然資源和人類能力有限性的認識,不僅應認真反思,也的確是可以汲取的重要思想資源。

六　致力於天人的雙贏

近年的經濟發展在很多方面提高了我們的生活品質,也改變了我們的日常生活習慣,與農耕文化漸行漸遠。如"隨時隨地"在今日是一個常用詞,其本意卻有著非常意味深長的哲理。朱熹曾發揮程頤"君子順時"的觀念說,所謂"順時",要達到"如影之隨形"的程度。"夏葛冬裘,飢食渴飲,豈有一毫人為加乎其間哉?隨時而已。時至自從,而自不可須臾離也"。學者若不能認識到這一點,則"時食而飲,時葛而裘,毫釐之差,其應皆忒,則將以何為道"(《答范伯崇書》)?

時間如此,空間亦然。安土重遷的原則,或也可以反映在飲食行為上。用今天的話說,吃東西最好"隨時隨地",而不宜逆時逆地（後者可以“嚐鮮”，卻不必經常吃）。而我們這些城裏人已經越來越習慣於吃反季節、遠距離的蔬菜水果，越來越提倡假日外出活動以代替家居休息，同時又越來越願意生活在不受四季影響而冬暖夏涼的室內。

這些都是朱子所說的“人為”因素，除室內的冬暖夏涼的確更舒適也顯得更“必要”外，其餘多是溫飽之餘的補充。這些不過是最近才“形成”的生活習慣，若按農耕文化的標準看，都是違背自然常規的，也離“道”日遠。

我自己就很願意享受冬暖夏涼的科技成果，當然無意提倡返回更原始的生活方式。問題是，側重溫飽之餘的生活方式是否能夠普及，以及可以持續多久？更基本的問題是：地球給人類準備了那麼多資源嗎？現在各國都在致力於物質層面的現代化，尚未現代化的正努力趕超，已經現代化的還想更上層樓。

人多遠慮，然後可以少近憂。我有個外國朋友就在憂慮，地球的資源是否能讓 60 億人都過現在歐美“發達國家”所過的生活？就算答案是肯定的，我們的人口還在與日俱增，地球遲早會不堪重負；若人口增長超過我們開發太空資源的速度，人類總要面臨不得不改變生活方式的難題。

自從農耕文化被否定後，以“人定勝天”的精神改造自然得到充分提倡。這一精神當然給人類帶來很多正面的回饋，但也已導致了一些“戰勝自然”的過分舉動。有一首歌很樂觀地唱道：“我們都有一個家，名字叫中國。……家裏盤著兩條龍，是長江與黃河。"然而如今黃河時常斷流，長江也已被污染到水質激變。家裏盤著的兩條龍都出了大問題，這個局面還不夠可怕嗎？我們也許在"與天奮鬥"的路上已經走得夠遠了。如今恐怕不能不比從前更敬天，適當收斂對自然的進攻精神，與天和諧共處，庶幾獲致天人的雙贏。

（原刊《南方都市報・閱讀週刊》2009 年 12 月 13 日）

夷夏之辨和文野區分 [1]

開場白（王銘銘）

人們仰慕已久的羅志田老師，從成都特地飛過來跟我們聊天。前面做了一點準備，編輯了羅老師的一些相關論文，羅老師為此也提供了重要幫助。羅老師寫過不少關於"夷夏之辨"和近代的世界觀之變的文章，瀏覽他的這些大作，使我覺得自己不學無術，於是也恍然大悟，人類學界人類學家不多，因為許多人類學家在歷史系⋯⋯

這裏面我自己比較感興趣的是夷夏之辨，這個論題歷史比較久遠，羅老師貫通古今，將之與近期關於民族主義的論述關聯起來考察，我自己沒全讀明白，興許這是因為我只知道點民族主義，我們人類學界一般把民族主義定義成少數民族的不滿情緒，而羅老師想得比較開闊，使我覺得人類學的東西比較缺乏藝術，而歷史學家羅老師寫的東西卻有很高的藝術性，有時藝術性高得使人要閱讀五遍之後才能琢磨出點意思來。所以今天我特別

1　本文原為北京大學社會學人類學研究所座談會引言

期待。能親耳聽到羅老師解釋"夷夏之辨和文野區分"，機會不多，大家珍惜。

演講（羅志田）

被王老師挖苦之後還要很嚴肅認真地說，就比較困難。"夷夏"這個方面本來應該是你們研究的，我到這裏來就不是內行了，好在已經提供了一些寫出的文字，講不清楚的，可以看我的論文。在以前的一篇小文章裏面我曾經說到，現在的外國人，大概從前一二十年開始吧，特別重視所謂族群和性別，其實這是我們中國以前的強項。因為中國最主要的，至少兩三千年裏兩個最主要的區分，一個就是夷夏，一個就是男女，兩者都是所謂的"大防"。而且這種區分一直延續到後來，至少新文化運動時所要打倒的東西，都還是這樣一些。關於這兩方面，兩三千年來有著持續的論述，所以我們在這方面有很豐富的資源，本來很適合所謂世界前沿的學術題目，可以和他們互動、對話……可惜沒有太多人關注，現在講族群或者性別的人大部分不看中國古時候的東西（因為我們認知中的"世界"是沒有中國的，例如我們學科體系中的世界歷史、世界經濟，等等），然後就跟著做。在民族或族群認同方面，從外面引進來一些想像力很豐富的說法，比如說黃帝好像成了一個近代構建出來的一個民族象徵。現在的黃帝象徵裏當然有近代構建的成分，然而司馬遷當年就說"百家言黃帝，其言不雅訓"，那個時候已經幾乎是人人都在說了，為什麼還要到近代才來構建？中間那兩千年都在幹什麼？說這些的學者其實都是不錯的學者，就是老實一點，看見洋人說這個那個都是構建出來的，所以就跟著"構建"了。

另一方面，我們也知道，《莊子》曾經說過一句話，叫作"非彼無我"。簡單說就是沒有其他，或異族，就沒有我。[1] 這個話倒不是現代人才發明，晚清的人其實就從外國引進來一個新觀念，說講國家的時候，沒有外國，就不能知道中國是怎麼回事，那個時候他們就開始注重對照了。當然，這方面外國人現在還說得更加系統，也極端一點。按照另一個你們都很熟悉的王老師——王明珂老師，也是你們人類學的[2]——總結的外國人的觀念，可以說沒有異族意識，也就沒有本族意識；沒有他們，也就沒有我們。這當然是他總結的外國人的看法，與《莊子》所說的相類，大部分時候也有道理的。

可是有一次我請一位學歷史的老師到我們這裏來演講，我們有一位受外國這類理論影響的老師就和他討論西方和中國的差異

---

1 我們現在有些喜歡說術語的人，把 other 一詞翻譯成"他者"，稍微有點非人化。從人類學角度言，就是不太看重人類，倒是有早期人類學的潛在影響。因為剛才我還和王老師說，早期人類學大都研究沒有"文化"的人，他們多半不太把那些人當成人，至少不當成文明的人，所以暗中有些把他們"非人"化。按我們中國的老話，other 更多就是"他人"。今人或受早期人類學影響，可以是"人"的，也就變成"者"了。當然 other 也有不適合譯作"他人"的時候，如說東方、西方相互對應時，"他者"就比"他人"更貼切一些。

2 王明珂老師創造了一個人類學的田野新傳統：人類學以前都是要跟那些被研究的人長期住在一起的，明珂老師的創新之處在於，每次跑過去跟人家喝兩次苞穀酒就走了；然後再過去，又喝兩次苞穀酒又走了。如果這叫人類學，以前的那些就不叫人類學了。我這是開玩笑，但這種方法的確是個創造（據說外國也有人這樣做），而且明珂老師的研究結果表明這個創造還很成功，尤其適合我們這裏的學情，因為我們不怎麼給經費，又不能不推進人類學的研究。

與對認識自我的關係。他的回答，我覺得很有啟發，他說，我們就是我們啊。為什麼一定要知道"他們"才知道"我們"呢？沒有貓也不一定就不可以知道什麼是狗，狗就是狗，難道一定要拿一隻貓來對比著，你才能知道這是狗嗎？我想他說的是有道理的，就是說，異己當然有參照作用，因為沒有異己的話，不太容易看到自己和別人不一樣的地方，也就不很清楚我之所以是我的一些特點。比如說，沒有把頭髮剃掉又要戴帽子的人類學家，也可以知道雖然沒有多少頭髮但還是不戴帽子的歷史學人。這就是有差別。可是歷史學人不戴帽子並不一定非要人類學家戴帽子才能知道，因為他本來就沒戴，沒戴就是沒戴嘛。有一位戴了帽子的，就有對比了；可是沒有，也還是可以知道的。所以，知道異己和認知自身的關係，至少沒有那麼絕對。當然，說非彼無我這些人是有一整套理論的，像薩伊德（Edward W. Said）的研究，殖民地對帝國本身的存在，是一個很重要的因素；如果沒有殖民地的話，可能是真的沒有帝國了。[1]

回到本題，中國的夷夏之辨，或者說夷夏關係，是一個很早就形成的理念，它跟文化特點，跟中國古人對天下的認識、對空間的認識是有直接關係的。最主要的一點就是，至少我們現在看到的理論表述是這樣：它是在族群共處而所謂共主又不實際治理

---

[1] 現在有很多人，尤其是外國人，喜歡把我們中國過去說成一個帝國。可是這個帝國就是一個沒有殖民地的帝國。若按照薩伊德的觀點，中國就不是帝國。可惜說中國是帝國的人，也總是引用薩伊德的觀點，而不用他的觀點來反證中國不是帝國。

的這麼一種多國 —— 說得準確一點就是多政體 —— 存在的狀況下產生出來的。其實就是處理群與群之間的一種關係。這一點是很重要的，因為在後來的大一統之後，這個觀念就受到很直接的挑戰。我在一篇文章中也說到，以前，當它是一個共主不直接治理的時代，夷夏轉換起來比較容易，因為夷夏的區別不完全是所謂的血緣，更多的是一種文化的東西。而文化是可以轉化的 —— 你表現好，就是有文化的；表現不好，就是野蠻的。文野之別這樣一個觀念，本來就是重在表現。這個理念落實到政治關係上時也一樣，他可以不喜歡你，或者喜歡你；對於異己，不管是知道的還是不知道的，都可以採取"修文德以來之"的辦法。

這也有一種很實際的背景，就是中國古人從前不太講究邊界的清晰。如果看一下 19 世紀一直到 20 世紀 50-60 年代我們關於"國家"的界定，就是一定要有清晰的邊界，沒有清晰的邊界就不是國家。如果是那樣，中國歷史上可能就從來沒有"國家"了。文化上也是如此，有了中心，然後說出一個四方，或者想像出一個四方，而這個半帶想像的四方就把中心構建出來了。這大致就是《淮南子》裏面說的"經營四隅，還反於樞"的意思。就是把四面（這"四隅"的嚴格說法不是東西南北，而是東南西南那個斜著的四個角，然大體是一個意思）、把周邊說出來，中心就確定了。這個中心，其實才是人們真正關心的地方。至於周邊，在某種程度上也跟薩伊德說的差不多，即沒有這個周邊，就不能證明中心的存在；所以說這個中心，如果還是文化中心的話，也要有不那麼有文化的“四隅”來包圍著，才能體現其在政治上的天命或者文化上超越於其他。

北大中古史中心研究歷史地理的李孝聰老師，有一次讓我參加他一位韓國學生的答辯，那位學生研究的是韓國的中國地圖。我從那裏學習到，中國這邊的地圖，像韓國這樣的地方（且不管歷史上是叫高麗、新羅、朝鮮還是什麼），就只畫了一個方塊，中間寫一個國名。這就是典型的古代天下觀，非常能凸顯中心和四周的關係——四周是必須要有的，沒有的話我們中國中心就不存在了；可是大致有個象徵性的存在就可以了，不必那麼清楚。《莊子》有一句話，叫作“六合之外，存而不論”，就很簡明地表達了這樣的天下觀，即承認這個世界是一個延伸的空間，可以很寬；可是對那些太遠的地方呢，承認或知道其存在就可以了，不用具體去探討。

不注重土地邊界的清晰，是中國古代一個很重要的理念，反映出看重在土地上的人勝過土地本身。這裏所說的人，是可以流動的。人的流動性是所謂“修文德以來之”的一個重要基礎，典籍中後面“既來之，則安之”那句話，就是孔子接著這句話說的。那就說明，這個“來”還不是簡單的一個象徵性的表述，真的來了，還要讓你住得下來。但你要是不來，他也不去強迫你，他也不太想去佔領你。這又是一個很重要的特點，如果要說古代中國是一個帝國，要注意這一點，即中國人不僅沒有殖民地，而且根本是不太主張去佔領和管理其他地方。

　　古人的文化立場是有來學無往教，就像孟子說的，"君子中道而立，隱而不發"。別人羨慕，就來學，是可以的；若不來，也就算了。東周的祭公謀父說得很清楚，對待所謂"遠人"，其基本原則是"躬自厚而薄責於人"，而具體主旨是"耀德不觀兵"——靠得比較近的，必須服從，若太不服從就揍你一下；遠處的只要求聽話，若不聽話，也只動口教訓，並不動手打，教訓不奏效，仍返回去以修德為手段。其基本原則，就是不那麼強調你非要怎樣服從聽話，我也盡可能不因此而勞師遠征，在此基礎上實現名義上的"遠無不聽，近無不服"。

　　這樣的傳統很早就形成了（具體可參閱我的文章），在漢代論證與匈奴關係的時候表述得特別清楚，唐代也有重複，基本就是不準備用武力去對付外面的人（抵抗性的用武是另一回事）。所以中國歷史上領土最廣大的時候就是元朝和清朝，因為都是非華夏文化的族群入主中國，故取得政治控制之後就比較願意擴張；元代大概是歷代地方最寬的，清代也非常非常寬廣。現在美國的新清史，就有點"去中國化"的味道，強調清朝有它自己的主體性，質疑其"中國性"（Chineseness）。我想，所謂中國性，在歷史上本是一個變動發展的概念，但說元、清兩代的內外政策不全是華夏風格的，也有所見。所謂新清史，也有點今人所說的換位思考的意思，就是換位到滿清朝廷的角度去思考問題。清廷其實就是一直要表示滿漢有別，又不能區別太大；江山坐穩之後，在大政方針上，它還是以華夏為主的。

　　無論如何，中國古代的夷夏之辨是從文化到政治的，它實際上是要指導國際關係的。或者說，夷夏之辨是直接指導著政治、在國際關係中得到應用的一種理論。[1] 而且這種理論的應用區域不僅是在今日的中國（古人的天下與中國時有重合，又可以不同，視其語境而定），我的看法是其運用包括中國周邊的世界，至少是東亞和東南亞地區的很大一片。這個區域裏政體間的關係，用 "夷夏關係" 來表述，遠比今人常用的 "朝貢關係" 更貼切。

　　最明顯的是，清朝把明朝滅掉的時候，朝鮮和日本有一部分學者就正式出來說，這個區域裏的夷夏關係現在已經改變了。他們都認為，清這樣一個帶有夷狄味道的王朝取代明朝把中原給控制了，這個新現象是需要解釋和界定的。一些朝鮮讀書人認為，滿清入主中原，導致華夷秩序大亂，華夏文明的真傳移到了朝鮮，故在很長時間裏不承認或不充分承認清可以取代明的地位（朝鮮跟清的關係特別複雜，清入關前曾對朝鮮稱過臣，朝鮮也曾經臣服於清）。日本也有類似的說法，即自從清朝滅明之後，這一區域的夷夏關係就變了；控制中原的清人既然是夷狄，則華夏的中心已轉到日本，即它們才是夏。類似的觀念後來間接支持

1　英文關於 "國" 有很多詞可以選，可是中文還真的很少，沒有幾個分成不同類的 "國"。古代的事說 "國際關係" 有時就不通，或應當說是什麼 "政治實體間關係"，但這樣說就太難聽了；在人家那裏就很簡單，就是把這個國際後面的國換成另外一個字，前面那半截不變，如將 international 換為 interdomainal，就可以明確是一個不一定稱為 "國" 的政治實體間的關係。下面為了討論方便，我們仍使用 "國際關係" 這個詞。

了日本對中國的侵略，似乎作為新華夏的他們過來重新佔領中原，帶有復仇的意味（日本後來入侵東南亞時也曾表述類似的觀念，說你們都被西方帝國主義侵略而成了殖民地，現在我們來幫你們解放）。

我們且不管當時到底誰是夷，誰是夏（真要論證，也有一個具體的考辨過程），以及這樣的理論後來起到了什麼樣的正面負面作用。重要的是，當這一區域的統治或者是政治主從關係出現變化時，這些相關的政治實體都感覺到夷夏認同需要重新建構，或夷夏關係需要重新梳理。這個事實本身說明：夷夏之辨這樣一個理論，是被這些政體當作處理“國際關係”的一個基本思想資源，一個判斷身份地位和相互關係的標準來使用的。他們試圖重新建構夷夏認同的努力，充分說明夷夏理念不僅在今日的中國這一區域得到運用，而且是在一個更為寬闊的地方被共同接受的。

夷夏理論具體從什麼時候開始被共同接受並成為一種制度化的共識，要進一步考證才清楚；但最少在明代它就已經存在，否則明朝被滅之後就不會引起辯論。若從明朝算起，那也是好幾百年了。我們現在所講的“國際關係”，都是從通常所說的“威斯特伐利亞體系”開始，那大致與清朝的建立同時，比明代晚多了。如果接受和推行夷夏理論的區域也包括東南亞的一大片地方（具體有多寬，這方面的具體史事同樣需要重新考證落實），則其空間範圍相當寬廣，似乎不比實施“威斯特伐利亞體系”的區域小。

上面說的可能都和今日所謂國際關係相關，跟各位研究的內容關係比較密切的另一點，就是文野區分的標準。我們說，文野本身就是一個非常注重各位所研究的人類學觀念的標準。有一個文獻叫《禮記》，很多疑古的人說它修成的時代比較晚，大概到漢代了；可是它裏面反映的思想是比較早的，因為其中的理念在漢代沒有多大的用處。所以即使要說它是偽造的話，偽造出來也只能是描述以前的狀態。《禮記・王制》中的一段就說：

> 中國戎夷五方之民，皆有性也，不可推移：東方曰夷，被髮文身，有不火食者矣；南方曰蠻，雕題交趾，有不火食者矣；西方曰戎，被髮衣皮，有不粒食者矣；北方曰狄，衣羽毛穴居，有不粒食者矣。

這裏沒有解釋中央的中國，而四方的戎夷，主要是以服飾、飲食的方式來區別文化、族群的特徵：你是不是紋身啊，頭髮怎樣啊。所以像王老師這樣的就非常不容易判辨族群了，因為沒有留頭髮，那怎麼辦呢？是不是紋身，他也沒有拿出來給我們看。

就是說，古人對自己和他人的頭髮啊、服飾啊這些方式特別重視。這就是為什麼很多人在清人後來入關因頭髮的樣子被殺，因為很多人去抗爭，不肯改變頭髮和穿衣服的樣式。這是中國一個重要的傳統，在孔子的時代，其實也不過是把衣領的左右和上下改變了一下，孔子就覺得是一個極大的變化，並為此表揚管仲，說他有多麼偉大，如果不是他，我們留頭髮和穿衣服的樣式都會被改變。可見中國傳統對這種後天的文化的東西非常強調，因為這代表著你的一種文化認同的選擇，你穿什麼樣的衣服，留什麼樣的頭髮，住什麼樣的房子，住在樹上，還是在地上搭個棚子住，還是在山裏挖洞住（比如說，陝北住在窰洞裏的，按照以前的區分，就有點夷狄的味道了，其實是非常低碳的），都是有講究的，並決定著你的認同。

另外一個重要的區分，就是吃東西的方式和吃的內容。這方面也說得比較清楚，一個是火食，一個就是粒食。其實很簡單，按我們現在的話，大致就是主要靠農耕、畜牧或者採摘的方式為生。我們有後見之明就看得很清楚，凡是粒食的一方，後來就逐漸變成了華夏的這一方。例如日本學者講宋代以後經濟重心南移，都是往農耕的地方移，不往北邊移。其實反向以前也是試過的，我們看漢代，往北已經到很遠的地方，而且當時在那些地方也是試著去種植的，當然很失敗，從那時起到現在的沙塵暴，可能都跟我們從漢代開始就有人去把那裏的草割了來種地有直接的關係。我想就是中國人，或者住在中國的這一群華夏人，曾經是在每個地方都試圖用農耕的方式去處理土地，最後是自然的因素造成他們到某一個地方之後就不再嘗試農耕了。聽去青海、寧夏那些地方的人說（我不知道王老師去過沒有），他們都把方位說得很清楚，就是某一條自然分界線，過了線那邊就是畜牧，這邊就是農業，很清楚。這就是一種在自然幫助下最後做出的選擇。

　　這個我想各位應該特別關注，因為人類學有時候跟科學家的眼光不一樣。中國古人跟人類學家更接近，他們會注重這種頭髮、衣服的多樣性。科學家他就會認為衣服當然就是禦寒啊，你去看科學家對衣服的分析主要是這方面的，當然也不完全是，進一步或者還有美觀啊，稍微接近人類學一點的就是遮羞啊，等等。我不知道各位是否看過一本漫畫，叫作《三毛流浪記》（你們太年輕，王老師有可能看過）？那裏面的三毛要進劇場又沒有錢，可是那個劇場是要穿了衣服才能進的，而他（三毛）窮得沒有衣服，只能赤膊。那怎麼辦呢，他就拿那個炭在身上劃了幾條像海魂衫的樣子，然後就進去了。漫畫就是這樣畫的，說明我們重視文化的傳統，一直到《三毛流浪記》時都還有。這個漫畫故事也表明，海魂衫也是一種文化的表述，實際沒有海魂衫，在意識上接受這一表述方式也可以。

　　而洋人方面，我們知道，古希臘那時候很愉快，什麼都可以不穿（當然是要天氣很暖和才行，像現在的北京就不行），所以它沒有那麼多的講究，可是中國人就一向注重這個穿著。後來或許中國這種重穿著的觀念也傳到外國，現在很多高級賓館，大概像王老師今天這種樣子就不行，必須要穿所謂正式的衣服才能進去。當然，像中式扣子這種，現在族群意識強了也可以，否則就得穿我這種比較西化的衣服，他才准你在大堂出現，要不然這個侍應生就會叫：先生，請回去換件衣服再下來。你還得穿皮鞋，或者類似皮鞋這種鞋，穿拖鞋就不行，說明他們現在也很有文化了。

可是以前在我們這塊地方的人，從來就注重這個穿著，把它看成一種重要的文化區分（後來常用"衣冠"作為華夏禮儀文化的簡稱，體現了一種文化認同的象徵，就最能代表這一特色）。在現在中國這一帶，一直像這樣強調這種更多是後天的文化差異。這個文化區域可以是很寬的，按照李濟的考古學觀點，沿東經 90 度這邊，一直到南北極。殷商那個有甲骨文的地方，就是這麼一大塊地方的中心。人類各個古文明都曾認為自己所居的地方是天下中心，但那時不是中國人自稱天下之中，在那麼一大片地方的整個天下，文化中心就在這裏。如果按李濟這麼算，後來的中國當然已經縮小很多了。可是不論寬窄的伸縮，在這個區域裏，就是特別強調這種後天的文化差異。

與此相關的還有一個同樣也很重要的理念，就是古人提出了"習"和"性"的區分和關聯。孔子曾有"性相近，習相遠"之說（後來還進入了《三字經》，是普及到啟蒙層面的觀念），而上面引用的《王制》就是從"習"這一社會生活的文化層面來界定"性"，並據之以對"夷狄"進行分類。不過《王制》也認為這些建立在"習"之基礎上的"性"是"不可推移"的，顯然有強化人我之別而不容更易的意思（這最能表明《王制》不是產生於大一統時代的文獻，因為只有夷夏競爭激烈到白熱化的時代，才特別強調其封閉的一面）。另一方面，晏子所說的"習俗移性"，又是對"性相近，習相遠"一說的最好注腳。換言之，如果"性"多取決於"習","性"就是可變的;一個人或一群人可以通過自身的修為或者怎麼樣的努力,來改變你的認同。

古人以為,因為氣候和地勢的不同,"民生其間者異俗",所以即使征服了新的地方,其統治的合適方式也是"修其教不易其俗,齊其政不易其宜"。用今日的話說,就是修改其上層文化,保留其下層文化;政治上有所管理,生產生活則因地制宜。上層的要改變,類似衣冠禮儀的一些東西,必須接受中央的;可是在俗的這一方面,從來也就允許保留很多地方的原初成分("俗"這個字本來就是和地方有直接關係的,早年的"雅"就是普通的意思,雅言就是普通話,俗話就是地方言,所以說"俗"從來就是地方的)。

不僅不改變,古人還形成了入鄉隨俗的"素行"準則 [1]。而且這個觀念應該起源得非常非常早,從先秦的記錄看,大部分落實在大禹的身上,就是在夏代就形成了。大禹被認為是夏朝的開國君王,一個典型的例子是,他到了那不穿衣服的國家,就把衣服脫了,在那個地方一直不穿衣服,直到出國的時候再把衣服穿上。如果現在的人考證,就會說大禹可能到了希臘人原來祖先的地方,因為他們(希臘人)本來就不太穿衣服。

據說大禹跟苗族(按現在的分法)那個大族群的祖先打,打

---

[1] 《中庸》闡述這一觀念說:"君子素其位而行,不願乎其外:素富貴行乎富貴;素貧賤行乎貧賤;素夷狄行乎夷狄。"正如西諺所謂"素羅馬行乎羅馬"(When in Rome, do what Romans do)也。孔穎達解釋說:"素,鄉也。鄉其所居之位而行其所行之事,不願行在位外。"

了半天打不過，最後採取一個建議，就去按苗族的方式跟人家跳跳舞啊什麼的，然後這苗族人就說，這太好了，原來你這麼隨俗，於是他們七天就臣服了。這些半是傳說半是歷史，我們現在不太知道是否確切，因為還沒有發現夏代的文字記載。雖然這些事全都集中在大禹一人身上或許不夠真實，但我想不會太假，因為這些說法都是在先秦就已經存在了，記載在《國語》啊、《呂氏春秋》啊這些書裏面。《呂氏春秋》尤其是很重要的一本書，因為它本來就是集大成的一本書，說穿了就是抄別人的書而成的書。而且它是公之於世，掛在城牆上面，誰能改一個字，就給你一千兩金子或銀子。一字千金的說法就是從那兒來的。那就是說，編著者不但是抄所有的人，而且是讓大家看著抄。不像現在，就有打假網站出來說，你這裏有抄襲，太不像話了。那個時候可以抄，而且要抄得好，誰要是說我抄錯了，我給你一千兩。這是很好的做法（因為透明）。這個文獻的形成方式，就說明在那個時代，這是一個很經得起考驗的文本，大家都承認這上面說的我們可以接受。因此，如果這上面說大禹這麼做，我想至少在那個時代，人人都認為大禹就是這樣做的。所以我說這是一個很長久的傳統了。

而且這種入鄉隨俗的準則在後來政治對立的時候也要貫徹，比如說和親的時候，我的文章裏也舉到，有時已經是很嚴重地挑戰中國的倫理了，也還要實行。本來夷夏之辨的一個重要因素，就是說夷狄沒有長幼之分，沒有男女之別。其實也就是指的那種如果哥哥去世或怎麼樣，弟弟可以娶嫂子，甚至兒子可以把爸爸的遺孀娶過來，這樣的一種習俗。到了後來和親的時候，我們這邊去的王昭君或者誰誰，也遇到了這個事情。於是她們直接上表天朝，說這太不像話了，怎麼能讓我幹這種事情。然而天朝最後表態說，算了，你已經到了那個地方，那就素什麼行什麼——到了羅馬就按照羅馬的方法辦，到了匈奴就按匈奴的習俗辦。這種入鄉必須隨俗的準則，體現出夷夏之辨那開放一面的伸縮性可以有多大，可以允許一個很大的波動，所以嫁到了那邊，為人處事就要按照他們的規矩辦。漢代處理匈奴以及唐代跟這個突厥的關係，我想，大概常常是遵循這麼一個傳統。

當然，夷夏關係一向是既有開放的一面，也有封閉的一面，不可一概而論。在政治關係不太好的時候，就容易出現極端的說法。但總體言，文野是可轉變的，夷夏也就是可改變的。夷夏的區別不能沒有，但對夷狄又不是簡單的排拒。所謂"修文德以來之。既來之，則安之"，就是允許夷變成夏，即使你不變也不勉強。而入鄉隨俗的準則，也表明其開放的一面允許一些很特別的做法。但它也有封閉的一面，打不過的時候它就強調說，絕不能讓夷狄過來。

包括到晚清的時候，外國人來也不要。那個時候對外國人怎樣表述，也經歷了一個過程。最先是不能說夷狄的，因為夷狄這個詞是很避諱的，滿清自己就是曾經的夷狄，所以那個時候臣子對怎麼描述外國是很痛苦的，你不能把它說高了，又不能把它說低；想把它說低，可是又不能太直接涉及夷狄字樣，所以創造了很多說法，這方面中國人創造力很強，比如說每一個名字上加一個口旁，不知道是什麼意思，好像就是被咬了一口了，反正，美國、英國，每一個外國都是原字再加一個口旁的同音詞。這些字就是不太敢說他們是夷狄的時代創造的，有特定的文化涵義，都是很重要的。到了後來，逐漸敢說夷狄了；再到普遍接受 "師夷之長技而制夷" 的時候，反而是滿漢差別已經在西潮衝擊下被淡化了，變成了中外的區分。從滿漢到中外這麼一個認同的轉變之後，才可以把人家說成是夷狄，那個時候，用不用那個口字旁就不是那麼重要了。你看那個時候的文獻，就會發現這麼一個差異。

西潮衝擊帶來很多東西，前面說清初曾因髮式、衣服而死了很多人，後來逐漸習慣了，晚清人本不太注意這方面了。但是因為從外國引來民族主義，故意要反滿，所以特別講種族的血緣啊，或者髮式什麼的。本來滿漢的差別（從生活習俗到政治待遇）已經在縮小，有很長的時間不太注重誰是誰了。後來因為有了革命的念頭，才又強調區分。像章太炎和康有為辯論要不要推翻清朝的時候，一個就說滿人是夷狄而非華夏，一個說不是，建州本是華夏的一部分，滿人也是從華夏分出去的。這就是因為那時有了民族主義的新觀念，血緣變成一個很重要的因素。在中國古代，族群的區分更多是一種文化的區分，而不是血緣的區分。當然不是一點也沒有，也有過；我的文章裏也寫到，古人區分族類的時候也曾說到"非我族類，其心必異"的程度，那裏所說的"族類"大概就是文化和血緣兼有的。

總之，夷夏之辨是一個相當有特色的，而且跟空間的觀念、文化的觀念，甚至是跟時間的觀念都有直接關聯的一個觀念體系。你說它是理論也好，你說它是一個說法也好，都可以。夷夏之辨或源於內外之分，而與夷夏之辨最相關的是文野之分，以及古人看重的君子小人之別，等等。夷夏之辨和古代天下觀的開放性，無論如何不能漠視。在學理上，天下基本沒有一個族類的界定，這使得任何他人在接受中國傳統文化的基本內容時少許多躊躇，多幾分情願。我們試從歷代那些基本接受中國禮儀（雖然仍是有選擇的，而非全盤接受）的他人角度想想，是否在當時可選擇的幾種觀念體系中，這是最開放而最少排他性的一個？

我知道今天說得不夠清楚，各位還有什麼想了解或者質疑的，歡迎指教。

（原刊王銘銘主編：《中國人類學評論》第 21 輯，
北京：世界圖書出版公司北京公司，2012 年 1 月）

巴蜀文化的一些特色 [1]

　　非常高興能和大家在這裏聚集起來探討巴蜀文化。巴蜀文化的一個重要特點就是獨立。我自己是四川人，過去對此感覺不明顯。後來一位在中國各個地方教過英語的美國老師告訴我，她發現四川人和別處人不同，很獨立，不太容易聽人的話。過去有個名對聯說，"天下未亂蜀先亂，天下已治蜀後治"（這是明末清初的話，到清末民初似也如此），大致也反映出這一特點。巴蜀文化與周邊西南的雲、貴、藏，西北的陝、甘、青，甚至遠到東南亞的文化，都有一些相似，又都不那麼一樣。

　　當然，作為中國文化之一部分，巴蜀文化是中國文化之下的一個區域分支，還是存在於某一特定區域的中國文化，是可以斟酌的。換言之，中國文化不必是由一個個可區隔的子文化相加而成，而是中國之內各地方人共同分享又各自表述的一個文化；共享者反映共性，各表者表現個性。梁啟超早就說過："自春秋以降，我族已漸為地方的發展，非從各方面綜合研究，不能得其全

1　本文原為第一屆兩岸歷史文化研習營結束致辭

相。"因此，要"了解整個的中國，非以分區敘述為基礎不可"。只有通過"分區敘述"以展現個性，才能夠真正了解"整個中國"的共性。以下所說的巴蜀文化或區域文化，大體都基於這一視角。

中國文化的一個特點，是中心或主體基本穩定，邊緣卻伸縮波動，變多於定。巴蜀文化亦然，它不僅在時序上是流動發展的，對外也始終包容開放，沒有太強的排他性。在長期持續的互動中，外在因素時常內化於巴蜀文化之中，進而物質化於我們這幾天看到的歷史遺跡和民風民俗之中。從三星堆到金沙的出土物事可以看出，從很早開始，巴蜀文化就有自己的區域特色，和中原不甚同；但又一直和中原保持接觸，與中原文化關聯密切，沒有一般人想像的那麼不入流。包括後來文翁的教化作用，影響恐怕也沒有教科書上說的那麼大。

司馬相如的學問，就是在文翁入蜀之前修習所得。蒙文通先生曾細考其文，發現他"所用詞語，多本'六經'"。故在文翁辦學之前，"六經之學已傳於蜀"。四川既然出過這樣可以影響全國而且帶動風氣（後來賦的文體很流行）的人物，文翁開發的必要性就減小了（除非文翁入蜀更早）。且文翁帶來的不必就是我們後來理解的那個儒學文化。那是中原重黃老的時代，長安就正在重黃老，他會帶那麼多儒術來嗎？故文翁對巴蜀的改變，部分是一個後來塑造出來的形象，也可能是在獨尊儒術以後才構建出來的。很多年後的揚雄，仍沒體現出多少"文翁教化"的痕跡，反倒是繼承了司馬相如的風格。所以《漢書‧地理志》明言文翁教化的成效有限，而司馬相如、揚雄一系，才體現了巴蜀的風格。

但是，巴蜀也一向不那麼排斥外來的文化，到了清代可能更開放一些，因為四川從清代開始基本上是一個移民社會。據說川人被張獻忠殺得差不多了（殺人者或也包括追剿張獻忠的官軍），康熙初年，似乎尚不足十萬戶。當然有很多人或許只是逃跑了，不是真的被殺了。但當時被殺的人或被嚇跑的人確實多，我下鄉的那個地方，距成都只有一百公里，當地有一種灌木叫馬桑，它應該永遠長不大，幾乎是每年自己死掉，然後換新的，所以樹幹永遠都只能長到直徑兩三釐米左右；偶爾有幾株沒死的，會繼續長，也會被當地人砍了作柴燒，過不了當年。但貧下中農告訴我，他們祖先來的時候，馬桑已經長到直徑超過十釐米那麼粗了。也就是說，離成都一百公里的那個地方，已經很長時間沒有人煙，可想那時人口已少到什麼程度了！

後來經過著名的"湖廣填四川"，形成一個以移民為主的社會。故四川文化雖有自己的特色，川人對外來的人和外來因素通常都不會太排拒。當然也不是完全不排外，還是排一點。以前四川這邊做生意的多是陝西來的，所以對北方人通常以"老陝"稱之。我小時候，如果在成都街上看到一個像我今天這樣說國語的人和一個說四川話的人打架，那大家多半都會幫那個講四川話的人；只要喊一聲"打老陝"，很多人都上來幫忙。或即因多是移民，養成了一種能打群架的防衛本能。但不打架的時候，川人對外來人還是較親切的，畢竟很多人自己也是外來的。

簡言之，巴蜀文化從一開始就既獨立又不那麼排斥外來文化或外在影響。這樣的一個文化，自有其特點。我的感覺，巴蜀文化的一個特點，就是比較帶有"坐井觀天"的意味。我這裏用的是這個詞的本義，可以形象地表述出一種在框架中無限開放的取向。如果在很開闊的大平原，人們可能多四顧，而不一定向上看，無形中可能忘了對我們很重要的"天"。而四川的地理形態是一個盆地，在這樣的地貌，人就比較容易向上看，所以天文學長期很發達（如漢代就出了落下閎）。一直到近代廖平的"經學六變"，由第三變開始，後來的變化就越來越往天上走。

對廖平的"六變"，連他最重要的學生蒙文通都不敢接受，只申說前兩變，三變以後的基本存而不論。其實把天人結合起來思考，是傳統四川文化的一個典型再現（依揚雄所言，要能"通天地人"才是"儒"）。在近代這樣一個天崩地裂的大亂之時，出現了思想的大斷裂，人們開始重新審視我們周圍的自然和我們自己的社會，思考人類最基本的問題，就像重新坐在井裏往天上看。我的看法，廖平的"六變"是重要的思想觀念，有鮮明的時代特色和地域特色，又不為時空所限，非常值得深入研究。

四川文化又一個重要特點，就是"易學"（《易經》的"易"）傳統深厚。"易學在蜀"是大理學家程頤所說的話，比較不會太離譜。直到晚清張之洞入川，仍發現蜀士喜言《易》，可知這傳

統有多麼源遠流長（也說明張獻忠殺人沒怎麼中絕文化特色），
跟易學有關的就是中醫，中醫也是四川一個很強的傳統。以前四
川的老中醫常說，北京某某名醫，就是在我們這兒混不下去，然
後跑出去的；出了夔門，就成了全國第一的名醫，其實在我們這
裏也就一般。這裏當然可能有"醫人相輕"的成分在，且不同地
域的中醫治不同的人，用藥是有差異的，有些適用南人的藥，就
未必適用北人。故易地而能著名，其原因甚多，還可斟酌。無論
如何，中醫的學理，有系統而重變化，與易學關聯很密切。你們
聽了蔡進老師的講座，就知道四川的好中醫不僅能治病，而且在
學理上也有獨到的認識。

另外，四川"道學"（道家之學）發達，也有長久的傳統。
著有《道德真經指歸》的嚴遵（字君平），是研究《老子》的重
鎮，後來成都有兩條街道以君平名（今天的君平街為其一）。道
家所謂重玄派，主要的活動地域也在四川。四川又是道教發源的
地方（當然各說不一），且源遠流長。我們去過的青城山，迄今
仍是道教的重鎮。現在到青城山，大家都坐纜車，這也很好。若
走路，旁邊有個小山洞，不在正常的旅遊路線上，據說是張天師
在此修煉過的，我去的時候裏面還有一個道士，修煉的方式說是
跟張天師原來的一樣。而且道教在四川分佈廣遠，我們昨天去的
峨眉山，原來也是道教很重要的一個場所，是所謂三十六小洞天
的第七洞天。佛家較晚才進入峨眉山，卻後來居上，逐漸取代道
家，峨眉山遂成普賢菩薩的道場，在佛教中具有舉足輕重的地

位。據說現在的中峰寺，就是由以前道教的乾明觀改建，有個殿的屋頂上還有一個什麼鳥的圖形，是道家的符號，可知這個佛寺的廟宇是將就原來的道觀改建的。

四川還有一個特點，就是文風很盛。從很早的司馬相如、揚雄，到宋代的三蘇，一直到 20 世紀有很多人喜歡、有很多人不喜歡甚至排斥的郭沫若，以及活了百歲的巴金，都被我們列入文學一類。當然，除了郭沫若、巴金這一代，從司馬相如起那些人恐怕不一定接受我們所說的"文學"概念。或許過去所說的"文章"，更能為昔人所接受。

不論如何稱謂，文學是可以改變歷史的。現在你要到美國大學裏唸書，中國近現代史的指定參考書往往都有巴金的小說《家》。一般都說家是我們溫暖的港灣，在這書裏卻是一個束縛人的地方，所以那時要搞家庭革命。我很少看到美國學生質疑中國的家庭怎麼會成了革命的對象，或許他們以為這是很自然的，則其讀到的中國近現代史就已有著特殊的風采了。不幸我們現在又相當崇拜美國的中國研究，讀這小說的人畢業後寫了專書，又反過來影響中國的歷史研究。經過這樣出口轉內銷之後，至少人們認知中的中國歷史，已被改變了。

這是四川文學家一個非常廣遠的影響（儘管很多人沒注意到），無意之中指向了一個錯誤的方向，好像我們中國人都不喜歡家，其實大多數人還是很喜歡的（現在更西化以後，反而沒那麼喜歡了）。像最近大陸新出的法律解釋，強調從財產角度肯定婚姻中的個體，等於提示大家最好結婚前先把重要的財產登記一下，免得將來出問題。這個主張特別能凸顯法制觀念，也展現了典型的市道邏輯。不知這法官是不是從美國留學回來的？因為中國的大學生好像早就不讀巴金的《家》了。當然也可能因為"家"已被人講壞，巴金當年的想像，現已內化為人們的基本意識了。

或許因為四川文化的獨立，蜀學還有一個主要特點，就是經學傳統一直不那麼強。司馬相如以賦體申六經，就是一個明顯的例子。此後四川經學的正統力量始終相對較弱，不像中原和清代的江南。如清代漢學特重的小學，在四川就基本停留在工具的層面。而外地風風火火的漢宋之爭，在四川也不明顯，甚至不那麼對立。不過，對正統派而言，這或許意味著這裏的漢學、宋學都不夠純正。遠的不說，近代被我們認為很好的廖平，在晚清那個時候已經被視為有些離經叛道，從教書的學校被開除了。吳虞也是，他編的《宋元學案粹語》被認為曲解了宋儒，同樣在清末已被四川的學政處理（現在的清末檔案裏就有廖平和吳虞曾被四川學政修理的材料）。兩人顯然都對經學、理學有著深厚的興趣，卻不一定被認可，可見經學在四川從來都有一些特別之處。這或也由於四川的道家思想較強，從儒、道競爭的角度看，道盛則儒便相對弱一些，不過這方面的影響更多是潛在的。

另一方面，"道家者流，出於史官"。道學淵源深厚，史學便容易出色。蜀學的另一個重要特點，就是史學一直有著比較有力的發展，出現了撰《三國志》的陳壽和撰《華陽國志》的常璩，尤其到宋代形成非常強的傳統。這也跟我們演講中最後一講（經史關係）相關，因為經學沒有中原或江南那麼強，史學的發展就相對容易。四川的史學從宋代起一直有明顯的特色，就是重視兩個方面：一是材料，一是見解。協助司馬光修《資治通鑒》的范祖禹（現存司馬光關於編資料"長編"的主要見解，就在他給范氏的信中）以及後來做《續資治通鑒長編》的李燾，都非常重視史料。還有另外的一派，就是蘇東坡他們一家。三蘇都有很多史論，有相當一部分人不太看得起，但另一部分人又認為他們太有見解了。重材料和有見解兩者結合起來，就成為後來四川史學的特色。可惜再後來兩者又慢慢地分開了，一些人僅重史料，看不到見解；另一些人則徒事發揮見解，太過偏頗，嚴格說已不能被承認為史學了。

我們可以看到，從最早到最後，儘管中間被殺掉這麼多人（不僅明末清初，宋末元初蜀人被殺戮也極慘烈），最奇特也最值得研究的就是：天文、易學、中醫，還有"文學"，等等，這些巴蜀文化原來的特點，都沒有因為明末的殺戮而改變，到清代、到近代，仍然是這麼一個傳統。另一方面，四川地處邊遠，彷彿在主流之外，也是一個持續的認識。晚清張之洞到四川辦尊經書院，被不少人看作近代的文翁。然而在他之後任四川總督的錫良仍說，"吾初來川，學界幼稚"。再後來劉師培入四川，更感覺川人思想比江南人落後十年。成都有名的學人林思進（山腴），工詩文，就被劉師培看作是"斗方名士"。

其實中國本是一個詩的國度，《詩經》時代似乎是全民皆詩的，弦歌之聲不絕於耳，更是伴隨讀書人的行為特徵。至少唐宋時代，我們還是一個老太太也還輕歌曼舞的民族。當詩文的追求與"斗方名士"掛鈎時，傳統其實已經改變了。然而正是這些不專以經史為務之人，卻成為傳統最有力的維護者。

姜亮夫在 20 世紀 20 年代就讀於成都高師，上第一堂課的老師就是林山腴。林先生吩咐每人買一部《書目答問》，因為這可以為學生治學"指路"。那時此書已從多數中國學者的書架上消失，或最多作為備查的工具書（而不是作為"門徑書"）存在。姜氏後來就憑此基本功，考上了清華國學院的研究生。1925 年，有人統計清華國學院和北大國學門研究生的籍貫，兩校合計四川、河南各 8 人，浙江、湖南各 7 人，江蘇、安徽各 5 人。可知四川在由舊轉新的國學研究方面，至少在人數上是領先的（還不算姜亮夫這樣在四川唸書的非川人）。

實際上，川人對所謂"國學"的看重，在清末民初可能是全國獨一無二的。清末有十多個省辦了存古學堂，有些在辛亥前就被本省的諮議局廢止了，其餘也都在民國代清之後被中央政府明令停辦了；獨四川不僅不廢止，且想盡辦法抵制教育部指令，轉換各種名目，以"國學"的名義將其保持下來，直接與今天的四川大學銜接。

四川在民初另一獨特之處，就是有所謂的"五老七賢"存在。他們幾乎都有前清功名，在辛亥鼎革後雖不十分認同新的地方政權（然不取對立態度），卻也不再像傳統社會那樣返鄉定居，而往往留在都市"安排詩酒度餘生"，過著一種帶有"大隱在朝市"意味的世內桃源生活。林山腴就是他們中的一個，他在清末曾以舉人身份遊學日本一年多，返國後朝考授內閣中書，然在辛亥革命前似有所悟，告假南歸，從此謝絕仕進，以教書為生。可知"五老七賢"都不特別守舊，很多在清末還以趨新著稱（如宋育仁）。在他們的文酒過從之中當然有大量的牢騷不平之語，但其所嚮往的目標、競爭的成敗以及關懷的事物，其實與外在世界頗不相同；如詩文的好壞，對他們來說就很重要，可能不亞於民國政治中的派系之爭或思想界的文體之爭。

與全國其他的遺老社群不一樣的是，"五老七賢"在四川有著相當高的社會地位。他們平時雖基本不問政治，卻又具備一定的政治影響力（這在民初是極少見的）。民國時四川以軍閥爭戰頻繁著稱，遇有軍閥力量相持不下或勝負已判之時，常常都要由"五老七賢"出面領銜通電呼籲甚至安排和平解決。其餘大的政治或社會事件，也多能聽見他們的聲音。

從國學的傳承到"五老七賢"的特殊地位，可知巴蜀文化的獨特一面，到民國也不稍減。而"獨特"的代價，在很多時候也可能意味著"不入流"，使川人對別人可能不過脫口而出的"藐視"，非常敏感。昔年任鴻雋（浙江籍，生長於四川）任川大校長時，太太陳衡哲（湖南籍，生長於江蘇）不習慣四川生活，無意中說話傷及川人，引起軒然大波。川籍留學生李思純也出來說話，挖苦陳衡哲雖為"洋奴"，卻僅得西洋文化之表；甚至進而攻擊自己的老友任鴻雋學問欠高深，不足取信於社會。最後任先生不得不辭川大校長以息事。這樣的激烈反應，多少也帶有前述"打老陝"的味道，揭示出川人的微妙心態——在生怕被人視為"化外"的表象之下，正隱伏著四川長期被視為邊遠之地的事實。

另一方面，巴蜀文化的獨特，有時恰也因其對外來文化因素保持著比別處更開放的態度。如清代旗人駐防全國都市，但在南方留下持久影響的，似以成都為甚。絕大部分南方城市中人，多喝綠茶或烏龍茶，只有成都人愛喝花茶（就是北方人特別喜歡的香片），這大概就是受旗人的影響。閑暇是茶文化的基礎，也成為今日成都文化的一個特色。此前的四川文化有此淵源，卻不以此著稱。我們看過的都江堰工程，使成都平原幾千年旱澇保收。水稻從插秧到收割，其間只需少量的勞作，所以農閑的時間不短。然而現在成都人講求安逸，或更多是受清代旗人的影響。因為旗人有固定的錢糧，不富裕也不憂溫飽，若自己不另求"上進"，可以終日閑暇。成都的茶館裏，眾生平等，不特別強調茶的品級，一杯茶可以終日，是真正大眾消閑的茶文化（若是專門給外地人看的茶館，則更多市道成分）。

或即因吸納了旗人的生活風格，今天的成都，不僅是南方大城市中唯一愛喝花茶的（重慶人喝花茶的也多，然以前不少人則愛喝沱茶），也是中國所有大城市中保留閑暇最多的一個。在目前這人人都急匆匆趕著走路忙著做事的時代，說不定這就是中國僅有的一個還講究安逸的大城市了。對那些要把賴湯圓、龍抄手（均成都名小吃）做成麥當勞式連鎖店的市場思維來說，慢慢悠悠恐怕已是落伍的表現；對於不一定事事模仿的獨立思維而言，能在匆忙的時代緩步徐行，或許也是一種自信的表徵。

　　巴蜀文化還有很多其他的特色，不可能在幾天中窮盡。我們希望在演講、考察和閱讀材料中，盡可能涉及這一文化的上述特色，使大家在研習中略有所感，能夠多方位地了解一個特定區域所表現的中國文化。所以我們的演講、考察和閱讀都從考古開始，從巴蜀的三星堆，一直開放到巴比倫。不要以為這兩者差得太遠，對它們的觀察可能是互補的。現在很多人喜歡說術語，這可以叫"二巴"的交流，跟成都機場名為"雙流"的寓意差不多；我們從雙流機場下來，就開始了"二巴"的交流。

　　這次的研習營，是希望展示一個盡量開放的視野，突破各種邊界，但不是要消滅邊界。有些邊界還是很重要的。比如男生和女生，很多"空間"都不能分享，這就是一個很重要的邊界，不宜隨便突破。還有一些類似的邊界，例如長幼有序，古人視為最基本的秩序，現在已經被突破得差不多了，我覺得還是適當恢復一點更好。總之，邊界不能沒有，或也不能突破太多，當然更不能把我們自己束縛起來。

　　所以我們希望盡量容納不同的領域、不同的研究取向，以及不同的表述取向。大家聽到了來自各個領域的老師非常不一樣的表述，有些人說得較為激昂，有些人說得很有條理，有些人聽起來顯得零亂一些，甚至有些人的口音可能不那麼好懂。但若大家都以同樣的方式講差不多的話，對各位未必有很多幫助。我們在請人的時候就考慮到這一點，盡量不這樣請人，而是要讓你們聽到風格各異的表述。這些多元的因素、多樣化的表述，以及各方面的田野考察，通過巴蜀文化的這個契機結合起來，共同構成了我們的研習內容。

大家也看到了，我們發下去的史料也相當不一樣，有的就是尋常的所謂精英文本，甚至是習見的詩文，也有一些是原始的檔案，以及其他各種類型的文本。我們有意要讓各種各樣的材料都進來，盡可能促成一種有目的但目的性不那麼強的“閱讀”。任何人為的材料，本身都有目的性，但有強弱和類別的區分。有些史料的製作目的很明確，如李孝悌老師在別的什麼研習營裏常見的碑刻，那就是要留得久且給後人看的。訴訟檔案同樣是目的明確的，但未必是要給後人看的。詩文也要傳要留，卻不是靠製作形式，而是靠文字的功夫。說到底，史事的“大小”或重要與否，本是見仁見智的，時空轉換後尤其如此。材料的種類或文類愈多、愈不同，其可能表現的歷史就愈接近原狀。

我一向認為史料沒什麼可用不可用，或者哪種材料可以用，哪種不可用，或者哪一種史只能用哪一種史料。這都是太講邊界的區分。如果旅館的某些公用空間不僅要分性別，還要按年齡分老中青，或進而分南人北人，一分再分下來，一個旅館裏某一用途的公用空間可能要有幾十個，正常的旅館也就沒有了。我們現在有些學問就做成這樣了，做街道的關注各種特殊群體，且往往與作姦犯科相關，好像街上什麼特殊的人都有，就是沒有正常的居民。除非所謂 "市井" 真是如此，否則你願意住在這樣的街上嗎？

在我參加的那次討論中，發現很多同學都希望從審案子的檔案去看其所在的社會，有人甚至以為，若沒有重建出當時的社會，也就無法理解縣太爺怎樣審案子。確有一些西方名史家曾據犯罪檔案以重建社會，成為我們臨摹的對象。不過，他們之所以那樣做，是因為沒有別的材料，而並非認識社會都要從作姦犯科中來。我的感覺是，打官司的檔案告訴我們最多的，就是打官司本身。能看到更多其他的方面，固然理想（還要具有馬克思〔Karl Marx〕和弗洛伊德〔Sigmund Freud〕那樣專從不正常看正常的本領），但也相當危險──我們不一定要深入監獄才能了解今天的社會，且即使深入監獄也未必就能了解今天的社會。研究歷史，應也一樣。

所以我們希望給大家一個史無定法的感覺（無定法者，即研究方法可以很重要，也可以不重要），體會其開放的意涵，即什麼取向都可以做好史學，什麼材料都可以幫助我們了解過去，了解文化，以及幫助我們將其重建（或再現，或構建，隨便你用什麼詞表述）出來。歷史需要被表現出來，因為史事如果不被記住，就可能被搞忘了。當然有人說，沒被記住的歷史也在我們血液裏，就像鹽化在水裏一樣。但是能展現出來還是比較好，如果我們通過體檢知道自己的血裏有多少鹽和什麼樣的鹽，顯然更好。

有相當一部分同學抱怨沒有足夠的時間讀文獻，我們的時間的確很緊，希望各位把沒有讀完的文獻帶回去繼續讀一讀，也不妨想一想：為什麼這些老師會提供這樣的材料？以及為什麼他們會那樣（而不是像我們期待的某種方式一樣）陳述其觀念？如果他們提供的材料確能幫助我們理解其演講，則或有可借鑒仿效之處。若你感覺他們提供的材料未能成功地支持其演講，就更需要探索其何以如此的立意。

還有一個田野考察的問題。在討論中不時出現 "旅遊" 這個詞，這可能有些誤會。我們很多人或受傳統人類學影響太深，而人類學在很長的時間裏實際是研究比較 "不夠人類" 的社群，他們的 "田野考察" 大多在一般以為有些落後、原始、蠻荒的地方。但現在人類學已經不一樣了，有些人在都市裏 "做田野"，有些人甚至到文獻裏 "做田野"。所以我想強調，並不是只有落後、原始、蠻荒的地方才算 "田野"。

司馬遷主張讀書人要多走路，陳寅恪讀常見書，卻最能從中看到常人所不能見的意思。我們安排的考察，很多是人人皆去的地方，也是希望延續這樣一種觀察常見風物的取向。專門家看電影，就不一定是娛樂；學歷史的看歷史文化的遺跡，怎麼可能和常人一樣呢？更重要的是，一個學歷史的人，如果只想看稀缺的事物，專找別人沒有的所謂新史料，而常見的東西反而成了非史料，這不是一種相當可怕的潛意識嗎？

我一向以為，大學教育的一個重要目標，就是為學生的想像力裝上翅膀，可以翱翔於學術、知識和思想的宇宙之中。面對無語的往昔，歷史學尤其需要具有豐富的想像力，田野調查亦然。以前的讀書人到一個地方，先要翻閱方志。這次我們去了洛帶客家文化區，王叔岷先生就是洛帶方志要記載的鄉賢。客家聚落很多，何以洛帶出了王先生？何以他身在史語所，又與一般所知的史語所治學風格不同？這些都是我們考察時可以思考的。三聖鄉的高店子，是著名人類學家施堅雅（G. William Skinner）在中國唯一做過的“田野”。看看他考察過的地方，想想他構建的那個區域市場體系，你就能充分感覺到想像力對學問的重要。

對這次的歷史文化研習營來說，巴蜀文化只是一個契機。我們不是要大家都去研究巴蜀文化，而是藉此契機，把各種不同的領域、不同的研究取向、不同的材料、不同的表述方式聯繫起來，結合起來。藉助一種有目的但目的性不強的閱讀，培養出新意於法度之中的取向，提倡一種有規矩有框架而不為其所束縛的開放精神，這就是我理解的研習營的主旨。

最重要的一點，我覺得比所有的演講、所有的考察和所有的史料都更重要的，就是讓年輕人能夠聚在一起進行交流。我們最希望的，就是各位年輕人，來自不同地方、不同學校，有不同的師承、學了各種不同研究方法的年輕人，能夠有一個機緣，聚在一起，相互交流。這是我們最主要的目的。

有人曾經抱怨吃飯時間太長，我問過李孝悌老師能不能減短一點，李老師說不能減，吃飯很重要。我想他是對的，不光吃本身重要，除了正式的討論以外，吃飯是一個難得的交流時間。坐在那兒等著菜端上來的過程中，大家可以思考一下學術，或思考跟學術無關的東西，並進行相互的交流。在此過程中，說不定就產生出一個做論文的重要見解，所謂思想的火花就出現了。即使什麼都沒產生，也增進了彼此的了解。所以我覺得吃飯時間稍長，可能還是我們研習營的一個優點。

因為好聽的話都被李老師說完了，所以我不能太表揚你們。這次研習營是在黃進興、王瓚玲和李孝悌老師具體指導下推進的，我想重申一遍，有功都是領導的，有錯就是我的（這不是巴蜀文化，這是古代北方文化的態度），有什麼不妥當的地方，先向各位說聲抱歉。

也許五年或者十年以後，你們也在什麼場合講給別人聽。在那個時候，如果你會想起當年的巴蜀文化研習營，感覺曾對自己的成長還略有幫助，這就是我們最大的希望。謝謝各位！

（本文據錄音整理，非常感謝郭書愚、趙妍傑、許麗梅等人的協助！）

（原刊《社會科學研究》2011 年 6 期）

失去重心的近代中國

　　百多年的"近代中國"，亂多於治，可以說沒有十年的安穩日子；與兩千年"傳統中國"的治多於亂、總有一千多年的安定適成鮮明對照。過去許多人愛說中國是睡獅，發展停滯，似乎不很高明。但睡獅初醒，似仍類虎落平陽，外遇強權，尚難自保；內則試圖"取而代之者"此起彼伏，你方唱罷我登場。對於一般老百姓，恐怕還不如發展停滯時那樣寧靜。

　　近代中國何以久亂而不治？一言以蔽之，就是沒有一個文化、社會、思想的重心。章太炎在 1918 年時說："六七年來所見國中人物，皆暴起一時，小成即墮。"重要的是，"一國人物，未有可保五年之人，而中間主幹之位遂虛矣"。胡適在同一時期也注意到同樣的現象。他在 1919 年感嘆說："十年來的人物，只有死者能保住盛名。"兩人之所見，雖是民初數年之事，但揆諸後來的歷史，這個現象基本是持續的。

　　且章、胡二氏自己，亦在此循環之中。君不見民初太炎說此話之時，他本人及嚴復、康有為、梁啟超諸賢都還在壯年，就不得不讓少年的胡適"暴得大名"嗎？據胡適在那時的看法，這是因為中國"時勢變得太快,生者偶一不上勁,就要落後趕不上了"。的確,清末民初中國思想界的激進化,真是一日千里。從新變舊,不過是幾年甚至幾個月的事。曾開一代風氣的"新黨"代表梁啟超,就是在很短時間內被其追隨者視為保守而摒棄,不得不反過來"跟著少年跑"。

胡適就曾是梁啟超的追隨者,但也遺憾地指出,"有時候,我們跟他走到一點上,還想望前走,他倒打住了。……我們不免感覺一點失望。"以溫和著稱的胡適如此,激進者自不待言。而胡適不久也重蹈梁氏的覆轍。他得名後不及十年,亦旋即被一些也想西化但更年輕的新知識精英視為"新文化運動的老少年",已"中止其努力"了。梁叔瑩責備胡適一輩說:"這些老少年們還沒有做完他們前驅的工作,還沒有把一班人帶上了新時代的坦途上,他們便撒手不管了。"其想法和思路,與胡適當年責備梁啟超未盡帶路之責,如出一轍。

到 1932 年,胡適對於近代中國始終亂哄哄的局面有了進一步的理解,知道了沒有大家尊仰的"人物"在,乃是中間主幹之位空虛的表象,大致與章太炎達成了共識。那時他認識到:中國那六七十年的歷史之所以一事無成,中國的民族自救運動之所以失敗,"都只因為我們把六七十年的光陰拋擲在尋求建立一個社會重心而終不可得"。

近代中國何以久無社會重心?胡適以為是因為中國離封建時代太遠,對君主制的信念又為墮落的清季朝廷所毀壞,再加上科舉制使社會階級太平等化，人民窮而無資產階級，以及教育不普及，也不存在有勢力的知識階級，等等。這些見解大多有些道理，但也都有些"隔"。而且他說的有些因素如科舉制度，恐怕正是過去兩千年之所以能有社會政治重心的重要基礎條件。

章太炎的解釋更為深刻。他指出，這是因為近人"不習歷史，小智自私，小器自滿"。蓋"歷史之於任事，如棋譜之於行棋"。晚清從曾國藩到張之洞，對歷史知識，素所儲備，故尚能得力。民國人不習歷史，恰如不習譜而妄行棋，則"成敗利鈍，絕無把握"，遂造成"一國無長可依賴之人"的局面。章氏所說的"歷史"，其涵蓋遠比一般人所認知者更廣大，約略即其在清季愛說的"國粹"，也就是我們今日所說的"文化"。

的確，近代中國讀書人因文化競爭失敗，競相學習西方，從西學為用走上了中學不能為體的不歸路。正所謂邯鄲學步，反失其故。自身的立腳點一失去，就出現了國中人物"暴起一時，小成即墮"的現象。重要的是，章氏所說的"歷史"，要大家都習才行。曾國藩、張之洞的時代，全國大多數士人都還未失其"故"，所以他們尚能佔據中心。入民國則全社會絕大多數人都已不習"歷史"，即使如太炎等少數人習之，也不為大家所接受，自然不能佔據那空虛的中間主幹之位。

而全社會都不習"歷史"，反映出國無重心的狀態不能簡單從任何一個方面解釋。這一現象要納入中國社會發展的內在理路及西潮衝擊之下整個近代中國的巨變這一縱橫大框架中進行探討，注重思想演化與社會變遷的互動關係——社會結構的變遷可能引起思想的轉變，而時人心態變化也可以反觀社會的變動。

簡言之，以士農工商四大社會群體為基本要素的傳統中國社會，在自身演變出現危機時，恰遇西潮的衝擊而解體，拉開了近代中國社會結構變遷的序幕。社會結構變遷既是思想演變的造因，也受思想演變的影響。西潮衝擊之下的中國士人，由於對文化競爭的認識不足，沿著西學為用的方向走上了中學不能為體的不歸路，失去了自身的文化立足點。文化立足點的失落，造成中國人心態的劇變，從自認為世界文化的中心，到承認中國文化野蠻，退居世界文化的邊緣，近代中國可以說已失去重心。

結果，從思想界到整個社會都形成一股尊西崇新的大潮，可稱作新的崇拜。崇新的一個直接後果就是不斷地追求進一步的新，不僅一般老百姓要不斷尋求更新的偶像，就是已成偶像者，也要不斷地破舊，以證明其新和維持其新。可是新總是相對於舊的，一旦舊被破除，新也就不成其為新。則既存的偶像轉眼已舊，不得不讓位於更新者。如此循環往復，沒有一個大家可接受的持續象徵，於是中間主幹之位空虛的現象就與近代中國同進退，成為一個持續的社會現象。

而思想權勢的轉移是與社會權勢的轉移伴生的。四民之首的士，在近代社會變遷中受衝擊最大。廢科舉興學堂等改革的社會意義，就是從根本上改變了人的上升性社會變動取向，切斷了士的社會來源，使士的存在成為一個歷史範疇。從 19 世紀 80 年代中期起，科舉考試內容已重"新學"勝於"舊學"，中國腹地不能接觸新學書籍者，便難以通過考試。實際上，最後一代社會學意義上的士，在思想上已與傳統的士大不相同。

士的逐漸消失，和後來所謂"知識分子"社群的出現，是近代社會區別於傳統社會最主要的特徵之一。士為四民之首，一身而兼"道統"和"治統"的重心，集議政與參政於一身，並聯絡和代表其他三民以"通上下"。故像曾國藩這樣的士人不論居廟堂還是處江湖，都可久居主幹之位。現代知識分子則是一個在社會上自由浮動的社群，道統與政統已兩分，而浮動則意味著某種程度的疏離。前者使讀書人只想議政而不欲參政，通常也只能議政而不能參政；後者使一部分讀書人乾脆走進象牙塔，徹底疏離於農工商三民。

科舉制的一個重要功能，本是養士以成"大夫"，可以治國平天下。有了士人這一思想社會重心的存在，歷代由邊緣人打天下後，便能轉換到皇帝與士大夫共治天下的局面。科舉制廢除的一個結果，就是士與大夫的分離。民國官場之濫，即從為官不要求資格始。由於新的職業官僚養成體制缺乏，政統的常規社會來源枯竭。中間主幹之位既虛，遂給邊緣人造成機會。近代軍人、職業革命家和工商業者等原處邊緣的各社群開始興起，並逐漸進據政統。

一方面，作為一個整體的讀書人社群在中國社會中處於一種日益邊緣化的境地；另一方面，身處城鄉之間和精英與大眾之間的邊緣知識青年，則頗能適應近代中國革命性的社會變動。崇新自然重少，青年乃成為天然的"政治正確"者。一些精英讀書人反向邊緣知識青年看齊，世風為之一變。在此大趨勢下，出現聽眾的擁護與否決定立說者的地位、老師反向學生靠攏這樣一種特殊的社會權勢再轉移。

且中國的事情更因帝國主義的全面侵略和外國在華勢力的廣泛深入而進一步複雜化。近代中國任何重大的文化變遷和政治事件，幾乎都不能脫除外國印跡。屢受列強欺凌的中國人竟會主動向欺壓者學習，究竟是文化失敗所造成的對征服者既憎恨又模仿，還是因領土主權的基本完整而自信尚存，還可以進一步探討（很可能兩皆有之）。無論如何，近代中國人為了自救而思變求變，向西方尋求真理，確有實在的軌跡。其學習的榜樣，最初是更接近中國的日本與俄國，後來經由英美而轉向蘇俄。在這一進程中，"以俄為師"持續的時間最長。

不過，近代中國人雖尊西崇新，其潛意識裏也未嘗沒有以夷制夷這個傳統的影響在。其學習西方的目的，是建立一個更新更強的國家，最終凌駕於歐美之上。故趨新大潮與尊西的結合只是錢幣的一面，中國人激進的攻擊鋒芒，也可隨時轉而西向。西方文化優勢在中國的確立，意味著反西方的努力也要用西方的觀念來使之合理化。以前是借夷力以制夷，後來是借夷技、夷制、夷文化以制夷，最終還是為了要"制夷"。

在此情勢之下，民族主義乃成一股大潮。從社會的角度看，民族主義運動有其特殊的吸引力。邊緣知識青年在其中找到自身價值的實現，從不值一文的白丁（nobody）變成有一定地位的"人物"（somebody），國家的拯救與個人的出路融為一體。精英知識分子也在這裏發現一個方向，可藉此回歸到與大眾和國家民族更接近的位置，也可說是一個從邊緣回歸中央的可能性。從這一層面看，民族主義運動為知識分子的邊緣化和邊緣知識分子的新興都提供了某種出路，其在近代中國的影響，自然非其他主義可及。

但是民族主義只能提供出路，卻不能解決全部問題。重心既失，邊緣人打了天下後，仍面臨是以自己為中心"獨治"，還是重建一個社會重心來"共治"天下的問題。蔣介石在北伐結束後曾感嘆說："今之行政機關所最難者，不用一舊有人員，則手續多有不便；用一舊有人員，則舊有之積習，照隨之而入。"此語固有其特定的指謂，但多少透露出那種獨治也難，共治又無所與共的窘境。

更重要的是，中國的民族主義自身也是在失去重心的情形下主要靠"收拾西方學理"而成型的。其與世界其他地區的民族主義的一大區別，即表現在其採取了包括激烈反傳統和追求"超人超國學說"這樣一些通常非民族主義的表現形式。胡適在北伐統一之後仍說中國的民族自救運動已失敗，即因為他一生追求的"再造文明"的目標並未實現。

從根本言，近代中國重心之失落，還是國人已失其故，缺乏一個重建民族認同的文化基礎。沒有這樣一個基礎，即使“收拾”一些西方的學理，仍談不上對外來思想資源的消化、借鑒和利用；沒有這樣一個基礎，也不可能建立起社會和政治的重心。重心不立，則亂多於治的現象必然反覆出現。胡適所謂“再造文明”，正是要重建這樣一個民族認同的文化基礎。以今日的情形看，他提出的這個任務，恐怕仍有待完成。

（原刊《文史知識》2011 年 1 期）

革命加轉化的過渡時代

　　人人都知道中國近代發生了翻天覆地的巨大變化，當時人就稱為"數千年未有的大變局"。但這究竟是一個什麼樣的巨變，過去的人各有不同的形容。用通行的西方術語表述，既可以說是"轉化"（transformation），也可以說是"革命"（revolution）。

　　兩詞本有許多相通之處，前些年波考克（J. G. A. Pocock）在試圖描述 20 世紀 70—80 年代西方政治思想領域的學術激變時，即因"革命"這一術語被持續濫用而變得意義空洞，而寧取"轉化"一詞。而費正清在陳述近代中國革命時，也曾對究竟使用"轉化"還是"革命"甚感躊躇。最後他選擇了"革命"，因為除在基督教語境中的特殊涵義外，"轉化"一詞難以表現近代中國那充滿激情活力的一面。

　　梁啟超把中國的近代稱為"過渡時代"，似兩皆兼顧，更具開放性和包容性，也更適於描述近代中國那種革命性的轉化。

　　對中國而言，近代的確是個"過渡時代"，其過渡狀態恐怕到現在仍在延續之中。而且那是全方位的"過渡"，從政治到社會，生活到心態，思想到學術，無不見證著並反映出某種半新半舊、亦新亦舊的狀態，多元多歧，而又互滲互動。用梁啟超的話說，"過渡相"的特點，就是"互起互伏，波波相續"。後現代學人所樂道的"混成"（hybridization），在近代中國表現得特別充分。

當梁啟超討論"過渡時代"的時候，他和許多時人一樣，更多不過是預感到大變之將至。他所謂的"過渡時代"，是相對於中國數千年來的所謂"停頓時代"，同時又是一個目的性明確的表述，意味著以歐洲各國近二百年為模板的主動變革。梁啟超當時預測了很多應發生而尚未發生的"過渡"，包括政治上的"新政體"、學問上的"新學界"和社會理想風俗上的"新道德"，已是全盤的轉化。

那時梁氏並不想要鼓動更換政權的"革命"，但以今日的後見之明看，後來的發展卻被他不幸而言中。近代的"過渡"，其實就是以共和取代帝制為象徵的全方位巨變。

我之所以把共和取代帝制視為"象徵"，是強調這一全方位的巨變是個發展的進程，發生在辛亥年的那次"革命"及其帶來的政權鼎革，不過是一個象徵性的轉折點；其相關的轉變此前已發生，此後仍在延續。直到今天，中國人似乎仍然生活在一個充滿顛覆和根本性變革的時代——商品經濟的正面和負面力量還正在顯示之中，而"社會主義市場經濟"完全稱得上是"三千年未有的大變局"。正如梁啟超當年特別強調的，這是一個希望與危險並存的時段。

當年嚴復就把廢科舉視為"吾國數千年中莫大之舉動"，認為其重要性與秦漢的書同文、車同軌以及廢封建等影響深遠的轉變相等。在具體層面，廢科舉和辛亥政權鼎革當然都可以作為一個獨立"事件"，置於其發生的當年分別考察。若從較長時段看，兩者皆可看作共和取代帝制這一巨變的組成部分；甚至可以說，前者在無意之中成為後者的鋪墊。與廢科舉密切關聯的，就是一些趨新士人推動的"去經典化"努力。社會上四民之首的士不復能產生，思想上規範人倫的經典開始失範，演化成一個失去重心的時代，既存政治秩序的顛覆，也的確可以計日而待了。

在費正清看來，近代中國革命遠比歐洲革命更為廣泛徹底。歐洲革命是源於本文化的，大致是一種傳統之內的革命，故革命雖也連帶產生經濟和社會體系的轉變，其涵義仍主要體現在政治層面。而近代中國"不僅經歷了政治、經濟和社會的革命"，其整個文化也發生了根本的"轉化"。

這一巨變顯然受到外來的影響，近代帝國主義侵略的全面性，最後達到芮瑪麗所謂外國無所不在（the foreign omnipresence in China）的程度。這在民初已經是個現實，不必太高的學理修養也能認識到這一點。三十出頭的報人孫伏園就觀察到，帝國主義的力量，"是沒有一個鄉僻的地方不到的"。

另一方面，中國的對外態度，也可見一個由被動向主動的發展進程。出現國家目標外傾這樣一個區別於"古代"的根本性轉變（詳另文）。在某種程度上，或可以用"走向世界的新中國"

來表述近代中國的一個主流趨向。此後中國與外部世界的關聯呈現出日漸密切的趨勢，很多內部的變化也體現在這一中外接觸的發展進程之中。不過，中國人嘗試"走向世界"，既有從被動轉向主動的一面，也是一個充滿屈辱和挫折感的進程。

由於近代多次中外交鋒皆以中國失利告終，焦慮感和急迫感成為幾代讀書人持續的心態特徵，逐漸形成"畢其功於一役"的觀念，大家都想一次性地解決所有問題（最好還凌駕於歐美日本之上）。此意孫中山最樂道之，但類似觀念卻不僅見於孫氏這樣的革命者。早在戊戌維新期間，張之洞論及動員地方資源辦理學堂時就說，只要照他所說的做，"則萬學可一朝而起"。那種希望一舉解決全部問題的心態，已經非常鮮明地體現出來。

按梁啟超對歷史"革命性"的描述，即"革命前、革命中、革命後之史蹟，皆最難律以常軌。結果與預定的計劃相反者，往往而有"。中國的近代，就是這樣一個特殊的時代，許多洋溢著激情活力的面相，往往不能以常理度之，帶有明顯的"革命性"。一個與常理相悖的典型例子，即在精神物質兩層面皆已確立精英地位的既得利益階層 —— 通常最樂於維持現狀而最不傾向變革的群體 —— 之中，仍有不少人長期嚮往和憧憬著一個可以帶來根本變化的革命，並不斷倡導和鼓勵各類革命。

希望一舉解決全部問題的心態，也是過渡時代"革命性"的一種體現。章太炎就曾以這樣的心態寄希望於"革命"。他說："今日之民智，不必恃他事以開之，而但恃革命以開之。……公理之未明，即以革命明之；舊俗之俱在，即以革命去之。革命非天雄大黃之猛劑，而實補瀉兼備之良藥矣。"這類以"革命"為"補瀉兼備之良藥"來解決一切問題的方式，為很多人所採納。近代中國讀書人對革命的青睞和憧憬，其程度遠超過我們的認知。

通常革命要有對象（即使是想像的），例如既存政權、既存正統觀念，等等。而如蔣夢麟後來說，20世紀青年革命的對象，"包括教育上的、政治上的、道德上的以及知識上的各種傳統觀念和制度"，亦即"過去遺留下來的一切"。如果革命的對象是既存"一切"，則意味著一種全方位的徹底顛覆。這樣的革命，其正當性幾乎是與生俱來，無須證明，或不證自明的。在此氛圍之中，每一個人應當革命或需要革命，也可以被視為自然的。

章太炎在清末明言，20世紀民族主義熾盛，對於非我族類的清廷只能革命，其"不能變法當革，能變法亦當革；不能救民當革，能救民亦當革"。羅家倫在民初說得同樣簡截："現在的革命不是以前的革命了！……現在的革命不是由於君主好不好，政治清不清，憲法有沒有，議院開不開；乃是由於廿世紀的世界根本不能有君主的偶像存在上面！"

作為時間的"廿世紀"成為"革命"的理由，隱喻著空間上中國革命那"輸入"的一面，此不贅。重要的是兩代人都非常明顯地表現出一種革命自有其理由的意態。就在五四運動的當年，連朱希祖這樣很少被人視為激進的老師輩學者，也對青年建議說："與其零零碎碎革命，不如從根本上革命；與其革他人的命，不如對於自己先革命。"近代中國革命的開放性在此展現無遺，它既可能成為一個什麼都不是的空洞概念，[1]也時常展現出梁啟超所說的那種逾越常理的激情活力。

從時空角度看，在近代中國這一界域之中，產生了很多此前和此外很少見到的現象。前述既得利益讀書人的嚮往革命，即是一例。另一個典型的例子，即"家庭"這一多數人類社會歷來最看重的"溫暖港灣"，在近代中國卻成為一個阻礙國家民族發展的負面象徵："家庭"忽然失去了其在過去和外國都曾具有的廣泛社會功能，特別是對其成員的護佑；卻承載著大量新增的宏闊政治負擔，被視為其成員救國興邦的桎梏。

類似的特異之處還不少，具有不可抗拒的魅力，吸引了眾多中外史家的目光，也使多少史家困惑。不過，可以藉助所謂後見之明，是歷史研究者與歷史當事人的一個重要差別。充分認識到近代的"過渡"意味著千年以上的巨變，可以幫助我們理解近代讀書人那種因焦慮引起的緊迫感。

魯迅曾回憶說，民元之時他也"覺得中國將來很有希望"，但到民國二年之後，即發現事情"即漸漸壞下去"。傅斯年也形

1　這一點承牛津大學 Henrietta Harrison 教授提示。亦可參見波考克的見解（J. G. A. Pocock, "Languages and Their Implications: The Transformation of the Study of Political Thought," in idem, *Politics, Language and Time, Essays on Political Thought and History*, Chicago: University of Chicago Press, 1989, pp. 3-4）。

象地描述了"民國元二年間像唐花一般的'怒發'，和民國三四年間像冰雹一般的摧殘"。可知民國代清不過一兩年，就曾引起士人非常強烈的失望；且並非只有趨新者才失望，對於帝制的重新思考甚或"復辟"的嘗試，恰在此時，提示出一種因對共和失望而回向傳統尋求思想資源的傾向。

我們可以試想，明明是數千年的大變，卻要求在數年間"快出成效"，是不是有些太急於求成？假如民初的讀書人能夠認識到共和政體取代帝制這樣的新舊轉換是幾千年才出現的巨變，他們在"嘗試共和"之時，可能就沒有那樣急切，其失望感或許也沒有那麼強烈。

關於近代中國的"過渡"特性，本不是什麼新見，類似說法已被時人和後人多次表述過了。我想要強調的是：這是一個以千年計的巨變，而且是個仍處於"發展中"的持續進程。換言之，應當把近百餘年（甚至未來的若干年）作為一個整體，盡可能以千年巨變的整體觀念來認識這一時段中所發生的具體史事。

與梁啟超那種目的論明確的"過渡"定義不同，竊以為這毋寧是一個目的未必明晰，越來越體現著當事人的主動，卻又常常難以人為掌控的較長發展進程。時人對其的認識曾經歷了一個逐步深化的過程，後人對此的理解仍會是一個日積月累、步步深入的長程。

（原刊《文化縱橫》2009 年 2 月號）

道出於二：過渡時代的新舊與中西

　　很多年前，曾對一位研究中國近代史的朋友說，近代一段，可以六字總結，即滿漢中西新舊。那是讀大學本科時產生的一種朦朧感覺，年輕時不知輕重，故敢出大言而不慚。彼時的學術自定位是研究中美關係史，這是說別人的領域，多少有些外行看熱鬧的味道。後來不知不覺中，自己成了"一般（中國）近代史"的研究者，中美關係史反倒成了類似胡適所說的"不感興趣的興趣"——興趣始終在，積累也不少，卻暫無餘力深入。現在回看當年的信口開河，似不能說一點"史感"都沒有，但更多看到緊張、衝突、對峙的一面，有些以偏概全。

　　大體上，凡是存在的都是有理由的。任何時代、萬物萬事都有其獨立的"主體性"，即有其自在的意義，而不必因他人他物（對應性或關聯性）的存在而有其意義。然而，不論我們的目的是理解、再現還是詮釋，歷史上的具體現象和人、事，又大多不是一個自足的系統，很難獨立地表述自己，也就不太可能被"單獨"認識。要知道，"事不孤起，必有其鄰"；歷史上的各個"事項"雖是獨特的，卻又並非孤立的，而是相互關聯的。

如果將特定的個體置於一個關聯互動的架構之中，視之為與前後左右諸多人事、現象既相關又相異也相互影響的一個具象，它就成為一個更大架構的一部分，而所謂專門史也就有通史（universal history）的意義了。事物的相互關聯性，多少反映著共通的一面。不過我們不必努力在每一"個別"之中去尋找"共通"（且也不一定都能找到），而更多當如阿多諾（Theodor W. Adorno）所說，"在它和別的事物的內在聯繫中去領會其獨特個性"。

這或許就是"一般近代史"的取向。我的理解，所謂一般，並非時時處處以近代時段的中國整體為關注和思考的對象；具體研究中側重的，仍然是特定的人與事，不過更多從此人此事與他人他事的關聯中去看待，既保持整體的意識，又從關聯中領會特性。用過去的話說，就是知人方可論世，論世而後知人；觀變可以知常，知常乃能觀變。

飄忽流轉的新舊與中西

近代史上的中、西、新、舊，各自都有其獨立的意義，不過相互依存的一面似更顯著。中西和新舊之間的關係，尤更密切而糾結。在某種程度上，正因中國在對外競爭中的屢屢失利，"中西"的認同已帶有太多的感情色彩，承載著強烈的價值判斷，才逐漸被更超越的"新舊"所取代。在很長時期裏，西與新和中與舊，往往可以相互替代。晚清的張德彝便多次將今日譯為博物院／館的 museum 譯作"集新院"。對後來不少人而言，"博物院"多隱喻著已逝之往昔；而在張氏眼中，似乎來自異域者即可謂"新"。不過那時還是中外皆然，尚無褒貶之義。再後來的新舊中西，就帶有明顯的價值判斷和傾向性了。

從清末到民初，一方面新舊中西之間的緊張在持續，另一方面也有一些讀書人試圖淡化或超越其間的認同色彩。孫寶瑄在清末提出："居今世而言學問，無所謂中學也，西學也，新學也，舊學也，今學也，古學也，皆偏於一者也。惟能貫古今，化新舊，渾然於中西，是之謂通學。"而他隨後補上一句"通則無不通矣"，尤其意味深長。真知學問者，很少敢號稱什麼"無不通"，即使定為想要達到的目標，也難說出口；這裏的"無不通"，恐怕更多是要消解中西新舊古今這些"偏於一"的認同。

譚嗣同在《仁學》中即提出，"仁以通為第一義"，而通之義又"以'道通為一'為最渾括"，與孫氏所謂"偏於一"恰相反。而其"通"的四義之一即是"中外通"，最終要實現"有天下而無國"的"地球之治"。蓋"無國則畛域化，戰爭息，猜忌絕，權謀棄，彼我亡，平等出"，則"雖有天下，若無天下"。梁啟超序《仁學》說："仁者，平等也，無差別相也，無揀擇法也，故無大小之可言也。"可謂知音。這種化除了畛域的境界，或近於公羊家所謂"遠近大小若一"的太平世；但對不少清末士人來說，實即掩去了外強中弱的人我之別。

那時文化競爭的意識逐漸明晰，中西"學戰"一度成為讀書人的口頭禪。在這樣的語境下，為了有利於西學的流行，讀書人也有各式各樣的創新舉措。如"西學源出中國說"，過去多被視為保守，其實也是一種曲線的趨新。彭玉麟即曾說："西學者，非僅西人之學也。名為西學，則儒者以非類為恥；知其本出於中國之學，則儒者當以不知為恥。"但這樣說西學非僅西人之學，總還有些勉強。若直接正名為新學，又減去幾許躊躇。

大約從曾國藩時代開始，朝廷逐漸成為趨新傾向的後盾。由於朝野取向趨同，新舊之爭也一度淡出時人的言說。然而當慈禧太后想要立"大阿哥"被列強干預時，外國勢力的直接介入導致了朝廷對義和拳排外的支持，庚子後中西新舊又成敏感詞。避難到西安的光緒帝發佈諭旨，要求"嚴禁新舊之名，渾融中外之跡"，就是一個非常有特性的表述——實體性的中外可以渾融，虛懸婉轉的新舊卻被嚴禁。都因那時新舊對立的背後，隱伏著"拳亂"前後士人與朝廷間的緊張。

護理陝西巡撫端方對此上諭的理解，進一步揭示了其中的深意。他在回應的奏摺中自稱："論制度則不分古今、不分中西，歸於求是焉而已；論學術則不問新舊、不問異同，歸於務實焉而已。"在急功近利的壓迫下，"求是"和"務實"這類當下需求，不僅泯除了古今，更壓倒了中西這樣的根基性的"異同"！彷彿本雅明（Walter Benjamin）所謂時間靜止而停頓的 "當下"，呈現為一種辯證的凝固。

若依 "國將亡，本必先顛，而後枝葉從之" 的古訓（《左傳‧閔公元年》），這可不是好的跡象。從今日的後見之明看，"務實" 與中西兩者何為根本、何為枝葉，似不言而喻。但在想要化除強弱優劣等 "差別相" 的近代，不分中西乃成為朝野之共趨，卻少有人慮及根本顛覆後可能的危亡。而 "求是" 更提示出一個根本性的轉變，即王國維後來總結的："自三代至於近世，道出於一而已。泰西通商以後，西學西政之書輸入中國，於是修身齊家治國平天下之道乃出於二。"

"道" 本應是普適於天下即全人類的，既然西方自有其 "道"，則中國的 "道" 也就成為中西學區分下的一個區域成分了。可以說，正是 "西學" 在近代中國的確立，使傳統的 "道" 被空間化了。也因此，"求是" 才可以遮蔽中西而仍使人心安理得。"渾融" 的願望，直指 "遠近大小若一" 的太平世，雖有些無奈，卻充滿了真誠。在 "道出於二" 的大背景下，既然根本性的中西都可以不問，又遑論飄忽流轉的新舊。然而正因中西的淡出，新舊反成為揮之不去的主題。

辯證對峙的新舊

畢竟趨新已成大潮，經過短暫的磨合，新政又成正面的稱謂。結果，中外倒少見刻意的渾融，新舊卻成為難以迴避的立場。從文化到政治，新舊間的尷尬皆存而未泯。江湖之上，或可輕鬆放言；廟堂之中，仍須拿捏分寸。胡思敬觀察到：那時"人人欲避頑固之名"，故端方、趙爾巽"庚子以前守舊，庚子以後維新"；同時"人人欲固卿相之寵"，故榮祿、瞿鴻禨"公庭言維新，私室言守舊"。換言之，姿態不能沒有，卻不妨存幾分扭捏。

這樣驟寒轉暖、乍暖還寒的狀態一直延續下去。入民國後，針對著"今之言學者，有新舊之爭，有中西之爭"的現狀，王國維仍感覺有必要"正告天下"曰："學無新舊也，無中西也。"這與前引端方的說法頗相印證，王先生個人關於"道出於二"的表述，已不呼而欲出。而社會上的新舊對峙，更此起而彼伏。

不久就有了熱熱鬧鬧的新文化運動，"五四"前後更發生一次明顯的新舊之爭。與清末不同，這次中央政府立場明顯偏向舊的一邊。但也是這個政府，又明令各小學從 1920 年起在三年內全部使用白話教材，讓白話文的提倡者胡適也感驚訝。那看似有些無所適從的政府舉措，揭示出新舊儘管對峙，分野仍不那麼鮮明；其間的含糊朦朧，蘊涵極為豐富。

從根本言，新舊本是互補而相互依存的。我們不必要有貓才能辨識狗的存在，但沒有新就沒有舊（反之亦然），最切合《莊子》所說的"非彼無我"。近代中國的新舊分野，是不可否認也不必否認的。至少從戊戌維新之時起，這確實是當事人自己的認知。後來的很多場景中，所謂新黨舊黨、新派舊派，也都是時人自己使用的稱呼（包括自己認可的和他人眼中的新舊）。

但孫寶瑄在清末就注意到："號之曰新，斯有舊矣。新實非新，舊亦非舊。"無論在歷時性還是共時性、社會還是思想的意義上言，新舊都不是絕對的。不僅此時的新到彼時可能成了舊，就是在同一時段，新舊之間也有不少的跨越和交集。新舊本身以及相互之間可以有無數的層次，新中有更新，舊中有更舊，亦即新舊自身之中還有新舊。或可以說，新舊其實更多是一種辯證的對峙，緊張永遠存在，衝突也不可避免，但很多時候，立場超過主張、態度先於"是非"，也就是社會意義的新舊往往大於思想意義的新舊。

我自己一向關注新舊間這樣一種你中有我、我中有你的互存狀態。且新舊的錯位不是靜止的，而是一種相互碰撞、相互影響的動態關係。對這類模棱兩可的複雜現象，或不宜先把立言者分門別類而觀察之；最好是據其所立之言進行考察分析，側重其對特定問題、現象的見解異同；雖不忘記，卻先不考慮立言者屬於何門何派。為展現思想者所思所想的歷史動態，不妨更多從社會視角看思想，而不一定非圍繞概念立論不可。這樣，從思考到表述，都特別需要以人為本，並"見之於行事"。

　　從"一般近代史"的眼光看，新舊之間持續的纏繞互競，或歸結於近代中國已失去了重心。由於舊者"欲避頑固之名"，而新者還要更新，中間主幹之位的空虛就成為近代中國的持續現象。甚至經典的淡出和帝制改共和這樣以千年計的根本巨變，也沒能改變新舊之爭的綿延持續。因為前者本是重心喪失的一個關鍵因素，後者似亦未能形成一個新的重心。這最能提示新舊之爭與思想社會失重的關聯，也說明這一現象在近代史上舉足輕重的地位。

　　其實新舊雙方的許多思慮頗相近，也暗中分享不少對立面的觀點。但由於趨新大趨勢的影響，既存研究中偏舊的一方往往處於失語的狀態，這在很大程度上影響了我們對新舊本身及其競爭的認識（舊的失語並不意味著舊的隱去，有時反因此而過度彰顯其舊的形象）。隨著第一次世界大戰後"西方的分裂"和北伐帶來的政權轉移，"新舊"似逐漸淡化，而"中西"的辨析又一度升溫。再後來出現的"左右"分野和對峙，多少是西方的不同"主義"以中國為戰場開展鬥爭（惟"西與西鬥"的表象仍時時反映著中西之爭的實質）。

　　部分或因"九一八"後國難的深重，中國思想言說中傳統似顯回歸的徵兆。但主要不是表現在那些提倡中國本位文化者（仔細考察，便可知他們的思想資源多從西來），而是表現在全盤西化論的提出。後者是西潮有所衰落的表徵，蓋前此大家皆西向，本不必再言西化；只有到西化已成疑問之時，才需要大肆鼓吹。

西化而必須爭，且須全盤，正反映出西化派本身在"西方分裂"語境下的危機感（當然，這是已居正統者對邊緣上升那種潛在危機的預感）。

這些不同的態度，也表現出立言者對本國文化傳統和世界文明的認知。那些一度主張全盤西化的，其實可能更相信傳統的力量（雖更多從負面的惰性著眼）；那些試圖維護中國本位文化的，反有些自信不足，似乎再不做有形的提倡，傳統便可能在無形中消逝。最著名的西化提倡者胡適，就敢於說中國對世界文明的貢獻，在於幫助西人認識到"西方文明最偉大的精神遺產"是社會主義，因為西人已不能正確認識自身文明的優點。而後來有些學者試圖發掘中國傳統中所謂"普世"性的優良成分以貢獻於人類，其實更多是要尋找中國傳統中與西方價值相同或相通的成分，無意中恐怕多少還有點東方主義的影子在。

或可渾融的中西

梁啟超曾把近代中國稱作"過渡時代"，政治、社會、生活、心態、思想和學術等，皆表現出某種半新半舊、亦新亦舊的狀態。新舊中西之間的緊張和糾結，發源於百多年前，雖時鬆時緊，迄今仍在影響我們。朱自清後來說，那是"一個動亂時代。

一切都在搖盪不定之中，一切都在隨時變化之中"。新舊中西的關聯、互動與競爭，就是一個典型的代表，在搖盪不定之中隨時變化，表現出眾多似是而非的詭論性現象，確實需要辯證地認識。

前所說北伐後 "新舊" 的淡化和 "中西" 的升溫，恰與庚子後朝廷論旨的立意相反，既表現出政治變更對思想言說的影響，也提示出更深邃的意蘊。作為實體的中西，本是相對固定的，而新舊則一直處於發展之中。然而近代中國的新舊本更多是中西的表現（representation），新舊之爭也大致由中西 "學戰" 內化而來。

在 "道出於一" 的階段，中西向新舊的轉換更多在認知層面，"從新" 只是一種提升，雖已有些取代的意思，畢竟還是隱晦的。若 "道出於二"，則 "尊西" 就意味著在意識層面也要棄中，不啻一種皈依式的 "降伏"。或許這可以解釋嚴復的轉變：其早年主張實際的全盤西化，只是 "道出於一" 意義上的提升；晚年退而區分中西以維護中學，卻是在 "道出於二" 層面的退守。

不過，"道出於二" 至少還是各存其 "道"，雖已退而尚有所守，還是一種相對理想的狀態；清末朝野的實際作為，有意無意間已開啟了一種另類的（alternative）"道通為一"（借莊子語），實即 "道出於西"。入民國後，隨著國人對西方了解的步步深入，"西與西鬥" 的現象也層出不窮。大家所爭的，是要追隨西方最新最好的主義和學說。

我在別處說過，對於中國而言，那是一個學習的時代。必須向西方學習，是很長時間裏朝野的共識。20 世紀的幾次政權轉變，都不曾影響這一基本的思路和走向。所改變的，只是向誰學和怎樣學一類面相。

近代國人的學習西方，是想學中國所沒有所需要的。從新舊視角看，倘若要學的是一種已完成的"新"，即新本身不過是外在的或外來的，則學習本身也有"完成"的可能。這樣，學習者或學生的地位是可以改變的。但一方面，這"需要"本身可以是灌輸、塑造或構建出來的，新的不足和缺陷被"發現"不僅有可能，也表現在實際的學習過程中。另一方面，因為要學最新的，而外在的"新"本身也是發展的，結果就是學習者自己永遠不夠新，永遠處於不斷更新的階段，也就是永遠要學。

在這似無盡頭的持續學習進程中，怎樣保持自我，成為對幾代讀書人的一大挑戰。如果政治體制變了（帝制改共和），日曆、服裝（後來還有喪葬）等基本生活方式變了，指引人生的綱常倫理也變了，連主體的精神、思想都變了，這還是那個"中國"嗎？如果中國僅成了一個符號，而且這符號還變了意思（即不再是天下之中，也不代表與夷狄不同的華夏，而僅是特定空間及其中的一群人），那中國的意義何在？

這直接牽涉到中國的"國性"（national identity）或"中國性"（Chineseness）的根本問題。所有那些主張師夷之長技以制夷，到中體西用，再到清末到底是黃帝還是孔子代表中國，一直到民初的國體與綱常，以及新文化運動時的倫理與政治的種種論爭，都集中體現這方面的思慮，即所謂國家或民族的文化體系，到底是立體的還是平面的？到底是一個可分的組合體，還是一個不可分的整體？

前一問題的核心，即幾千年甚至更長的歷史積累，以及對此積累的記憶，是否一個文化（甚或國家）的必要組成部分；後者則在於，文化的改造是必須整體地全部改變，還是可以保留一部分原有的，增添一部分外來的，進而衍化出一個新的組合體？

對於前者，其實沒有多少正式的爭論，但從清末章太炎對歷史民族主義的強調到民初那些想把傳統"送進博物院"的鼓吹，便體現出截然不同的態度。對於後者，從嚴復的牛體不能馬用到魯迅等的 all or nothing 主張，都表現出一種或存或棄的整體觀（要進一步區分是故意說還是真相信）；而陳寅恪那"一方面吸收輸入外來之學說，一方面不忘本來民族之地位"，則表現出一種切分組合的取向。這些不同的選擇，都要放在學西方的大背景下認識，主張中國完全不變的，幾乎見不到（至少沒怎麼出聲）。

各種不同意見背後隱伏著共同的主題——即使以"務實"為目標、"求是"為準繩，在外向學習中，是否要以及怎樣保持自我的主體性。這並非想要回歸原來的"道出於一"，卻也在有意無意間迴避著"道出於西"；更多是在"道出於二"的大背景下，探索如何各存其道（卻並非各行其道）的蹊徑。若以和而不同為追求的境界，"渾融"還真是不錯的選擇。

　　近代傳統日趨崩散，新的思想資源也凌亂無序（還有相當一些是轉手的），士人在不間斷的糾結和掙扎中，一面收拾外來學理，有意無意之間又結合散亂零落的傳統因素，試圖重整文化秩序和政治秩序，反思人與人之間的基本關係，甚至考慮是堅持還是重構以家庭為基礎的社會模式。這些持續而仍在進行的探索和調適，是新舊之爭最具建設性的面相，反映出中國的國性那開放而包容的傳統。在此進程中，各式各樣的組合不斷呈現，雖非新非舊、不古不今，甚或"童牛角馬"，中國文化卻開始獲得新的生命樣態。

　　人類今天面臨著前所未有的人際、群際、國際甚或天人的衝突，往往衍為對峙。或不妨學學近代中國那些以"天下"為己任的讀書人，先放棄中西新舊甚至所謂"普世"等畛域性分類前提，直觀各文化中可以幫助今人解決人與人、人與自然等基本關係的思想資源，或真能讓世界變得更美好。

（原刊《讀書》2013 年 6 期）

走向世界的新中國

　　一般而言，在變化急劇的時代，人們傾向於反思自我，文化認同的意義也因此而彰顯。今日似即類此，國人的往昔和中國在世界中的定位，正成為社會關注的一項中心議題。錢穆曾提出，世衰則史學盛，因為世道出了問題，前行無路，往往會回頭看看過去。但中國近代亦一衰世，而史學僅曾有短暫的提升，整體卻不能說有多麼興盛。除學術傾向和學者自身的問題外，很大程度上是因為國人的基本態度發生了巨變。

　　近代中國面臨西潮衝擊，很多中國讀書人都在思考一個共同的問題：中國向何處去？然而他們尋求經驗教訓或思想資源的方向不再是回頭看，而是眼光向外，透過東瀛而面向西方。說得寬泛點，就是今日所謂面向世界。這樣一種從縱向到橫向的眼光轉移，是一個至少以千年計的根本性大變，且仍在進行之中。

　　從辛亥年到己丑年，中國政權在 20 世紀裏轉換了 3 次，類似傾向基本不受影響。中共執政後，50 年代的"一邊倒"，60—70 年代的關注"第三世界"（針對的目標仍是第一和第二世界），依然是眼光向外，只不過聚焦有所轉換而已。到"改革開放”之後，眼光向外的傾向更得到前所未有的大發展。或許因為經濟成了中心，市道盛行，新的傾向反不像此前一次那麼全面，而是回歸了從 19 世紀末開始的一個傳統，即試圖加入更“闊”的那個“世界”。

簡言之，近代中國出現了一個區別於“古代”的根本性轉變，即國家目標的外傾。可以用“走向世界的新中國”來表述這一仍在發展中的趨向。或可以說，這是一個方向似乎明確，目的卻未必清晰，越來越體現著當事人的主動，又常常難以人為掌控的發展進程。就像一列似有方向而終點站尚屬未知的無軌列車，滿載無比眾多的乘客，正以摸著石頭過河的方式飛馳向前。

從舊中國到新中國

所謂“新中國”，大致即清末民初人愛說的“少年中國”（Young China）。在當年和以後，都被時人和後之研究者用來與所謂“舊中國”（Old China）進行對比。[1] 類似的心態持續存在，

1　北伐時美國《國民》雜誌的記者根內特（Lewis S. Gannett）就曾編過一本《少年中國》，並迅速再版；稍後洪業也編過一本反映青年基督徒眼光的《少年中國之所見》。

至少與 20 世紀相始終。[1] 只是不同人心目中的"新"與"舊"，或有不同的指謂。[2] 本文所關注的，特指"新中國"那外向的一面，與此前幾千年眼光向內的傳統迥異。

以前中國人自以為居天下之中，是謂"中國"。中國與周邊甚至更遠的"四裔"，共同構建著"天下"的完整。古人一方面特別講究"人我之別"，又總思懷柔"遠人"。而中國的"中"和"遠人"之"遠"，皆以文野為區分（且文野也是可轉變的），本不一定是地理的，更多是文化的和心態的。故"遠人"幾乎就是"他人"的同義詞，而"四裔"也往往等同於"四夷"。

不過，古人既有王者無外、天下一家的觀念，也有"王者不治夷狄"的主張，強調"躬自厚而薄責於人"；懷柔"遠人"的方式，主要是"修文德以來之"。對於傾慕華夏文化的"四夷"，中國固表欣賞且予鼓勵，亦可向之傳播中國學問。但"夷狄"若不遵行夏禮而沿用夷禮（即堅持自身的文化和政治秩序），通常亦聽之任之，以存而不論的方式處之。對不那麼友善的"夷狄"，更禁止向其輸出中國文化。

隨著西力東漸，近代中國人逐漸認識到與外國交往的重要。在一系列戰敗之後，中國讀書人逐漸被戰勝者改變了思想方式，

1　20 世紀末倫敦《市場週刊》的一篇文章，說的是年輕的中國人買什麼，但標題是"Young China Welcomes West"，似仍在隱喻著類似的主題。

2　如斯諾夫人（Helen F. Snow, 即 Nym Wales）於 1937 年前往延安，意欲尋找一個能解決中國問題的"新"力量，她果然求仁得仁，在那裏如願發現了"新的思想和新的人民"（a new mind and a new people），與有著"古舊政權"色彩（ancient regime）的國民黨適成鮮明對照。

接受了以強弱分文野的新觀念。這類因對抗性互動而產生的概念轉移，急劇而徹底 —— 從自居世界文化中心、視洋人為野而不文的"夷狄"，到主動承認西方為文明，而自認野蠻，退居世界文化的邊緣；對西方的認知，也從"夷務"到"洋務"再到"時務"，由貶義的"夷"到平等的"西"再到尊崇的"泰西"。說是天翻地覆的轉變，也不為過。

在近代中國各種思想邅變中，對人類社會認知的轉變是一個要項。過去許多人愛說從"天下"到"國家"的轉變，實則更有一個從"天下"到"世界"的進程。"世界"這一詞語在中文裏早已存在，很多時候是出自佛教術語的引申，在時人言說中常是世道、社會（或其中之一部分）乃至某一思維境界的同義語，未必是地理意義上那天之所覆、地之所載的全人類社會。從知識和認知的層面看，今日自然地理意義的"世界"和由人類各族群、各社會、各國家組成的"世界"，對很多晚清中國人而言，是一個過去所知甚少的"新概念"。

這個新的認知既是地理的，也是政治的和文化的，它逐漸取代了以所謂"朝貢體系"為基本框架的"天下"觀念。[1] 在此前的認知中，由於萬方來朝標示著天命所歸，可以印證"中夏"的正當性，"四裔"的存在和向化（例如朝貢）是必不可少的（反過來，若出現四夷不睦的現象，就須自省文德之修為是否有差）。

---

1 我並不認為"朝貢體系"是一個描述古代中國天下觀或國際秩序的妥恰術語，但這已是一個大家耳熟能詳的術語，姑從眾。

此稍類莊子所謂"非彼無我"，然亦大致到此為止 —— 異己或他人的對照或許有助於認識自我，而自我的存在及其認知，卻不一定非要有異己不可。正因此，"四裔"在地圖上的反映，有時不過是一個寫有國名的方框，最能體現其"存在"的象徵性。

所謂"朝貢體系"，曾至少在東亞和東南亞一些區域長期運行，為各方所大體接受。其核心觀念即夷夏之辨，是這個區域確立國際秩序的主要思想資源。這方面最典型的表現，即在清滅明之後，在日本、朝鮮等地出現了一種試圖重新釐清國與國關係的努力，而其重心即在於辨析和重構誰是夷、誰是夏（在大清之內，也曾出現夷夏認同的解構與建構）。不論各方所持觀點如何，不論有多少想要"由夷變夏"或"貶夏為夷"的嘗試，其所思所言，均不離夷夏之辨的觀念。很明顯，這既是他們關注的重心，也是當時當地國際關係和國際秩序得以確立的思想基礎（詳另文）。

不過，"朝貢體系"主要是文化和政治的象徵性表述，其中多有不為"朝貢"行為所包含的面相，不必從今日重物質利益的眼光去看。在構建"天下"的完整性和正當性方面，"四裔"負載了不可或缺的意義，然其存在畢竟更多是象徵性的，古人並不特別看重。歷代除在戰爭狀態時外，"四裔"很少成為朝野關注的重心。換言之，這一政治和文化秩序（類似今日所謂國際秩序）雖長期存在，在中國的國家思維（或即朝野以國家為立場的思維）之中，外在因素卻僅佔有相對次要的地位。

　　晚清的大逆轉在於，朝野雙方不僅逐漸承認並接受一個外在的 "世界"，其後更努力要融入那個 "世界"，並以此為國家民族追求的方向。對中國而言，近代逐漸取 "天下" 而代之的 "世界" 觀念，在時間上是後起的，在空間上也更多是外在的。想要 "進入" 的願望和努力揭示出一個嚴酷的現實 —— 中國實際上已被西方主導的 "世界" 體系邊緣化，即中國對 "世界" 而言更多是 "化外" 的。

　　正因這 "世界" 基本為 "他人" 所 "構建" 並控制，所以中國必須先 "進入"，然後才談得上改善地位。然而深具詭論意味的是，這是一個自成體系的 "世界"，它既不允許中國獨處於 "化外"，又不那麼願意接納中國的加入。一旦進入 "世界" 被確立為國家民族追求的方向，中國一方就不得不放棄自己原有的 "天下" 秩序，反過來獲取既存外在秩序的承認和接受。由於兩種秩序或體系之間有著極大的甚至是根本的差異，為獲取外在體制的承認，勢不能不同時對已長期存在的內在體制進行大幅度的修改，包括一些根本性的修改。

　　隨著試圖改善 "外人之觀聽" 的努力逐漸從手段向目標轉移，近代國家目標的外傾也一步步由淺入深。清季廢科舉這一根本性的體制變動，部分即為了扭轉外人對中國的看法和態度。稍後修訂刑律的一項實際考慮，也是希望藉此改變外人之觀聽，以廢除不平等條約中的治外法權。清廷進而準備接受以西方為藍本的立憲體制，更充分表現出願意並努力在基本的 "大經大法" 上實行徹底的變革。這些接續的作為清晰地呈現出一種行為模式，即為獲取外在體制的接納，而不惜從根本上修改那些已實施千年以上的既存制度。

與歷代的末世朝廷比，或從共和體制的後見之明看，清季朝廷似無太多"倒行逆施"，而辛亥革命恰在此情形下發生。因此，以共和取代帝制的政治變革雖可視為"新中國"在政體上確立的象徵，但相關的全方位轉變此前已發生，此後仍在延續。結果，不僅是中國在"世界"中的地位與原所認知的居"天下"之中大不相同，就是"中國"自身的內外蘊涵也與此前有了巨大差別，產生出一個名副其實的"新中國"。

孫寶瑄曾說，"外國文字，記號而已；我國文字，能載道"，所以不能輕視，而有"敬惜字紙"的傳統。這樣區分中外文字，今人或不以為然。惟中國之"中"，原與字面意義相關，故"中國"二字不僅僅是個符號。當後來基本成為一個指稱符號時，就已經處於一個大不相同的世界了。

在其中亦在其外的世界

在近代國家目標外傾的過程中，士人的思想及思想資源也出現相應的轉變。在地理意義上或人類社會層面，越來越多的讀書人接受了外在的新"世界";但或因繼承著"天下"背後隱伏的夷夏之辨思想,他們認知中的"世界"有著很強的文化意味。其最典型的一個表徵,就是不少人有意無意間已接受一種兩歧的"現實"——空間上作為"世界"一部分的中國,文化上實在"世界"之外。

梁啟超在回顧近三百年思想時,曾特別提到魏源的《海國圖志》和徐繼畬的《瀛環志略》,以為"中國士大夫之稍有世界地理知識,實自此始"。其實兩書有一個重要差別,即《瀛環志略》不包括中國,而《海國圖志》則把中國置於其中。梁氏以此而指代中國士人的世界地理知識,頗有些隱喻的意味。從那時到現在,中國人認知中的"世界",仍常常體現出類似的歧異傾向:在嚴格的界定裏,中國當然是世界的一部分;然而在很多時候,人們所說的"世界",卻未必包括中國。

今日中國大學裏的"世界歷史",便仍不包括中國,而人皆不以為異。這對於清季的梁啟超,卻曾帶來觸目驚心的慘痛。他那時注意到,"今世之著世界史者,必以泰西各國為中心點"。中國文明雖也被西人承認為世界文明的早期源頭之一,但"過去現在之間,能推衍文明之力以左右世界者,實惟泰西民族,而他族莫能與爭"。連新興的"日本、俄羅斯皆擯不錄"於世界史中,則他也不能不接受中國史"在世界史以外"的現實。梁氏只能寄希望於未來——經過中西文明的匯合,20世紀的"中國文明力,未必不可以左右世界,即中國史在世界史中,當佔一強有力之位置"。

梁啟超雖在說歷史，其實已言及未來；其心中之所思，或許就在當下。那時豈止中國史，就是中國本身，也多半"在世界以外"。他若知道在中西文明進一步匯合的 21 世紀，中國史仍在世界史之外，且是國人的自主選擇，不知當作何感想？

的確，近代中國"走向世界"的進程，明顯可見由被動轉向主動的趨勢。梁氏在 19 世紀末承認："以今日論之，中國與歐洲之文明，相去不啻霄壤。"大約同時，便出現了中國歷史上第一次大規模的留學潮。稍後留學生胡適便寫出著名的《非留學篇》，慨嘆"以數千年之古國，東亞文明之領袖"，竟然"一變而北面受學，稱弟子國"，真是"天下之大恥"！若沒有近代引進的西方國家觀念，或不至於把到外國讀書上升到國與國的關係上；沒有中國人長久的文化自負，也不會將北面受學稱弟子視為"天下之大恥"。中西新舊之間種種時空的交織演變，都蘊集於一聲嘆息之中。

這樣的恥辱感或許先有積蓄，因一時感觸而噴發。由於接受了以強弱分文野的新標準，既然勝者為文明，被"列強"欺凌歧視的中國，大致已偏於"夷狄"一邊，最多不過是"準夷狄"或"半野蠻"而已。[1] 到庚子後，張之洞就注意到"各國"那種"華己夷人"的態度，他們"視中華為另一種討人嫌之異物，不以同

---

1 梁啟超在 19 世紀末即曾明言：以今日之中國與泰西比，"中國固為野蠻"；但若與黑人、紅人等種族相比，"則中國固文明也"(《論中國宜講求法律之學》，作於 1896 年)。

類相待"。這是近代中西文野互易的典型寫照,在時人認知的世界版圖之中,"諸夏"已是歐美,而中國不過掙扎於"夷狄"和"野蠻"的邊緣。在這樣的心理背景下,"進入世界"顯得更為迫切,也帶來許多難以言表的苦衷。

到中國不能不"立國於世界"漸成共識後,面臨中國作為"世界"一部分其實又在"世界"之外的詭論性現實,主張"思必出位"的康有為,創造性地把公羊"三世"說由歷時性變為共時性,為"天下"向"世界"過渡提供了學理依據。在康氏構建的世界秩序中,據亂世是"內其國而外諸夏",升平世則"內諸夏而外夷狄",太平世已無夷狄,進入"天下內外大小若一"的層次。前兩者屬小康,為國別主義;後者則是大同,為世界主義。三世的次序原本依時間順序展開,不能躐等;但康有為則允許其轉化到可以並存於同一時段的空間之中:"或此地據亂,而彼地升平;或此事升平,而彼事太平。義取漸進,更無衝突。"

就今文經學言,康有為的出位之思可謂石破天驚,卻有助於解釋時人認知中"文明"與"野蠻"並存的發展不均衡現象。尤其三世"同時並行"的思路,使"小康為國別主義,大同為世界主義"這一歷時性的進程變為一個共時性的描述,不僅"天下"平順地過渡到"世界"這一現代對應觀念,作為"世界"一部分的中國其實又在"世界"之外的兩歧性"現實"也可以被理解,而最終會進至大同的遠景又對當時地位欠佳的中國頗具鼓勵作用。

當時淪落到已近於"夷狄"的中國，要想成為新"諸夏"之一員，似遙不可及，又急不可待。日本式的富強之路，提供了一種仿效的榜樣。既然不能一舉實現遠近大小若一的大同理想，一些中國士人也願意接受一種分階段的取向，先仿效日本以成為新"諸夏"之一員。楊度在 1907 年提出，既然世界各國皆遵循"對於內則皆文明，對於外則皆野蠻"的方針，中國也不妨以類似的方式來實現"並立於野蠻世界"的目標。這一向野蠻看齊的取向，被楊氏定義為"世界的國家主義"。

康有為本人也並不反對"諸夏"向"夷狄"轉化，甚至希望中國自身強大後反過來置歐美於"夷狄"地位。[1] 青年魯迅在 1908 年觀察到，時人詩作中有著"欲毀倫敦而覆羅馬，巴黎一地則以供淫遊"的憧憬。可知一旦以強弱分文野，又處在急於追趕的焦慮之下，便很容易游離出"君子固窮"而有所不為的操守，徑直墮入"小人窮斯濫"的層次而不覺（參《論語·衛靈公》）。不論從夷從夏的視角看，這都大大背離了對夷狄"修文德以來之"的傳統方式，已是名副其實的用夷變夏，顯然是西潮衝擊下產生的新知。

政治變革往往促進思想的轉化，辛亥鼎革即一顯例。梁啟超在辛亥前曾依據"亞洲"和"世界"這些新來的空間知識把中國史分為上世、中世和近世三段，分別為"中國之中國""亞洲之

1　康有為在清季出版的《物質救國論》，便很明確地表述出這樣的取向。

中國"和"世界之中國"。這一充滿想像的分析顯然帶有很強的"倒放電影"意味，其實就是要通過詮釋歷史以認識現狀，故只有最後的"世界之中國"大致切合於清季時段。進入民國後，梁氏更明確提出"使中國進成世界的國家為最大目的"這一口號。在表述希望之餘，也等於承認中國尚不是"世界的國家"，直接因應著中國被西方主導的"世界"體系外化的現實。

無論如何，使中國成為"世界的中國"，的確是很多中國讀書人的持續願望，也揭示出近代一個重要的特點：許多對內的改革，其實動力在外，或因外在因素而起（其間既有不得不行之被動舉措，也有主動推行的所謂"自改革"）。當孫中山在美國獲悉辛亥革命的消息時，他並未疾速返國參與革命，而是轉往英國尋求幫助，以抑制日本。很顯然，這位革命領袖充分認識到了外國在中國政治中的重要作用。類似思路逐漸形成一個慣性的思維，許多人不僅不反對外在因素的作用，而且歡迎、期盼並試圖爭取或促進外在因素對內部事物的影響。[1]

國人的思想資源也出現外向的大逆轉，甲午前後還常見以《春秋》和《萬國公法》比對的討論，庚子後已很少有人視《春秋》為解釋國際秩序的一個選項了。經辛亥特別"五四"的發展，思維漸成定式，即宗仰以《萬國公法》為表徵的世界體系。在相當廣袤的土地上由人類很大一部分人在幾千年的時間裏所共

[1] 歐戰結束後的半年就最能體現這一傾向，巴黎甚至一度成為中國政治的另一個中心，而國內的政治也因巴黎的進展而變化，終出現五四學生運動這一改變歷史的大轉折。

遵的政治體制、政治秩序或政治生活方式，就這樣逐漸淡出後人的心胸，不復為認識自己和他人的思想資源。此後中國人關於"國家"和"世界"的討論，大都建立在近代西方的"民族國家"學理基礎之上（傳統的影響當然並未消逝，但確從意識層面淡出），開啟了中國思想史上一個新時代。

餘論：中國走向什麼世界

錢穆曾說，"西方人重外不重內，知變不知常"，是"因他們的歷史，都在小圈子之內，自應重外；精神用在外面，內部自多動亂"。錢先生對西洋史的概括是否確切暫不論，國家面積小則更重外事，似大體不差。一是面積小則很容易看出去，稍移動已出國，安能不重外事！享譽歐洲的蘭克史學即以外交史為重鎮，非無因而至。中國的春秋戰國期間亦然，彼時特別強調入境先問俗問禁忌，乃多國並立時代的基本關懷；孔門四科之中有"言語"一科，即專司今日所謂外交。同時，若國家目標外傾，則幅員廣闊和歷史悠久，都可能成為不利大於有利的因素。

這樣，中國近代史上一大問題就是，眼光已經向外，卻不能只重外不重內；歷史太悠久，也無法僅知變不知常。梁啟超在民國初立時曾說："今日世界作何趨勢？我國在世界現居何等位置？將來所以順應之以謀決勝於外競者，其道何由？" 這是每一國民時刻都應關注和思考的問題。想要 "進入" 世界，成為一個 "世界的中國"，其實就是要為中國在世界確立一個更好的位置。這是好幾代中國讀書人嚮往和努力的目標，也是一個充滿了彷徨的探索進程。

第一次世界大戰結束後，梁啟超進而提倡建設 "世界主義的國家"。他以前曾指責國人 "知有天下而不知有國家"，那時卻主張 "不能知有國家不知有世界"，且當託庇在國家底下，盡量發揮個人的能力，對 "世界人類全體文明大大的有所貢獻"。可以看出，從梁啟超早年所說的 "世界之中國"，到其後來希望建立一個作為 "世界的國家" 之中國；從楊度的 "世界的國家主義"，到梁啟超的 "世界主義的國家"；其間既呈現明顯的繼承關係，又有較大的不同。其中一個關鍵，即 "世界" 或可以不包括中國，而 "世界主義" 多數時候是涵蓋中國的。

這樣一種從 "世界" 視角看自己 "國家" 的取向，也為中國問題的解決提供了新的思路。大約從 20 世紀 20 年代起，包括毛澤東、張申府、周恩來等早期中共黨人在內的一些中國讀書人，不約而同地得出一個新見 —— 中國問題應尋求一種世界的解決。當然，梁啟超大體接受現狀，並向修身齊家治國平天下的傳統思路回歸，視角偏於由內向外；而中共黨人想要整體推翻現狀，在獲得新理論武器後，視中國革命與世界革命為一體，反更強調由外向內。

蔡和森便從資本主義的全球性來認識中國革命的世界性。他在 1921 年說，"資本主義如水銀瀉地，無孔不入。故東方久已隸屬於西方，農業國久已隸屬於工業國，野蠻國久已隸屬於文明國，而為其經濟的或政治的殖民地"。世界已經一體化，"全世界只有兩個敵對的階級存在，就是中產階級與無產階級"。所以，"勞動解放絕不是一個地方一個國家一個民族的問題，乃是一個世界的社會問題"。而"中國的階級戰爭，就是國際的階級戰爭"。

把世界按"階級"劃分成兩個部分，顯然是一種新知。但其言辭中野蠻和文明的對應，依稀閃現出 19 世紀中外觀念的餘韻。若將此兩階級落實在地域和文化上，儘管其思想資源和表述方式都已大不一樣，對比此前康、梁關於世界文野新局面的認知，仍可見異曲同工的一面，似更看重"物質"差異對"精神"的制約。

陳獨秀後來說，由於"全世界的經濟成了整個的，全世界政治也直接間接在這整個的經濟影響支配之下成了整個的"，故各國的革命也已"匯合起來成了整個的世界革命"，中國革命就是"世界革命之一部分"。類似觀念此後仍較流行，並擴及於中共之外。梁漱溟到 1930 年還說：他非常理解國民黨為何要"聯俄，要加入第三國際，要談世界革命"，因為"中國問題已不是中國人自己的問題，而是世界問題之一部；中國問題必在反抗資本帝國主義運動下始能解決"。

　　梁、陳政治立場頗不相同，卻分享著同一觀念，提示出作為"主義"的"世界"，確實帶來了新的眼光。對不少 20 世紀的讀書人來說，一個相對超越的"世界"，部分化解了從晚清開始日漸強化的中西二元對立，也提示著一種超越二元對立的多元思維——實際產生於西方的"啟蒙"觀念，被視為"世界的"而非西方的，成為一些中國讀書人批判本國傳統的有力思想武器。對此他們並沒有多少內心不安，蓋其正為祖國再造文明，面向著光明的未來——那裏不再有中西認同的歧異，也沒有文野強弱之分，是個趨近於"遠近大小若一"的吉祥大同世界。

　　進一步的問題是，這個世界可以實現大同嗎？

　　此前中國讀書人對美好新世界的憧憬，本建立在想像的基礎之上。當中國真要走入這一曾經外在的"世界"而國人也對其日漸熟悉之時，很多人逐漸發現：這個"世界"遠沒有那麼美好，至少不那麼單一，反而充滿了歧異、緊張與對立。雖然近代中國讀書人早已習慣於不斷的挫折和失望，這一新的失望仍然慘痛——幾代人努力想要實現的目標原來並不理想，還有什麼比這更讓人悲涼！同時，或許更重要的是，越來越多的人終於認識到：世界本是一個變量，其變化的急劇和宏大，可能正處於前所未有的階段。

　　無論如何，既然"世界"正一步步從外在的變成自己的，"改造世界"這一耳熟能詳的口號或許就有了更加切近的涵義。一方面，如果"世界是我們的"，對世界的思考或也應當是以世界為主體的思考。另一方面，如果中國是世界的一部分，中國人是人類的一部分，則中國傳統當然也是世界傳統的一部分。世界正發生著巨變，它也的確需要改造。人類各部分的歷史經驗，都是因應世界新變局的思想資源。世界能否實現大同，正可從大同觀念的淵源思考。

從較長遠寬闊的視角看，中國傳統的"天下"秩序背後，有著更高層次的"大同"理念，即以"天下為公"的大同為終極目標，以"天下為家"的小康為起步基點，基本通過"修文德以來之"的方式，達成天下一國或天下一家的境界，然後走向"和而不同"的大同。重要的是，大同不僅是未來的高遠理想，也是處理當下內外秩序的指導原則；理想並未與現實兩分，而是指導著實際政治。在政教和治理所及的範圍裏，如沈乃正所說，大同理念也像西方近代民族主義一樣，要有共同的利益和共同的傳統，這是中國歷代雖有分裂而能維持統一的基礎。

如前所述，"天下"秩序是以夷夏之辨理論為基礎的。不論從當年還是今日意義看，夷夏關係都不是嚴格的國際關係。它不以"國"為基本的思考單位，卻自視為"中國"，也承認"外國"的存在（其所注重的"內外"，就包括外國，當然仍是象徵與實際兼而有之）；因為其向不重權利，所以並不強調平等；而《易經》所謂"見群龍無首吉"，提示出不同者也可以平和共處。或因其從根本上反對從文化到武力的輸出，常譴責內外"多欲"的君主，這也是一個大致維持了周邊和平的秩序體系。

在近代被改變思想方式後，今天很多中國讀書人，恐怕也對這套觀念和秩序感覺陌生了。然而它確曾長期存在，且在長時間大範圍裏為很多人所遵行，至少從統計上可以說有著"不俗的業績"。其足以啟示我們之處，良非淺鮮。有心的讀書人，或可更多參酌。

反過來，外國人對這套觀念和秩序，也同樣不熟悉。對於中國的"進入"，今日"世界"是否已經準備妥當，恐怕還是個實際的問題。目前對所謂"中國崛起"的疑慮，的確是世界性的。[1]這裏有意識形態的歧異，更有名副其實的文化誤解。而最大的文化誤解，恰在於外人所思所見的中國傳統，多為近代被西方改變思想方式之後的新"傳統"。

上面已說到，在近代中國，既有相當數量的人接受以強弱分文野的新標準，不得不自認"野蠻"；也有不少人隱持原有的文野標準，卻主張向野蠻看齊，先仿效日本以"並立於野蠻世界"，甚至不排除反置他國於"野蠻"的可能。這樣一種以小人治小人的取向，乃是西潮衝擊下產生的新知。換言之，"中國崛起"之是否可慮，正在於"崛起"的中國是個小人取向的中國，還是個君子取向的中國；而中國之為君子為小人，又與"世界"範圍裏對待他人他國的準則直接相關。

當下世界正處於遽變之中，前景孰善孰惡，難以逆料。以大

1　過去國人對外國的觀念，常從各國對華"友協"的言說去解讀，一旦遇到不那麼"充滿兩國人民友誼"的表述，便有些忿忿然而不知所措，其實那可能代表著更多的人。

同理念所需的共同傳統和共同利益看，且不說"天下為公"，即使僅達成一個可以共處共享的平和世界，這一目標也還相當遙遠。如今所謂"世界一體化"，更多不過是"經濟全球化"的一種表現形式。如果人類的利益和傳統不能真正"共同化"，並在此基礎上產生出"大同"的願望和要求，則所謂"地球村"，也不過是在那只"看不見的"經濟之手操控下的某種被動的共同而已。

　　當年梁濟選擇以棄世警醒國人時，曾提出"這個世界會好嗎"的疑問。近一百年之後，人類利用物質的能力有了突飛猛進的發展，但世界的狀況似尚不能給人以更肯定的答案。面對一個國與國之間彼此不夠君子的世界，有些人或會像楊度一樣，主張以小人之法應付之。但任何行為標準的降低，都難免不走到"小人窮斯濫"的地步。以小人治小人，正如以暴制暴，終難走上正軌。或不妨強調主體性的自我修為，在維護自身基本利益的同時，考慮採納有所為有所不為的君子之道，立足於人類傳統的共性，致力於培養人類利益的共同化。說不定這個世界真會好起來，趨近於大同的理想境界。

（原刊《文化縱橫》2010 年 6 月號）

廢科舉和晚清新政 [1]

　　座談會指定我談廢科舉的影響，儘管如此，我想，從辛亥革命前十年的義和團開始，中國就發生了根本的變化。那恐怕也是中國歷史上第一次將"怪力亂神"的事放到了中央最高的政務會議上來討論，並將之作為決策的依據，在此基礎上制定了當時的國策。這是具有象徵意義的，說明當時朝廷上主政的一部分人認為正統的思想資源已經不起作用了。過去歷史上也有一種常見的反智說法，就是所謂"讀《孝經》以退黃巾"，說的是讀書人沒有用，遇到農民起義只能口誦《孝經》，希望這樣就可以應對武裝和暴力。但那只是民間的言說，到了朝廷真正用"怪力亂神"的東西作為政策依據的時候，表明主政者也認為類似《孝經》這樣的正統思想資源已經無法解決當時的問題了。在那之後出現了更大的變化，尋求思想資源的眼光向外發展，所有中國的思想都不想要了。義和團是近代最後一次從中國傳統思想裏找資源，不過找的是比較異端的"怪力亂神"的部分，而這是為讀書人所不

1　本文原為在"山雨欲來 —— 辛亥革命前的中國"座談會上的發言

齒的。義和團最後也失敗了，但這次的失敗不僅僅只是一次打仗的失敗，而是朝廷在進行文化選擇的時候站到了整個價值體系的對立面上。就像當年曾國藩等讀書人要起來打太平天國，就是覺得那邊崇奉的是異端的耶穌教；這一次則是朝廷援引了內部的異端，同樣引起了大量讀書人的不滿。所以義和團運動之後，大量讀書人就不再相信政府能解決中國的問題了。

更重要的是，那時的政府遇到了一個非常棘手的體制或結構問題。中國的傳統政治，至少在唐中葉以後，是小政府的政治，接近於西方經典自由主義那種社會大於政府的概念。我們常說過去是中央集權，那只是在中央所在地這一區域才體現集權；到了地方上，則大體是一種比較放任的政治。這是一種管理成本很低的模式，資源需求不多；也只有採取這樣的管理模式，才不需要大量徵收賦稅。清政權能較穩固地存在，很大一個原因就是清初那句"永不加賦"，讓很多讀書人認同了外來政權的統治。而加不加賦，重要的就在於你的管理需要支出多少錢。只有減少支出，維持一個不作為或少作為的小政府，才能做到"永不加賦"。近代改革中提出了所謂"富強"的概念，這不是傳統的儒家思想。儒家強調的是國家不與民爭利，對外不能多欲，才能夠內施仁義。

小政府模式最怕的就是"天下有事"，這種資源匱乏的政府，就連應付天災都感乏力，更不用說打仗了。而近代的一個新形勢，就是康有為強調的從大一統變成了萬國林立的競爭局面。

外來的壓力接踵而至，中外的競爭既嚴峻又迫切，迫使中央政府一定向一個有作為的大政府轉變。大政府的觀念在中國是很晚才出現的，現在講可能是正面的，在當時絕對受到詬病。對今天改變了思想方式的人來說，政府要為人民服務，就要向人民收錢；就像人民在議院裏要有代表，政府才能體現人民的意願一樣。這些都是近代西方典型的大政府觀念。晚清的困窘在於，一旦中央政府選擇了富強這一目標，就不能不在政治倫理和統治模式上做出根本的結構性改變，但當年的政府，以及關心國是的多數讀書人，恐怕都沒意識到這一點。

現在就以廢科舉為例來看這個體制或結構的問題。廢科舉之後，首要的任務就是辦新學，而最先出現的問題就是錢不夠。以前從民間的私塾到半官方的書院，都是一種低成本的教育。學子看的書可以是五百年以前的，甚至是兩千年以前的，後來都還可以繼續看下去；一家人買一套書，可以傳到好多代以後。但新學堂是跟外國學的，教科書要隨時編隨時改，很花錢；又要設相當於校長的監督，還要教唱歌，教體育，教外國文，這些都是以前的私塾和書院的老師教不了的，必須以高薪從外面聘請。

錢不夠只是一個表面的現象，關鍵是不夠的錢從哪裏來。對政府來說，辦學的大部分經費是要從民間出的。可是到底誰出？是一個很直接的問題。除了更早與今日所謂國防相關的辦理製造局、辦海軍、練新軍外，清末新政，大體以學務為先。剛開始辦學的時候，籌款還相對容易。地方上有各種各樣的"會"，都有多少不一的"公費"（晚清的"公"在官與私之間，這不是今天所說的"公款"），大致可以從中募到辦新學的錢。但過不了多久，其他新政又來了。隨著學務而來的一整套面向富強的新政，樣樣都需要錢，都是需要政府投入或者政府引導投入的項目。

而當年的清政府並未改變其政治倫理，因而也不打算改變其政治模式。當時與新政相關的政府公文中常有一條很重要的內容，叫作"官不經手"。這就是前面所說的類似自由主義的小政府模式的一種延續。過去我們這些習慣了大政府模式的研究者，往往忽視這一條文。問題在於，官既不經手，又要推動，用現在的話說就是不出錢而"給政策"，事實上會讓真正出錢的人很不舒服。而且各種"會"裏的"公費"總數是有限的，很快就用得差不多了。於是款子就逐漸轉向相對富有的紳，並進而轉向一般的民。這些款項和巨額戰爭賠款以及外債等，最終都落實在老百姓身上，成為不小的負擔。

與廢科舉同時，還有一個過去注意不夠的事件，就是北洋新軍的演習。那次演習花費了一百萬兩銀子，在當時受到了中外的關注。過去一直指責慈禧太后挪用的海軍軍費，也只是號稱八百萬兩；而這次不過操演一下，就要支出一百萬兩，可不是一筆小數目。在中央政府沒多少錢，又不怎麼主張收錢的狀態下，能進行這樣的演習，體現出一種觀念上的大轉變。對於這樣的變化，我們後來的研究者不是很在意，但當年在華的外國人卻很關注。那時的外國評論說，如果這樣下去的話，過不了多久，中國軍隊會成為一股非常可怕的力量。這與現在西方一些人對中國崛起的擔憂是一樣的 —— 正是西方引導和推動了一個 "尚武" 中國的興起，但其又不願看到一個這類中國的興起。

那次我們不太注意的演習，也是在 1905 年，所以廢科舉和新軍演習都是一個大事的不同面相，都反映出一個結構性的體制轉變。在我看來，這是最後導致清政府崩潰的一個根本原因。因為小政府模式的基本準則就是政府不作為或少作為，只有不擾民的政府才是好政府。如果政府要有作為，就需要花錢。那時的經費來源，要麼加徵各種臨時性的費用，要麼就借債，兩者都是當時所採納實施的。後來借債被普遍認為是一種 "賣國" 的行為，其實就當時的政治倫理而言，這可能是最合適的一個辦法。借債總好過加賦，加賦就立刻失去統治的正當性了。但對當下出錢的人來說，臨時性的徵收與常賦差別不大；而借錢要還，最後還是要轉嫁到基層的百姓身上。所以為富強而大幅增加開支，是一個讓人非常不爽的時代。

同時，上面的政府也很無奈，不論是外國要求改革也好，還是中國自身尋求改變也好，只要以富強作為目標，並以西方的做法來進行，就每一樣都要用錢，而且從過去的觀念看，其中不少是當時一般人眼中未必急需的支出。最顯著的，就是增加了一個管理的費用。現在我們很多人認為最體現西方優越性的就是管理，這是我們中國人不擅長的；其實中國過去不重管理，是節約了很多開支的。以私塾為例，假設以前辦私塾十兩銀子可以運作一年，現在新學堂增加一個管理人，他一年可能就需要十兩的工錢。教育還相對簡單，其他方面的管理費用，還會更高。這樣的支出，是地方無法承受的。

所以，這基本就是一個不歸路——不改革則不能解決問題，而要推行新政就需要花錢；且多一項改革舉措，就增進一步經費的窘迫，直至破產。即使沒有其他事情發生，這樣的情況也維持不了多久。

我想，對清末的十年而言，最根本的一個問題，就是體制或結構是否改變、怎樣改變和以什麼樣的速度改變。科舉制的廢除，只是其中的一個體現。當然這是一個非常重要的部分，廢除一個實施了上千年的制度，體現出政府的決心有多大。同樣重要的還有清末立憲的決定，這是否定皇帝自身統治正當性的一個決策，表明當時政府尋求改變的決心的確很大。一旦實行，皇帝就真成虛君了。過去有人把這一舉措說成是欺騙，可能把清政府想像得過於高明了。清廷是否認識到人民是可以欺騙的，並有意將欺騙人民訴諸朝廷政策，我是比較懷疑的，因為那簡直清醒得像柏拉圖所說的"哲學王"了。當年起決定作用的，可能還是新政背後的體制或結構問題，以及義和團運動對讀書人產生的根本影響。

實際上，科舉制的廢除，其影響遠超過辛亥年的政權鼎革。

現在說的"中國夢"有著新的涵義。過去所謂的中國夢，就是可以通過讀書的手段，改變自己的命運。科舉制從理論上來說是一種開放的制度，只要你書唸得好，就能改變自己的社會地位。很多人說這是對地主有利的一種體制，其實不完全是。當時的農村，一個人書唸得好，可能全家族全村的人都會出錢供他唸書。以前有公田制度，公田在中國的鄉村裏曾佔很高的比例，其規模比我們想像的要大很多。毛主席當年做調查的時候，地方的公田還有 10%—20%，那已經是 1931 年了。當然，公田往往被有錢有勢的人所把持；很可能當初公田的形成，也是這些人付出較多。而公田的收入，很大一部分就是用來資助家裏沒有錢但能讀書的人。考中秀才可以領到多少米，考中舉人可以領到多少肉，一直到毛主席做調查的時候，還是這樣，不過那時領米領肉的也包括新式學堂的畢業生了。

儘管因為名額有限，科舉考試中實際考上的並不多，但是制度的開放，給人們一種希望、一種鼓勵。而且就像我剛才所說的，這是一種低投入的教育，一本參考書可以用幾十年，只要不是所謂赤貧，一般人也還可以負擔。加上大家族、公田等地方體制的支持，對貧寒子弟來說，上升性社會變動的希望，多少是存在的。

這種情況，到廢科舉之前的幾年已發生一些變化。廢科舉只是最後的一步，廢之前還有一個改科考。例如以前要小楷寫得好，後來不那麼注重了。重要的是科考的內容改了，以前考四書，後來考新學考算學。又如把經學放到後面較次要的場次，把史學提到前面更重要的場次，這對於我們這些搞歷史的人當然很滿意，但是對於當年那些考生來說是很困難的。這類改變，對讀書人造成很大的影響。如果你住在比較偏遠的地方，跟不上時代的變化，那麼繼續練毛筆字，繼續唸原來的書，最後到了考場才發現都不一樣了，連考試參考書也變了，就什麼都來不及了。這就改變了考試的公平性。以前每個人可以預期自己在考試中有怎樣的表現，就能進入某一級優秀的行列，但是廢科舉之前的改科考，已經把上升性社會變動的途徑部分修改了。

科舉制的廢除，當然是更徹底的變革。在那之後，從社會學的意義上說，所謂的"士"就沒有來源了。以後的讀書人，就是今天所謂的知識分子，必須出自新學堂。而新學堂除了需要花很多錢之外，還有年齡的限制。以前百歲也能做童生，並且被看作是天下盛世的一個盛舉。新學堂基本上三十歲以上就進不來了，再後來是二十五歲、二十歲，年齡逐步往下降。習慣了新體制的今人，不易領會年齡限制帶來的影響——一個人若在很小的時候因為各種條件未能進入新的教育體制，他一生也就基本沒有機會走讀書上進之路了！對當年所有懷揣"中國夢"的人來說，這實在是一個非常殘酷的人生阻隔。

除年齡外，廢科舉興學堂之後，通過讀書改變身份的上升性社會變動，還產生了兩個根本的變化：一個是貧富的決定性增強，另一個是資源日益集中在城市，鄉村慢慢衰落。以前唸書的人主要都住在鄉村，沒有多少人需要到城裏去為考試而複習。後來學校集中在城裏，還要有錢的人才唸得起。這樣，對於鄉下的窮人，這條路基本就已封閉了。然而中國人口中數量最大的，恰是這一群體。

　　年齡的限制、城鄉的差別和貧富的差距，導致讀書人群向著特定的方向轉變。士沒有了，產生了很多知識分子，以及我比較關注的邊緣知識分子。不少年輕人，讀過一些書，又無法繼續其教育，不能整天待在鄉村的家裏，在城裏又找不到工作，還看到國家民族在世界競爭中的不如意，心情非常不好。眼看個人和國家的前途都不明朗，很多這樣的人最後就寄希望於革命。他們從想革命、說革命到領導廣大沒讀過書的人民幹革命，最後改變了中國的面貌。

　　　　　　　（原刊《東方早報‧上海書評》2010 年 10 月 10 日）

五千年的大變：杜亞泉看辛亥革命

　　百年前的辛亥革命，是中國歷史上一次根本性的大轉折。其"大"的程度，當事人和後人的認知，似都有些不足。由於時人對那次鼎革的認識不夠深入，對革命可以帶來的轉變又期望太高、對共和的見效要求太快，從民國二年開始，國人對新體制的大失望已經萌芽，而革命並未成功的看法也逐漸樹立，衍化成一種固定的認知。受此影響，我們對辛亥革命本身及隨後嘗試共和的早期經歷的觀察，也漸失平常心和批判力，而在不知不覺中隨著某種固定的視角和思路去觀察和思考。其結果，有些與此相左的看法，雖提出甚早也實有所見，卻為我們所忽略，長期視若無睹。

　　《辛亥前十年中國政治通覽》就是國體轉換的當事人當時的感受和分析。原名《十年以來中國政治通覽》，出版於 1913 年 1 月，是《東方雜誌》（1904 年創辦）為"刊行十年之紀念"而出之"紀念增刊"的主要部分，附在該雜誌的 9 卷 7 號之後。因其時間的巧合，那十年的政治通覽，基本等於回顧辛亥前十年的經歷，從當事人角度，告訴我們那次革命怎樣"一路走來"。

此書最主要的作者，是時任《東方雜誌》主編的杜亞泉。佔全書一半篇幅的上編《通論》五篇和下編《各論》八篇中至少兩篇，悉出其手（因各論皆署筆名，多數筆名似乎都僅此一見，也不排除其中還有杜氏的作品）。全書構架，估計也由他手定，固不僅主撰也。其餘作者，目前只有署名"指嚴"者可以確定為許指嚴，餘皆待考。不過按照當時的慣例，大概都是商務印書館（《東方雜誌》的出版者）中人員。

杜亞泉這幾年較為人所關注，主要因為他在新文化運動時期提倡一種不那麼激進的中西調和取向。當年他因此不能與時俱進的堅持而失去了《東方雜誌》主編的工作，近年卻因此另類的（alternative）主張而引人注目。不過，大部分杜氏的關注者，卻不甚注意他對辛亥革命的即時認知和分析。本書的出版，不僅可以幫助今人重新認識和理解辛亥革命，也有助於我們對杜亞泉思想的進一步了解。

一　不可以常例論的五千年大變

與後來很多人不一樣，杜亞泉當時就充分注意到那次鼎革的根本性質（以下凡未注明者，皆引自《通論》），他說：

　　　　吾儕今日，處共和政體之下，追憶十年以前，……雖
　　國勢之顛危、民情之錮蔽，猶不免為五十步百步之觀，未能
　　逾十年小變之常例。而五千年來專制帝王之局，於此十年中
　　為一大結束；今後億萬斯年之中華民國，乃於此時開幕。則
　　非十年以來之小變，實五千年以來之大變，而不可以常例
　　論矣。

　　很明顯，以共和代帝制，是個以千年計的大變。類似的說
法，也曾為不少人提及，卻並未真正據此思考。若定位於變化的
層級，只要確認共和為革命之目的，任何能造成這樣轉變的革
命，寧非極大的成功？至於嘗試一個全新政治體制的成敗，那是
一個更大變革的一部分；發生在辛亥年的那次革命本身，不應為
其承擔責任；而其帶來的政權鼎革，卻無疑是一個象徵性的轉折
點——與其相關的轉變此前已發生，此後仍在延續，直到今天。

　　這是一個充滿顛覆和根本性變革的全方位巨變，且仍處於進
行之中。它可以說是“革命”（revolution），也可以說是“轉化”
（transformation），更可以用梁啟超所說的“過渡時代”來概括。
正因為變化是全方位的，政治層面的共和取代帝制，不過是其一
個有代表性的象徵；復因為變化是根本性的，洋溢著革命的激
情，這又是一個希望與風險並存的發展進程，很難以常理論（詳
另文）。

　　杜亞泉既認識到這是五千年以來之大變，又指出了其不可以

常例論，所見實高。前者或尚有人提及，後者則是一個沒有多少人分享的睿見。好些年後，梁啟超對"革命時代"的歷史研究有了概括的認識，即"革命前、革命中、革命後之史蹟，皆最難律以常軌"（《中國歷史研究法》）。可惜的是，這樣的卓越見解對後來的歷史研究者影響不大。迄今很多研究者，仍喜歡用按圖索驥的方式，拿各種古今中外的常例、常軌來衡量辛亥革命。

二　殊途同歸的革命與立憲

杜氏見解的另一特點，是明確了此前革命與立憲"殊途同歸"，這與後來的史學論述中常將二者視為對立，非常不一樣。在他看來，辛亥前十年，

> 茫茫政海中，固有二大潮流，榮洄澎湃於其間。此二大潮流者，其一為革命運動，其一為立憲運動。革命運動者，改君主國為民主國；立憲運動者，變獨裁制為代議制。其始途徑頗殊，一則為激烈之主張，一則為溫和之進步；及其成功，則殊途同歸。由立憲運動而專制之政府傾，由革命運動而君主之特權廢。民主立憲之中華民國，即由此二大政潮之相推相盪而成。而十年以來元首之更迭、議會之發生、政黨

之勃興與夫行政機關之改革，莫不以是為要領焉。

因此，"中國十年以來之政治，自一方面觀之，為革命運動之進行；自一方面觀之，則又立憲運動之進行也"。這樣的見解，也有人分享，梁啟超就屢言之。不過，杜亞泉進而提出，立憲的任務尚不止於革命。用時人的話說，君主、民主是所謂國體問題，而立憲則是更實際的政體問題。立憲的實質，是"以憲法規定統治權"。具體言之，則"必設議院以代表國家意思，制定法律；政府則依國家之意思以執行政務；更立法院依法律以行裁判。而地方自治，尤為立憲國家之基礎"。這樣的立憲，前清僅開其端，而民國尚未接其續。

在杜氏看來，變獨裁制為代議制，既是革命的任務，也是共和的要求。"綜觀我國十年以來之歷史，不外乎改革政體、實行立憲之一事。革命運動，亦無非以此為目的。"革命可以轉換國體，卻不一定能保障代議制的推行；故革命之後，仍需進一步推行立憲。惟民國二年時的狀況，則是"革命之偉業雖成，而立憲之前途尚遠"。故"今後之進行，我國民正宜努力"。最後一語，或並非簡單的套話。清末以來，凡事訴諸"人民"，便是對當政者失去信任的隱語。同時，"國民"大致也是一種適於整合各類不同政治力量的概括性認同。

梁啟超後來在辛亥革命十週年時，也提出革命與立憲共同的說法，以為"當光緒、宣統之間，全國有知識有血性的人，可算沒有一個不是革命黨"；不過主張立憲者想要實行"政治革命"，而主張革命者卻要實行"種族革命"。雙方"表面上雖像是分歧，目的總是歸著到一點"。而辛亥革命即是他們"不約而同的起一種大聯合運動"——武昌起義前有四川諮議局人士主導的保路運動，武昌起義後響應而宣佈獨立的也多是"各省諮議局"(《辛亥革命之意義與十年雙十節之樂觀》)。

這個說法不能僅視為想要在革命成功後分享"勝利果實"，多少也有些史實的依據，近年不少人即仿此而立說。那時梁啟超正以"國民運動"來涵蓋雙方，即兩者都是"訴諸一般民眾，合起來對付滿洲政府"的國民運動。不過他進而指出："共和政治的土台，全在國民。非國民經過一番大覺悟大努力，這種政治萬萬不會發生；非繼續的覺悟努力，這種政治萬萬不會維持。"如果國民的面貌不改變，"憑你把國體政體的名目換幾十躺(趟)招牌，結果還是一樣"(《外交歟內政歟》)。梁所謂政治革命，即杜所說的立憲；約十年過去了，共和仍只是個"招牌"，充分表現出很多讀書人的失望。

這後來表述出的失望，其實從很早就開始。杜亞泉自己雖已認識到這是一次五千年的大變，他在民國二年說"立憲之前途尚遠"而寄希望於國民時，已隱約有些不耐了。餘人的不滿，大體也濫觴於此時。對於很多未曾認識到此次鼎革性質的人來說，革命既然可以這樣容易就"成功"，後面諸事也都應同樣順利而神速才是。或許正是革命成果來之太易，寵壞了早已被近代連續的挫折逼得急不可耐的國人。

三　速成的革命

的確，辛亥革命的一大特點，就是其速成。用杜亞泉的話說，自武昌發難後，"五旬之間，各行省之光復者，十居八九。其餘各省，亦莫不先後響應"。可以說，"此次革命之舉，誠速於置郵傳命矣"。這是個非常形象的表述，且那時好像還是世界性的趨勢。此前（1910 年）也是由帝制改共和的"葡萄牙之革命，成功最速。於十月四日午前一時發難，至午後二時而葡王出走，是日白拉茄披推為假大統領。一年以內，痛革舊政，頗收美果"。比較起來，"我國革命之成功，雖不及葡萄牙之神速，然決非其他諸國所能比擬"（《中華民國之前途》）。

如果說此時杜亞泉對中國革命的"神速"不如葡萄牙還略感遺憾，稍後他的心情就更好，乃自豪地說："自辛秋起義，不及半年，共和聿成，民國統一。以極短時間，成極大事業，不特中國所未有，抑亦先進之所無"（本書附錄）。19 世紀以來在中外競爭領域屢屢受挫的中國，竟一舉走在世界前列了，能不讓很多人心曠神怡！

不過，杜氏同時也開始思考，革命成功太容易，則後續問題可能甚多。"夫成熟易者果實不良，代價廉者物品必劣，此自然之理也"。他想起一位美國人曾說，"使中國革命自此竟告成功，則吾美之共和將無價值"。這話雖不動聽，"其言固含有至理"。因為革命是 "至寶貴至艱大之事業也。美人富自治性質，猶必經十餘載之痛苦，始觀厥成。以吾習於專制之民族，乃不數月而遽收美果。揆之事理，決無若此之易易。則其必將再經挫折，再經磨難，又勢所必至者"。蓋 "吾國專制之毒，入人已深，一旦易名共和，而形成共和國家之內部分子，未嘗受相當之磨折，俾與國體同化，則其杌隉鑿枘，因不體合而生種種衝突，亦固其所"。

杜亞泉眼中美國人和中國人的對比（分別與自治和專制相關聯），固帶有當年的時代特色；然那時就能夠考慮到政治制度的基礎是人，共和體制的成敗取決於國人能否 "與國體同化"，不能不說是高瞻遠矚。後來他分析二次革命的總因，也認為是 "社風驟變" 造成的 "道德墮落"，仍是從國人對新制度準備不足的角度立說。這也是杜氏與眾不同之處，即他往往能從事物的基本層面思考和分析問題。此前他對清季新政的考察，便已表現出這一特點。

四　摹擬繁複政治可能導致革命

　　杜氏於 1909 年初入主《東方雜誌》，與朝廷下詔加快預備立憲大約同時。此後立憲的推進其實已相當快速，但仍未能趕上民間對憲政推行的期盼。到 1910 年 4 月，《東方雜誌》在 7 卷 2 號刊出 "改良序例"，重申 "代表輿論，主持清議，對政府而盡其忠告，憫斯民而代為呼籲" 的辦刊宗旨，並以各種新欄目配合 "憲政方新，世變益亟" 的現狀。又一年後，更在 8 卷 1 號（1911 年 3 月）宣示了 "本社之大改良"，表示隨著 "國家實行憲政之期日益迫近，社會上一切事物，皆有亟亟改進之觀"。《東方雜誌》也從內容到體例進行了較大的變動，以回應 "隨世運而俱進" 的讀者。

　　或可以說，杜亞泉時代的《東方雜誌》，就是和清末憲政與時偕行的。而他對清季新政的認知，卻比很多時人更深刻。他在 1900 年就提出，政治在很大程度上依賴於技術："航海之術興，而內治外交之政一變；軍械之學興，而兵政一變；蒸氣（汽）電力之機興，而工商之政一變；鉛字石印之法興，士風日闢，而學政亦不得不變。" 甚至可以說，"政治學中之所謂進步，皆藉藝術（即今人所說的技術）以成之"。而中國讀書人則不論在朝在野，"皆熱心於政治之為"；今日當 "降格以求，潛心實際，熟習技能，各服高等之職業"。蓋政治只需要少數人，而 "存活於我社會中多數之生命者，必在農商工之界"。若能 "職業興而社會富"，則"文明福澤，乃富強後自然之趨勢"（《〈亞泉雜誌〉序》）。

杜氏所謂政治與藝術的關係，隱約可見今人愛說的國家（state）與社會的關係。儘管使用的語彙不同，表述的隱顯也不一，他從很早就敏銳地意識到，國家與社會不僅密切關聯，而且處於一種多層面的緊張、衝突甚或對抗的競爭性關係之中。約十年後，在辛亥革命前夕，他進一步論證了兩者間關聯互動的關係，提出"政治者，社會上一種之事務也。政府者，社會上之政治機關，亦一種之機關也"（《減政主義》，以下數段同）。

而隨著西潮東漸，中國偏重"政治"的傳統得到了歐洲及日本"繁複政治"的支持，變得更加強有力，並直接體現在新政的舉措之中。由於歐洲以及日本

> 各國政府，組織繁複之官僚政治，視社會上一切事務，均可包含於政治之內；政府無不可為之，亦無不能為之。政權日重，政費日繁，政治機關之強大，實社會之憂也。社會之人，或習焉不察，謳歌於政府萬能之下，至事事依賴政府而為之。營一業則請國庫之補助，舉一事則求官廳之保護。民間獨立心之薄弱，實為當局者多年之干涉政略所養成。積之既久，遂不自覺其迷誤。

這樣的外國思路，不幸為正通過日本學習西方的中國人所仿

效，遂以為"無學部則教育必衰，無農工商部則實業不振"。其實，"社會之事物，有自然之法則管理之"——"社會之活力（才力、財力之結合作用），有一定之制限，政府決不能創造之"；而"社會之發展，有一定之秩序，政府亦不能遏助之"。蓋"有研究學術之活力，則教育自興；有生產之活力，則實業自盛"。杜氏這些見解，與前引技術興則政治變的早期觀念相對照，便可見其沿襲發展的脈絡。他強調：

> 一國政府之本分，在保全社會之安寧，維持社會之秩序，養其活力之泉源而勿涸竭之，順其發展之進路而勿障礙之，即使社會可以自由發展其活力而已。教育也，殖產也，政府惟司其關於政務者，不必自為教育家、自營農工商之業也。夫國家教育之興，非政府多頒學堂章程、多編教科書籍之謂；國民實業之盛，非政府多營官有事業、多定檢查方法之謂。總言之，則國運之進步，非政府強大之謂。

因此，與其"謂社會之進步，必仰政府之提攜；不如反而言之，謂政府之進步，仰社會之提攜，較為確當"。若政府"不察此理，貿貿焉擴張政權，增加政費，國民之受干涉也愈多，國民之增擔負也愈速。干涉甚則礙社會之發展，擔負重則竭社會之活力，社會衰而政府隨之"。這是真正學貫中西的見道之論。只有對中國傳統政治和西方經典自由主義的小政府觀念有深入理解，並了解西人關於國家與社會關係的新學理，才能說出如此通透的話。

而教育和商業不應由政府主導，更是杜亞泉反覆申論的主題。對於農工商部，他主要認為是"虛設"，沒起到什麼正面作用；而學部之設，則給教育帶來了直接弊害。因為"學部管理教育，事事必就繩墨"。其"所頒佈之教育法令，漸臻嚴密"。大至教科分配、學級編制、教師資格和教授書籍，小若節日紀念的禮式、放假休學的日期，"甚至服物細故，亦或規定而取締之"。其條例之繁密，"仿之科舉而更甚"。如此多的束縛，嚴重影響了教育的發展，"不可不大加減削"（《論今日之教育行政（續）》）。

杜亞泉注意到，日本當時已有人提議"廢止文部省、農商務省"等部門，而中國留美學生也因美國不設學部，倡議中國也"廢去學部"。他也主張中國之"教育行政、農工商行政，不必另設專部"。說到底，"教育實業等事，全賴社會之自謀，國家僅任提倡檢查之責，其直接自辦之事本少"。儘管他稍後觀念略有轉變，認為清末"商部開辦以來，力懲舊習，積極進行"，使"國人耳目，嶄然一新。凡朝野上下之所以視農工商，與農工商之所以自視，位置較重"（本書《實業篇》）。但整體上，杜氏堅持社會的事應讓社會自為，並不看好政府過於積極的作為。

蓋不僅權力永遠導致腐敗，官僚機器亦自有其強大的慣性作用，使一切向形式化和文牘化的方向發展，直至欲自我遏制而不能。在有官僚政治傳統的外國，若政府太有作為，"勢且不可久"。清末的中國本"人才未儲，財力未充"，乃"不自量力，尤而效之。規模不可不備也，於是乎增設若干之官廳，添置多數之官吏；而又不可無所事事也，於是乎編訂種種之條例，設立種種之名目"。當時"政治所以紛繁糾雜者，正因官吏太多，彼此以文牘往還，以消日力，所謂'紙張天下'是也"。其結果，"當局以張皇粉飾其因循，朝士以奔走荒棄其職務。問其名則百廢具舉，按其實則百舉具廢"。

官僚政治這種自我消耗且難以自制的慣性作用，今日正盛行於全球，而杜亞泉早在一百年前就已洞燭其奸，實在難能可貴。

直到今天，多數研究者仍沿襲著"無學部則教育必衰，無農工商部則實業不振"的思緒，把清季新設各部作為一個"進步"的正面舉措進行論述。在大學擴招而批量生產博士碩士後，這些新設各部本身也成為學位論文題目；而其中討論最詳細的，恰是杜亞泉苛責最多的各類章程條例和繁複檢查方法。這些新研究倒是與當年以文牘為政務的時代風氣暗合，頗具以條文為史實的特色，再現了"紙張天下"的風采。

今日多數研究者基本不以新政期間政府舉措過多為病，還往往指責其作為不夠。而杜亞泉的態度則相反，因為他很清楚，政府的任何作為，都與開支的增加成正比。在他看來，清末的憲政，常以仿效"他國之繁複政治之形式"為目標，而未曾認識到"國家政治，在精神而不在形式"。正因為致力於形式求備，一些並未考慮中國國情的舉措，常使人"感其事之無益，覺其費之可省"。

例如，清末辦警察是中外研究者一向稱讚的舉措。但杜亞泉則注意到，中國的警察制度，徒從形式"摹擬他國，似未適合於我國之情勢"。蓋西方城市人口多，"故有市街警察之制"。中國則"一二大都會繁盛之區，固可仿而行之；乃各府縣之城治市集，亦復於數十武之內，植立武裝之巡士；甚至鄉村之間，亦間有之"。由於鄉鎮本無多少需求，這些巡警不過"終日植立而無所事事"。警政是當年民政部耗費最多的事項，實則"其費甚繁，其益殊少"。若能從"適於用"的角度改革之，"則全國之內，所節必多"。

總體看，中國實行憲政數年，徒"摹擬他國之繁複政治，包舉一切，而能力不足以副之"。更重要的是，

> 此等事務，皆在官與官之間，與吾民無與。吾民之所須
> 於國家者，除對外而求其捍衛國境，對內而求其緝除暴亂，
> 此外則訟獄之事，不可不仰官廳裁判；賦稅之款，不可不向
> 官廳輸納而已——所謂刑名錢穀而已矣。吾望吾政府編訂
> 它制之時，勿僅存官多治豐之見，而慮及官多生事之害也。

這其實是杜亞泉區分政府與社會職能的一貫見解。被他名為"減政主義"的小政府取向，在他眼中既是"各國社會上之新傾

向"，也是"我國政治上之舊經驗"。這也是杜氏與許多今人不同之處 —— 那些以為新政舉措多多益善的研究者，基本不知中西政治傳統中尚有小政府的取向，或雖知卻視而不見；他們大體仍存"官多治豐"之見，而未見"官多生事"之害。故其對清季新政的認知，常與杜亞泉異。

關鍵在於，繁複的新政到那時"弊害已形，致反對之聲，一時哄起"。若不"采用減政主義，收束局面，以為持久之謀"，則前途堪憂。杜氏

> 逆料其結果，殆不出兩途：一曰迫於財政之困乏，僅僅維持現狀而不得，則敷衍益甚，而幾等於銷滅；一曰不顧民力之竭蹶，益益進行現在之政策，則搜括愈力，而終至於潰決。其尤不堪設想者，則一方面行其敷衍之策，而政治銷滅於上；一方面盡其搜括之實，而經濟潰決於下；大局遂不堪問矣！

五　革命怎樣走來

上面是杜亞泉 1911 年 3 月的預測，現在看來，不能不佩服其洞察力。革命發生後，他分析其起因，以為主要是"政治之不良，

政體之未善。而種族之異，亦足為其誘因"。儘管"革命之現象，至今年而大著。而考其主義之發生，則夫提倡之、傳播之、實行之，伏而不滅、蹶而愈奮者，已非一朝一夕之故"。從太平天國到最近的吳樾謀炸端方和徐錫麟槍斃安徽巡撫恩銘，各種"言論事實之發現於近年中者，既日演而日激。革命之聲浪，震盪於國民之耳鼓；革命之思想，遂深印於國民之腦筋"（本書附錄）。

不過，當時"下有鼓吹革命之黨人，而上復有製造革命之官吏。立憲其名，專制其實：商路則收為國有，外債則任意大借，代表則遞解回籍，內閣則專任親貴。凡可以離民之心、解民之體者，行之惟恐不力"。結果，到"武漢事發，各省響應，革命軍之旗幟，遂翹然高舉於禹域之內"。所謂官方"製造革命"的說法，早由章士釗發其端；但章更多是說反話，杜卻是認真的。問題是，努力推行新政的朝廷何以能讓人產生這樣的看法，即其行之惟恐不力的，皆是"離民之心、解民之體"的舉措，是非常值得思索的。這直接牽涉到清季改革與革命的複雜關係，非片言可了，只能另文探討。我們且看杜亞泉的見解：

　　此次清廷革命，其本因有二：一為遠因，則以滿人專有政治上之特權，種族間生不平之觀念；一為近因，則由於世運變遷，專制政體不適於時世。而其助因有三：一為中央集權，二為大借外債，三則財政紊亂、政費浩大、稅目繁雜。（《中華民國之前途》）

　　清末的種族問題，過去是有些諱言的。其實既是事實，也有構建的成分，還有大量待發之覆。而所謂專制政體不適於時世，實各說不一，其背後隱伏的關於專制、時世的理解，也相去甚遠。我的看法是，由於西潮衝擊造成中外競爭的新局面，清季朝野面臨著政治方向、政治結構和政治倫理的根本變革（詳另文）。杜亞泉之所論，更多還是時人所謂專制和立憲的對應。倒是他所說的三助因，環環相扣，皆與新政直接相關，可能是促成革命更直接的原因。

　　中國的傳統政治理念，道家主無為，儒家主君主垂拱而治，都是不強調作為的小政府取向。而小政府的一個基礎就是分責分權。歷代關於郡縣和封建意謂的長期爭議，便與怎樣分責分權相關。昔人也說郡縣制是中央集權，那其實是針對著封建制的弱中央而言，與今人心目中的中央集權，還差了十萬八千里，切莫混淆。但清季新政最後幾年，確因推行改革出現明顯的集權現象。

　　蓋清代督撫理論上是朝廷外派人員，卻又有不小的獨立權限，故其"常利用其中間之地位"進行運作。當民氣強盛時，便"藉人民之後援，以抵抗中央"；若中央意志強硬時，則又盡力壓制，"保中央之信用，以摧殘民氣"（《論省制及省官制》）。及新政推行，朝廷發現"行省分權，不能舉改革之實，遂主張集權；即以是受人民之反抗，為此次革命之重大原因"（《中華民國之前途》）。而盛宣懷在辛亥年提出的"幹路國有，借款興築"政策，釀成了四川保路運動。前者便與中央、地方的權責相關，後者又觸動時人關於借外債即"喪失國權"的普遍認知。不得不事事作為的政府，面臨浩大的政費，又不能違背永不加賦的祖訓，遂只能靠徵收臨時性的苛捐雜稅和大借外債來應付。揆諸當時輿論，兩皆有自殺意味。這些方面，本書《通論》和《各論》均有論述，頗可參考。

六　追尋已逝的現場感

總之，對於辛亥革命的發生和進行，身歷鼎革的當事人，其看法與後人常不甚同。我們藉助後見之明，更容易看到什麼直接影響到了結果。然而有些後人非常關注的，在時人的眼中，卻可能不過如驚鴻之影，一掠而過。反過來，有些時人所特別看重的，我們或有不知所云的感覺。包括本書附錄中的幾篇"大事記"，有些我們今天來編寫，可能就不會收錄；而有些那裏不曾納入的，我們反會大書特書。胡適早就提醒我們，歷史記載中"最不近情理處，他的最沒有辦法處，他的最可笑處，也正是最可注意的社會史實"（《〈醒世姻緣傳〉考證》）。本書中所有與今不同的記錄和分析，都可視為歷史研究的突破口。

最重要的是，當下記載有其特定的長處，即在其可能"捉住當前一境"的現場感，那是後人永不能有的。顧頡剛曾論筆記的好處說，"或寫其直接之見聞，或記其偶然之會悟，要在捉住當前一境，使之留於箭牘而不消失"；傳說中李賀在驢背得句即書於片紙，正欲保存"其一剎那間之靈感"（《浪口村隨筆‧序》）。蓋史事常如章太炎所說，"若空中鳥跡，甫見而形已逝"（《國故論衡‧文學總略》）。當時寫下的文字，不論其寫作或紀錄的意圖如何，多少都能留下幾許"一剎那間"的感觸；與後人追記、考證者大不相同。

本書的整理出版，不僅讓我們看到很多重要的見解，還能讓我們體會時人的"當前一境"，庶幾可以捕捉已逝的"空中鳥跡"。例如，本書在論述袁世凱在直隸練北洋新軍時，便注意到其"數次辦理秋操及南北合操，頗能鋪張揚厲，聳動外人"（本書《軍政篇》）。這一點向為後之研究者所忽視。1905 年北洋新軍的首次實彈演習，據說耗銀百萬兩，在當時可是件大事。以當年的預算，固不免有人以為這樣做是過於浪費、勞民傷財，但也讓許多人 —— 特別是在華外國人 —— 看到一個"尚武"中國的興起。所謂"頗能鋪張揚厲，聳動外人"，寥寥十個字，已概括了兩方面的觀感。這樣的現場感覺，最為後人所缺乏。

注意外人觀感，是當年一個重要現象，展現出一種面向世界的新眼光。《東方雜誌》對此也是有意為之。在前引 7 卷 2 號的《改良序例》中就新增"中國大事記""世界大事記""中國時事彙錄""世界時事彙錄"，以及"中國調查""世界調查"等欄目，都是考慮到"萬方多難，供殷鑒於寸心"；俾讀者"不出戶庭，足周知乎四國”。後來 8 卷 1 號的改版，也強調要“廣徵名家之撰述，博採東西之論著，萃世界政學文藝之精華，為國民研究討論之資料”。對於時事，更“近自吾國，廣及世界，凡政治上之變動、社會上之潮流、國際上之關係，必求其源委，詳其顛末”。

本書的編纂也遵循類似的取向，故配有《辛亥前十年世界大事記》和《辛亥前十年世界大勢綜論》（今入附錄）。在杜亞泉的論述中，更明確從中西文明結合的視角觀察中國的革命：

> 此十年內之變局，不特在吾國歷史中，為上下古今時勢轉移之樞紐；即在世界歷史中，亦為東西兩洋文化交通之關鍵。蓋十年以前，歐洲之文明，輸入我國者，僅物質科學之一小部分；精神科學，殆付之等閑。至政治上之思想與學說，尤為守舊者之所嫉視。雖仇洋之氣焰，既因巨創而漸消；而革新之精神，猶為群頑所阻遏。鼓盪之而消融之，使歐洲政治上之原理，得移殖於東亞大陸之上，則固自近十年始也。他日者，因兩文明之接合，闢偉大之境域於精神界上，固不能不以此十年為孕育胚胎之時代矣。

把辛亥革命視為世界歷史中“東西兩洋文化交通之關鍵”，恐怕是很多今人不太容易想到的。但也只有循此視角，才能真正理解後來的五四新文化運動，理解為什麼胡適把新思潮的任務界定為“整理國故，再造文明”。而中西文明接合之後，還要對世界文明做出貢獻，"闢偉大之境域於精神界上"，大體延續著梁啟超早年希望東西文明"結婚"的夢想，卻是後來許多人早已忘卻的抱負。北伐時胡適曾教導西人，社會主義是西方文明當時的最高階段，而西人就對此視而不見，需要他這個中國人來提示，同樣也是秉承這樣一種開放心態和世界眼光。

本書又一表現時人"當前一境"的描述，可見於杜亞泉對清季立憲國策的回顧。他說，"我國由君主立憲之預備時期，一躍而為民主立憲之確定時期，其進化之速，亦足為我國民幸矣"。這很容易讓人想起袁世凱稍早在鼎革時也曾說：由於改用共和國體，中國人遂"由專制朝廷之臣僕，一躍而為共和平等之人民。實我中華無上之光榮，亦世界罕聞之盛舉"（《為改定國體致各督撫等電》）。甚至 1912 年成立的孔道會，在上書大總統袁世凱時也說，"中國由專制一躍而為共和"。

這些政治和文化傾向不同的人不約而同地使用的"一躍"，最能表現那種一舉領先世界的榮幸感。而且這幾乎是個二級跳式的躍進，前"一躍"的立憲尚未及實現，後"一躍"的共和已凌空起步，並輕鬆跨越。故若從倒放電影的視角看，兩躍的起步點幾乎是同一的；若分而視之，從前"一躍"到後"一躍"，也沒用多久。當時世界的共和國不多，中國便居其一，在亞洲更是第一個。久積之願望，竟然一朝實現，得來不甚費工夫，其慶幸、自豪之感，皆發自內心。自 19 世紀中葉以來，這樣的心境，已久違了。

對另一些人來說，原來革命這樣輕鬆容易，從此也就進一步確立了"革命"在從思想到行動各層面的"正確"性。"革命"在中國社會中的吸引力，自然不脛而走，成為很多人遇到問題時一個名列前茅的選項。套用今人的話說，在改寫歷史之後，要同樣以畢其功於一役的方式續寫歷史的嚮往，成為後來很多人的希望；也常因其事不能速成，而給很多人帶來失望。過去對辛亥革命的認知，便多受到這類失望的影響。

或許即因這次令人失望的具體革命並未"成功"，才讓抽象的"革命"在此後仍讓人流連不已，浮想聯翩，甚至感覺不"告別革命"就不足以推進他事，卻淡忘了我們其實經歷著五千年未有的大變。

（原刊《讀書》2011 年 9 期）

重新認識五四新文化運動

　　1919 年的五四學生運動離百週年還有兩三年，但從 2015 年開始，學界已出現一些以"百年"為題的"回望""反思"文字和"紀念"了。蓋五四運動有廣狹兩義，一般所謂狹義的五四運動即是指 1919 年的學生運動，而廣義的五四運動，常與新文化運動同義，有更寬的上下時限。通常單說新文化運動時，不致與五四學生運動相混；但若說五四運動，則又常指代新文化運動。

　　實則廣狹兩義的運動就連其象徵性的口號也是不同的：一般視為"五四"基本理念的"民主"與"科學"，更多適用於廣義的"五四"；而當年遊行的學生口裏所喊的，卻是"內除國賊、外抗強權"一類口號。兩者之間，實有一段不短的距離。我們歷史教科書中的"五四運動"，多是放在"新民主主義革命"的脈絡中，偏於狹義的"五四"，強調"愛國運動"的一面（若說及新文化運動，則放在另一部分）。不過，現在上級的精神是"五四運動形成了愛國、進步、民主、科學的五四精神"，應傾向於廣義的"五四"，估計以後的教科書或會有改變。

　　有意思的是，即使那些持廣義"五四"說者，也很少反對以發生在 1919 年的運動作為整體的象徵 —— 他們依然每逢 "週年" 就發表紀念的言論。上面那些 "百年" 言行，便多指向廣義的 "五四"，實指新文化運動。兩種 "五四" 的並用已經約定俗成，從研究者到媒體，大家都共同使用這兩個含義其實各異的概念，而不覺其間的衝突（或雖知其衝突，仍以視而不見之法處之）。因此，說 "五四" 已成新文化運動的標識，或亦不為過。

不少人以為五四新文化運動已無多少剩義可探尋，其實對那場在北京的學生運動和其他地方的呼應，就是活動的具體經過，及其參與者、反對者和旁觀者的言與行，我們的了解都還不能說充足，更不用說廣義的 "五四" 了。可以說，"五四" 的歷史和歷史中的 "五四"，沒弄清楚的具體內容都還不少。正因此，我們對 "五四" 究竟在何種程度上書寫了歷史、影響了後人，仍缺乏深入的體悟。

一　革命與文化：衝擊反應或自我覺醒

我們知道，辛亥鼎革是一次改朝換代的武裝革命，而新文化運動則是一場以文化命名的運動。但非常有意思的是，後五四時代很多人把文化 "運動" 視為真 "革命"，並質疑此前的武裝革命是否夠 "真"，呈現出顯著的詭論意味。不過，時人常用的比較提示了一個思路，即把民初的"五四"和清末的歷史結合起來思考。

從梁啟超開始，很多人都用器物、政制、文化三段論來詮釋近代中國對西方的認識以及中國自身的發展，一般都把新文化運動視為進入文化階段的表徵。這三次轉變的前提是中國讀書人先接受了以強弱（戰爭勝負）定文野的思路，故每次都是在中國的不成功後產生進一步外傾的覺悟。而其間還有一個不可忽視的差異，即前兩次轉變都是對外作戰（鴉片戰爭和甲午之戰）失敗之後的"覺悟"，但第三次卻不那麼肯定。如果把五四學生運動的口號算進去，則三次大體一樣；但若從廣義看，除非將梁啟超所說的文化階段提前到庚子後廢科舉和新政，否則新文化運動就更多是一次自我的"覺醒"。

這就提示出一個重要的問題，即新文化運動究竟是一個西潮衝擊下的反應，還是一個更多帶有自我意識的"覺醒"？

而把新文化運動與晚清的改革和革命關聯起來思考，可以有兩個方向：

一是中國讀書人從很早就有了全面改變的意願，到"五四"前後才首次脫離了對外戰敗的影響，甚至是受到西方因大戰而反省其自身文化的影響。

二是究竟辛亥革命已是一場人心革命，還是它基本是一場政治革命，到新文化運動才轉向文化？或者如梁漱溟所說，辛亥革命也帶有文化革命的痕跡，但要到新文化運動才整體性地轉向文化？

如果把辛亥革命視為文化層面的人心革命（即使層次不深），就接近前一方向；如果把辛亥革命視為政治層面的手足革命，就傾向於後一方向。這牽涉到中國讀書人何時開始出現全面的"覺悟"及何時有了自我"覺醒"，絕非小問題，而是一個重要差別。

胡適很早就把新文化運動的起源追溯到晚清，以為"中國的新文化運動起於戊戌維新運動"，且文化運動從來就有政治意義，因為"戊戌運動的意義是要推翻舊有的政制而採用新的政制"。這是一個過去注意不多卻很重要的見解，即從戊戌維新開始，中國人尋求的改變就已具有根本性。這些努力包括政治，又超越於政治。

梁漱溟也認為，中國人在甲午海軍覆沒後有了新的認識，類似"興學校、廢科舉、造鐵路"等主張，以及庚子後的"變法之論"，都是"他們想接受他們當時所見到的西方文化"。而"到了革命事起，更是一個極顯著的對於西方化的接受，同時也是對於自己文化的改革"。

這裏的基本敘述，與梁啟超的階段論大致相合，但梁漱溟思路的獨特在於，他把所有這些階段性轉變，都視為晚清人接受"當時所見到的西方文化"的一部分。故不必到新文化運動才轉向文化，辛亥革命本身就既是對西方文化的接受，也是對自己文化的改革，那就是一次文化革命。

　　"五四"後很多人都常以辛亥革命與五四運動並論，甚至以為辛亥不如"五四"。瞿秋白就說，辛亥革命沒有革文化的命，只是革命的"表象"；要到新文化運動，才走向真革命。梁漱溟後來也說："辛亥革命，自一方面說，固不同於過去之變化改制而止，但至多亦只算得中國禮俗不變之開端。必待'五四'新文化運動，直向舊禮教進攻，而後探及根本，中國乃真革命了。"

　　這與新舊時代看待政與教的不同眼光相關。若據政教互為表裏的傳統看法，政治與文化本是既可分又不可分的，兩者之間可以有差別，卻未必存在緊張。而從近代西潮衝擊帶來的新範疇看，文化與政治不僅確有差別，而且時常對立，故不能不有所區分。因此，不少人以為辛亥革命是政治革命，而新文化運動側重文化思想；由於前一次革命的不徹底，後者才起而完成前者未能完成的任務。然而也正是文化的視角，提示人們新文化運動不僅可以看作辛亥革命的延續，還可以追溯到更早的文化努力。

　　張東蓀提出，新文化運動的發生，"有正負兩方面做他的發動力"：正的方面是"國人知識漸增，對於西方文化認得清楚了，知其精髓所在，所以主張吸收過來"；負的方面是鼎革"十年以來政治改革的失敗，覺非從政治以外下工夫不可"。兩者的共性是越過政治而直入文化，既因國人認識到歐美不僅火器強盛，在政治組織和法制運用上都超過中國，於是明白必須"改造做人的態度"；也因這些人中"大部分是曾從事過政治改革的"，故能"一眼看透了政治而直入其背後"。

　　很多時人和後人都曾說過新文化運動的兩大任務就是引進西方文化和批判傳統文化，張東蓀的視角稍不同，他是從這兩方面思考運動的發生，即不僅把運動看作對西潮衝擊的反應，也視為自我反省的結果，得出一個相對 "綜合" 的見解。非常有意思的是，他把對外來衝擊的反應視為 "正面的"，而把針對內部經驗的自我覺醒看成 "負面的"。

　　據梁啟超的總結，時人因辛亥鼎革後 "所希望的件件都落空，漸漸有點廢然思返，覺得社會文化是整套的，要拿舊心理運用新制度，決計不可能，漸漸要求全人格的覺悟"，於是有新文化運動。此說代表了很多時人的看法，也廣被引用。若按上引張東蓀的正負區分，這就僅僅看到了運動的負面動力。

　　另一方面，如果從戊戌維新起中國人就在尋求根本性的改變，則那一系列階段性轉變，其實可以是對何為文化之認識的步步深入。倘若戊戌維新就是一次文化運動，而辛亥革命亦然，則新文化運動與辛亥革命不同的，只是更多側重人心革命，因其伴隨著民初文化的興起，遂被視為文化的運動。

　　據張東蓀的界定，文化運動的主要內容就是化民成俗，改革文化就是 "推翻舊文化而傳播新文化"，而 "思想的改新" 就是 "從思想方面改革做人的態度，建立一種合於新思想的人生觀，而破除固有的一切傳說習慣"。所謂運動，"就是要把這種重新做人的意義普遍於全國，使人人都沐化於其中"。化民成俗本是讀書人的傳統責任，卻借文化運動而得到現代表述。要 "化民"

就必須"革政",所以從事文化運動不能放任政治。

那場運動的具體故事,這裏就不多說了。我們要注意的,即那本不是一場謀定而後動的運動,故既有超出預想的成分,也有根本未曾想到的成分,後者遠大於前者。而其中最大的變數,就是五四學生運動的爆發。要了解五四時代,先要認識學生運動與新文化運動的關聯。

二 學生運動與文化運動

五四學生運動是現代中國史上劃分時代的一個界標,這是一般都接受的。不僅如此,即使縮小到新文化運動之中,它也曾起過類似分水嶺的作用。陳獨秀自己就坦承 1919 年的學生運動凸顯和確立了《新青年》在當時的主流地位。學生輩的羅家倫在一年後總結學生運動,也數次對比"五四"前後形勢的根本性轉折。可以說,"五四"既是新文化運動的標籤,也的確劃分了時代,造成了短期或長期的多方面時代轉變。

身與學生運動的羅家倫對"五四"帶來的轉折有切身感受,最明顯的變化就是"五四"以前"受了多少壓迫,經了多少苦戰,僅得保持不敗";而"五四"以後則"形勢大變,只聽得這處也談新思潮,那處也談新思潮;這處也看見新出版品,那處也看見新出版品"。在"五四"以前，"談文學革命、思想革命"的刊物和報紙不過幾種；而到"五四"以後，"新出版品驟然增至四百餘種之多"。

不過羅家倫既看到了學生運動帶來的改變，也注意到學生運動就是新文化運動孕育和培養出來的："五四運動的所以成功，並不是一朝一夕的緣故，事前已經醞釀許久了！大家有幾年的鬱積，幾年的休息，正是躍躍欲試的時候，陡然一下暴發出來。"

或許可以說，新文化運動培養了"五四"當年從事運動的學生，而五四學生運動又推動和改寫了新文化運動。也因此，"五四"逐漸成為新文化運動的標識。

五四學生運動對新文化運動最明顯的改寫，應是走向"政治解決"的所謂轉向；卻也不限於此，如學生行為方式的套路化，就是一個不小的轉折。羅家倫觀察到，"當五四的時候，大家東謀西劃，都有一點創造的精神"；此後則"一舉一動，都彷彿有一定的形式：有一件事情出來，一定要打一個電，或是發一個宣言，或是派幾個代表，而最無聊的就是三番五次的請願，一回兩回的遊街"。運動有了套路，或表現出某種"成熟"，卻也因此改變了風格，減少了"創造的精神"。

對一個以青年為核心隊伍的運動來說，這樣的轉變多少也意味著朝氣的減退。實際上，梁漱溟就從學生在運動中的表現看到了他們與一般人的共相。他那時態度比較理性，主張尊重法治，"縱然是國民公眾的舉動，也不能橫行"。既然學生打傷了人，就是現行犯，應接受司法審理，遵判服罪。不能因其所作所為是正義的，就可以犯法。那種"專顧自己不管別人"的大毛病，"是幾千年的專制養成的"。在這方面，參加運動的學生並不比普通民眾高明。也正因幾年來一些人經常"藉著'國民意思'四個大字不受法律的制裁"，才促成中國當時的狀況。

梁氏最後一語非常值得體味，即新文化運動對學生的"培養"是多義的，既有思想方面的提升，也有行為方面不受約束的鼓勵。不僅如此，由於五四運動"實在成功太速"，陡然把"學生的地位抬得很高，而各界希望於學生的也愈大"，出現了學生"虛名過於實際"的現象。尤其是6月3日軍警大批逮捕學生引動社會反應之後，"學生界奇軍突起，恍惚成了一個特殊的階級"。學生自己也產生出"'學生萬能'的觀念，以為我們什麼事都可以辦，所以什麼事都去要過問"，"常常站在監督和指導"其他人的地位，實際卻"什麼事都問不好"。

不過，"五四"雖然帶來某種"蓬蓬勃勃的氣象"，身為學生領袖的羅家倫自己卻不太樂觀，他聯想到中國在世界學術界明顯的"失語"，醒悟到過去"中國的社會固然是毀壞學者"，現在那種"忽而暴徒化，忽而策士化"的學生運動，也"一樣的毀壞學者"，故主張學生們應據性之所近有所"分工"，一些人不妨繼續街頭行動，另一些人則可轉而側重於真正與思想相關的"文化運動"。

至少一些《新潮》社同人分享了羅家倫的"覺悟"，傅斯年等《新潮》社主要成員都選擇了出國留學之路。然而此舉又讓一些時人感到失望。比他們小幾歲的楊鴻烈，就對那些"了解文化運動真意義的人大多數出外留學，這樣就丟下了他們未竟的工作"很為不滿。

在某種程度上是否可以說，學生運動對新文化運動的改寫，不僅是在運動的方向上。學生運動對社會的衝擊促使新舊之爭進一步白熱化，最終迫使陳獨秀離開京城；它也引起師生兩輩人的反省，學生中出現了分工的思路，而老師輩也開始走向分裂。年輕一代新文化運動骨幹成員的成批出國，以及老一代《新青年》同人的分道揚鑣，在很大程度上影響了新文化運動的發展和演變。

不過，學生運動雖然改寫了新文化運動，但後來一些發展，也可能是新文化運動的一種自然延伸，雖有轉折，卻不離初衷。真正改變時代或終結了五四時代的，是中國又一次的武裝革命。

"五四"後的十年是中國激變頻仍的時段。瞿秋白在 1926年初曾把五卅運動視為五四時代的終結，最具象徵性的變化是："五四時代，大家爭著談社會主義；五卅之後，大家爭著鬥階級鬥爭。"故"五卅"就像分水嶺，把"五四"推入了歷史。那時不少人或許都分享著類似的轉折感。但人們很快見證了更具根本性的轉變 —— 到拿槍的北伐這一國民的革命，才真正終結了一個時代。

朱自清在 1928 年反思從"五四"到北伐的十年，以為經歷了三個階段："從自我的解放到國家的解放，從國家的解放到 Class Struggle。"但後兩者"只包括近一年來的時間"，也可以說"前九年都是醞釀的時期"。其間可以"看出顯然不同的兩種精神"：前一段"我們要的是解放，有的是自由，做的是學理的研究"；後兩段"我們要的是革命，有的是專制的黨，做的是軍事行動及黨綱、主義的宣傳"。

具體言，"新文學的誕生"標誌著"新時代的起頭"，那是"文學、哲學全盛的日子"。到"五卅"前後，"社會革命的火焰漸漸燃燒起來"，社會科學書籍壓倒了文學和哲學。而根本的轉折是國民"革命爆發"。進入"革命的時期，一切的價值都歸於實際的行動"，已無須任何書籍，表明中國已從坐而言的時代進入了"行動的時代"。當一切言說都顯得無力，一切書籍都不需要，也就宣告了一個以文化為表徵的時代真正成為歷史。

在歷史記憶中，當時最受矚目的，後來不一定受人關注；昔年或只是"空洞"的口號，日後卻成了運動的標識。要理解"五四"和後五四時代，有必要簡單清理廣義五四運動即新文化運動的遺產。

三 新文化運動的遺產

五四時代的結束，多少也意味著一個同質性的"五四新文化運動"認知的大體形成（當然，說及具體，還是見仁見智）。同時"定型"的還有一些習慣性的言說，如前述制度革命或形式革命而思想不革命便不得謂為真革命的說法，後來就長期延續，傳承了從文化眼光看革命的思路。如果近代中國的革命是一個較長過程的廣義"大革命"，而文化又是其中的要項，則近代中國的歷史以及歷史中的"五四"，可能都還需要重新認識。

今日說到新文化運動，最多提到的是所謂"德先生"和"賽先生"。其實新文化運動真正改變歷史的地方，是我們正在使用的白話文。比較而言，"德先生"和"賽先生"到現在也還是一個發展中的狀態，而白話文的地位已經確立，且在可預見的時間裏還會延續。對中國來說，這是至少三千年以上的一個大轉變。在新文化運動帶來的所有歷史性轉變中，這恐怕也是唯一具體可見也可持續的變化。因此，百年後回看新文化運動，白話文地位的確立，是比"德先生"和"賽先生"更直接也更顯著的後果，具有更持久的影響。

後五四時代就已注意到文學革命之劃時代影響的人不多，黎錦熙是其中之一。他認為在中國現代史上，包括新文學和新文化運動的"國語運動"，是"比辛亥革命更為艱巨的一種革命"。因為辛亥革命雖然"將民族革命與政治革命一氣呵成"，甚至"連國體都變更了，卻也不過換一個名號叫做什麼'民國'，實際上仍是主權的移轉"。在中國歷史上，三千多年"就換了二十多個朝代，平均不過百餘年革一次命"，所以未必有多麼了不得。而國語運動則不然，是一次"牽涉了幾千年來的文化和社會生活"的革命。

稍後劉大白也以所謂"文腔革命"或"人話革命"來指代五四運動，認為它在中國革命史上的意義，"比辛亥的單純的民族革命底意義重大得多多"。因為這些革命者"敢於大膽地對於在文壇上稱霸了二千多年的鬼話文豎起叛旗、搖動它底寶座，比對於外族的一姓的佔據中國不過二百六十多年的滿清君主豎起叛旗、搖動它底寶座，意義重大到十倍以上"。

兩人的看法相似，均認識到使用白話文這一革命性變化的重要性在於它是幾千年來的第一次。他們也都延續了民初讀書人對辛亥革命的輕視——劉大白僅把辛亥革命視為推翻滿清的種族革命，而黎錦熙雖看到了國體的轉變，但仍強調幾千年一次的革命與三千多年就有二十多次的主權轉移有很大不同。無論如何，兩位都看到了白話文取代文言這一重大歷史性轉變。黎錦熙並且注意到帝制的終結，只是忽略了這同樣是幾千年來的第一次。

不過，他們這樣的認知並未得到多數人的呼應。相較於"德先生"和"賽先生"，不論是狹義的文學革命還是廣義的白話文（國語）運動，在後來的相關研究中都顯得有些默默無聞。

實際上，陳獨秀那段有名的"要擁護德先生，又要擁護賽先生"的名言，直到 1919 年《新青年》6 卷 1 號才出現。此前《新青年》言論的一個重心，應當就是文學革命。只是因為時人和後人對新文化運動遺產的認知逐漸朝著特定的方向傾斜，白話文取代文言這個幾千年一次的革命性巨變，才在潛移默化中身不由己地淡出了人們的歷史記憶，而讓"德先生"和"賽先生"獨大。

要說白話取代文言的重要轉變，胡適的貢獻是比較大的。北伐後胡適撰文梳理新文化運動與國民黨的關係，就明確指出："新文化運動的最重要的方面，是所謂文學革命。"這話似未引起後來研究者足夠的重視，但當時就有一些人表示了不滿，左派的任卓宣（其曾用名葉青更為知名）就專門反駁了這一說法。

任卓宣以為，胡適對新文化運動的總結，"不外第一白話文，第二白話文，第三白話文，翻來覆去地說"。這是因為"胡適底特長只是白話文。他在五四'文化運動'中所領導的，只是打倒文言文、提倡白話文這一文學革命中之文字和文法那種形式的改造運動"。其他各種活動，包括"介紹賽（科學）德（民主），並不是他領導的"。

雖然任卓宣是持一種批判的態度，他的觀察卻較為準確。尤其他指出了胡適的領導作用主要體現在文字和文法的形式改造，而對於推介"德先生"和"賽先生"，其貢獻就不比其他人（如陳獨秀）大。

對運動遺產的分疏，牽涉到後人對新文化運動的理解和認識。惟後之研究者似更看重時人怎麼說，而看輕其怎麼做。相比而言，"德先生"和"賽先生"已成為普遍歷史記憶中新文化運動的典型標識，而文學革命和白話文運動或更多存在於專業學者的研究之中。以今日的後見之明看，那兩個胡適貢獻不大的標識，仍然處於"發展中"的階段；而這個他貢獻特別大的，竟然就長留下來了。

胡適曾提倡"拿一個學說或制度所發生的結果來評判他本身的價值"，若從這一視角看，他說文學革命是新文化運動最重要的方面，不論當時是基於何種預設，有什麼樣的針對性，還真是一個準確的表述。我們如果模仿任卓宣的語氣，可以說到目前為止，新文化運動留下的真正永久性痕跡，第一是白話文，第二是白話文，第三還是白話文。

對一個人口數以億計的民族而言，改變其書面表述方式，是一件了不得的大事。這當然是有了長程視野的後見之明，從時人的言論看，彷彿不經意間就已獲勝的白話文似乎有些勝而不顯，而發展中的"德先生"和"賽先生"則不勝卻顯。

無論如何，中國需要"德先生"和"賽先生"，的確是"五四"後思想界獲得的一種共識。從那時起，一直很少看到直接反對兩位"先生"的言說，即使有也不太引人注意。從這個意義上言，"德先生"和"賽先生"既是新文化運動的標識，也是其遺產，不過有人把它們視作"西方文化"的代表，有人直接視之為"世界文化"的成就。

所以，作為標識的"德先生"和"賽先生"，其實負載著繁複而歧異的意義。鼓吹接受"德先生"和"賽先生"的人，可能有著很不一樣的憧憬、追求和寄託，因而也常常相互批評。如果以贊同和接受"德先生"和"賽先生"為標準，我們可以看到，很多激烈爭論、相互抨擊的人，其實具有共同的立場。而他們之所以彼此批評，恰因當時有著新舊中西以及世界與中國的區分。

一旦進入歷史記憶，作為運動的"五四"，或者歷史中的五四時代，也就結束了。作為一個同質概念的"五四新文化運動"，並非僅僅是在無意中"形成"，也包括當時人已開始、後人繼續推進的有意"構建"。那些將五四運動與辛亥革命聯繫起來觀察的做法，以及對各種正本清源努力的認知，包括"德先生"和"賽先生"最終被視為這一運動的標識，都說明人們很早就在創造一個具有同一性的五四新文化運動，不論是有意還是無意。

而上述種種構建努力，也揭示出那時的政治、文化運動本身就有很多"個性"。當事人或同時代人事後的不同觀察和認知，不僅彰顯出運動本身的歧異，也反映出不少人在嘗試彌合運動中出現的各種"歧路"。換言之，通過凸顯、忽視或刪略特定部分而使之"統一"的努力，恰展現出時人感覺到了運動中不小的差異，故不能不為之整合。

這類獲取"統一"體相的努力，不必是有意識的，更多恐怕是在無意中進行。甚至可以說，正因整合者各自的具體"戰役目標"不太一樣，甚至很不一樣，最後才形成了各方都可以"接受"

的"德""賽"兩先生這樣一個本身晚出、從未真正落實但更具有概括性也顯得"正確"的"五四"遺產。

由此得到分享的遺產看,在整合的進程中,狹義的"五四"可以說完敗於廣義的"五四",或者說新文化運動完勝了學生運動。因為學生遊行時所喊的標誌性口號是"內除國賊、外抗強權",而不是什麼"民主"和"科學"。故儘管學生運動改寫了新文化運動,它自己卻被後者所涵蓋,而漸失其基本的標識。另一方面,學生運動成功獲得了冠名權──作為整體的象徵,不論運動的廣狹,"五四"成為標準的稱謂。

從基本標識言,兩個"五四"含義其實各異,卻為大家所共用,從研究者到媒體,都不覺其間的衝突。這樣一種約定俗成反襯出一個實相,即不論是形象、實質或遺產,五四原本就不那麼"一元化"。其"統一"體相的存在,可能不過是經過未必有意的"協商"(negotiations)而產生的妥協。上面所謂大家"接受",也就是相對多的人這樣看而已。

且這樣的協商仍在進行之中,即使那被接受的"五四"遺產,也還長期處於某種"競存"的狀態──1923年的"科學與人生觀"之爭,大體代表了國人對"賽先生"的整體反思;北伐後的"人權論爭"和"九一八"後的"民主與獨裁"之爭,也可代表國人對"德先生"的整體反思。兩次論爭表明,作為"五四"遺產的"德""賽"二先生,在很長時間裏仍處於一種"任重而道遠"的發展狀態(迄今亦然)。

到 1948 年，王鐵崖總結說，"五四運動的目標是民主與科學"。但"五四運動縱然不是完全失敗，至少沒有達成其原定的目標"。運動三十年後，"我們還沒有真正的民主，科學也沒有發生其真正的作用"。民主和科學"變成裝飾品，完全失去意義"；反倒是"白話文與學生運動，延續了五四運動的反傳統、反權威與追求真理的精神"。因此，"五四運動只限於文化的局部"，還應當"從文化的局部，走到政治、經濟、社會的各方面"。

王鐵崖恰是在狹義"五四"的週年述說廣義的"五四"。在某種程度上，他所看到的就是"五四"的實際遺產和象徵性遺產的差距。王氏自己還在鼓吹一個"新五四運動"，其實所謂以民主和科學為原定目標的五四運動本身，就已然是個"新"的五四運動了。或許從 1920 年起，"五四"就開始被"新"，幾十年間已經被"新"了很多次，後來仍在繼續。在此被"新"的進程中，"五四"也在逐漸定型中模糊了原型，失去了鮮活。

我們久已習慣於把一種有代表性的傾向視為"整體"，實則歷史現象至為繁雜豐富，在地大物博的中國，當年的社會也應是一幅"林子大了什麼鳥都有"的圖景。就像余英時先生所說，對不同的人，"五四"就像"月映萬川"那樣因人而異，"同是此'月'，映在不同的'川'中，自有不同的面目"。所以他對於"五四"，"還是希望求得更深的理解"。

柯林伍德提出，自然過程中的"過去"一旦被"現在"所替代，就可以說消逝了；而歷史過程中的"過去"則不同，"只要它在歷史上是已知的，就存活在現在之中"。正是歷史思維使"歷史的過去"成為"一種活著的過去"。故不能被後人認知和重新思考的，便等於尚未進入歷史過程。如今很多人正在思考怎樣繼承"五四遺產"或是否應當跳出"五四的光環"，他們側重的，或許就是我們心中能夠重新思考的那個"五四"。

但蒙思明看法稍不同，他認為："歷史本身的演變，一氣相承，川流不息。"某事有無史料保存，只影響我們的歷史知識，卻無關於歷史本身。一件事的史料消亡，或不被記憶、認知，既不意味著史無其事，也不能說該事件"對於我們當前的生活與思想就無影響"。從這個意義上看，我們的生命中本已融匯了無數過去的生命，而歷史也就意味著過去的生命融入了我們的生命。即使在歷史言說中"不知"（或在歷史記憶中一度隱去）的"過去"，也依然影響著"我們當前的生活與思想"。

已成往昔的五四新文化運動，一直是顯著的已知而不是失語的不知，儘管我們所知的可能更多是一個構建出的"過去"。不論我們對其已知多少，"五四"也像一切歷史那樣，早已活在我們的血脈之中。從這個角度言，"五四"給我們的影響，恐怕是招之未必來，揮之難以去。但作為歷史的"五四"，卻仍然需要探索和了解。

畢竟那是一個充滿了矛盾、衝突和激情的時代，發生在當時的任何事情，多少都帶有時代的烙印。"五四"本身，也特別需要作為一個充滿了矛盾、衝突和激情的豐富歷史活動來理解和認識。在那些歷史記憶中曾經隱去或為人所 "不知" 的 "五四" 面相進入我們的歷史言說、成為我們心中可以重新思考的 "歷史事實" 之後，不僅我們認知中的 "五四" 會與過去不一樣，我們的 "生活與思想" 也可能有所不同。

（原刊《澎湃新聞・上海書評》2017 年 7 月 22 日）

從新文化運動到北伐的文化與政治

　　聞一多在 1923 年曾說出一段很像狄更斯《雙城記》裏的話："二十世紀是個悲哀與奮興底世紀。二十世紀是黑暗的世界，但這黑暗是先導黎明的黑暗。二十世紀是死的世界，但這死是預言更生的死。這樣便是二十世紀，尤其是二十世紀底中國。"對身處中國的讀書人來說，20 世紀是一個充滿矛盾和緊張的時代，許多人正是在各式各樣的希望和失望伴隨下蹣跚前行，與時俱往；還有人帶著類似的經驗走過了那一世紀，又走進了新的世紀。

　　在 20 世紀之中，從新文化運動到北伐的十餘年，又是一個激變的時代，那時的世局幾乎可以說是年年翻新，一年一個樣。其間的五四學生運動確有些像是一個分水嶺，將此前和此後的時代潮流大致區隔。時在中國的杜威描述進行中的五四運動說："我們正目睹一個民族 / 國家的誕生（the birth of a nation），而出生總是艱難的。"

　　這大概是那時比較 "親中國" 的在華外人的共識，據當年美國駐華公使芮恩施（Paul S. Reinsch）的回憶，法國公使在五四運動之後即說，"我們正面臨著一種前所未有的、最令人驚異的重要現象，即中國為積極行動而形成了一種全國性的輿論"。芮恩施自己也認為，"中國人民從巴黎決議的不幸中產生出一種令人鼓舞的民族覺醒，為了共同的思想和共同的行動而結合成一個整體"。他們的言論中隱含著中國此前尚非一個"民族 / 國家"的意思，這且不論；但這些觀察者都看出中國正在發生一個帶根本性的變化，卻大致不差。

在差不多同時，北大學生傅斯年遠不如這些外國人那麼樂觀，在他看來，中國當時不僅有嚴重的城鄉疏離，且"大城市的一般社會"也以"互不接觸"為特徵；"職業一有不同，生活上便生差異，思想上必不齊一。在一個大城裏，異樣的社會，很少社交的關係。至於聯合起來，而營社會的共同生活，造出一個團結的組織，又就著這組織活動去，更是談不到的"。但傅斯年也從五四運動看到了希望，斷言"從五月四日以後，中國算有了'社會'了"。

基本上，"五四"後出現一個具有詭論意味的現象：一方面，很多人因為對政府甚至政治的整體失望，而如梁啟超所說"覺得社會文化是整套的"，於是"漸漸要求全人格的覺悟"，進而探索"文化"方面的深層變革；另一方面，學生運動又使前此大受青睞的"個人"開始淡出，思想和行動都轉而朝著強調群體的方向發展，不少知識精英關注的重心開始由文化向政治轉移，並在新的意義上"再發現"了坐而言不如起而行的舊說。[1]

其間一個顯著傾向是"社會"的改造一度大受關注,梁啟超總結的近代士人"覺悟"由器物到政制再到文化的階段性演變常為人引用,而傅斯年則認為"社會"是文化之後更進一步的發展階段。他在 1919 年說:"中國人從發明世界以後,這覺悟是一串的:第一層是國力的覺悟;第二層是政治的覺悟;現在是文化的覺悟,將來是社會的覺悟。"傅氏心目中的"社會"有其特定的含義,在這四層遞進演變中,前兩層和後兩層又相對接近,多少體現出梁啟超所說的"社會文化是整套的",也分享著一些時人對政治的排拒。

傅斯年明言:"凡相信改造是自上而下的,就是以政治的力量改社會,都不免有幾分專制的臭味;凡相信改造是自下而上的,就是以社會的培養促進政治,才算有徹底的覺悟了。"可知其所認知的"政治"與"社會"有著上下的對應關係,且隱約可見今人喜歡掛在口上的"國家"之身影。[2] 鄭振鐸等人那時組織了一個"社會實進會",要"向著德莫克拉西一方面以改造中國的舊社會"。他們也強調其"改造的方法是向下的",要"把大多數中下級的平民的生活、思想、習俗改造起來"。

1　馮友蘭在 1918 年區分新學生與舊學生的標準,頗能體現這類傾向,以為"新學生之生活為群眾的,舊學生之生活為單獨的";且"新學生注重實際,舊學生注重空談"(《新學生與舊學生》)。

2　前人之"國家"(state)觀較嚴,梁啟超在清季便曾區分朝廷與國家,而民初人也常欲區分政府與國家;而今人則放得甚寬,鄉村中包攬稅收者頗近往昔之夫役,也多被視為"國家"的代表。

"德莫克拉西"一語點出了這類"自下而上"變革觀的西來淵源，此實濫觴於清季。熊十力後來回憶說，他少時讀嚴復所譯《群學肄言》，曾引發"一個重大的感想"，即"感覺中西政治思想根本不同"：中國自古以來"論治，通同是主張'自上而下'的"；而《群學肄言》表現的"西人言治，是'自下而上'的"。他當初"極端贊成西洋的思想"，所以曾參與革命。辛亥後發現革命黨"新官僚氣味重得駭人"，比袁世凱也強不了多少；"一時輿論都感覺革命只是換招牌"，於是退而獨善其身。到"九一八"之後，眼看"一天大亂一天，極於今而有亡國滅種之懼"，終"感到中國自上而下的主張確有其不可顛撲的真理"。

這樣的"後見之明"不一定為多數人所分享，但類似的反省心態可能是"九一八"之後相當一些尊西趨新的知識精英開始鼓吹"獨裁"的心理基礎，與稍後的"全盤西化"和"中國本位文化"一類爭論大致同屬一個"時代"，那是後話了。至少在"五四"到北伐期間，"自下而上"的社會變革觀還是更佔上風。不過，對相當一些人而言，"社會改造"之所以受到青睞或許恰因"社會"帶有調和或綜合政治和文化兩趨向的意味，它既不那麼政治化，又比文化和思想更具體實在，同時還常能包容個人與群體兩方面。

胡適後來說，中國現代思想的分期約以 1923 年為界分成兩段，前一段多"側重個人的解放"，後一段則屬於反個人主義的"集團主義時代"。若仔細考察，重群體的傾向在"五四"當年已開始興起，或可將 1919－1925 年間看作兩種傾向並存而競爭的時期，即瞿秋白所說的"新文化思想"與鼓吹社會主義、研究勞動社會問題兩造的"混流並進"；雖然是並存並進，畢竟"集體"漸佔上風，到"五卅"後，"個人"基本喪失競爭力，終不得不讓位於"集團主義"。北伐的突飛猛進，多少也藉此思想的東風。

在個人與集體混流並進的同時，側重文化和政治的兩種傾向也在衝突競爭中互動。老革命黨張繼在"五四"前夕給《新潮》雜誌寫信說，民國代清後，"中國的國門，只換了一塊招牌，思想風俗一切全沒有改"。依據"一個時代有一個時代的文章"的見解，中國政體雖變，"戲劇文學仍照滿清帝政時代的樣子"，可知其"思想仍是歷史傳來的家庭個人主義"；而"風俗如婚宴喪祭，與非洲的土人相去不遠"。這樣的思想風俗難以產出"共和政治"，故他認為，《新潮》諸君"主張廣義的文學革命，即是思想革命，真是救中國的根本方法"；只要得著"多數有知識的人贊成，我們這個民國的招牌可望保的住"。

《新潮》社的羅家倫在"五四"後幾個月覆信說，他"極力贊同"張繼的見解，並"認定中國現在政治社會的不良，就是人民的思想不曾變換"。他以為，袁世凱等也是"中國的社會害他們的"；若其生在美國，而"中國的人民有美國的人民那種覺悟"，或不敢有做皇帝的夢。如果"大家的思想不從速受過一番革命的洗禮，則正如先生所謂，'民國的招牌'是保不穩的"。

羅家倫申論張繼的見解說："文學革命不過是我們的工具，思想革命乃是我們的目的。"

類似見解那時為不少人所分享，新文化運動之外的梁濟和徐世昌都表示過類似的主張。希望以殉清而警醒世人的梁濟提出的"救亡之策"，是"必以正心為先"；總統徐世昌也認為，對不良政治的"箴救之道，首在轉移風氣，使國中聰明才智之士，從事於社會經濟實業教育，以挽此政爭狂熱之潮流"。兩人的思慮相通，他們都同意政治上治亂的源頭在思想社會，也當從思想社會著手解決。

這也是羅家倫那段時間的一貫思想，他特別強調，"思想不革命，行為是不能革命的"；為保持行為的革命性，更需要思想方面的努力。蓋"'五四''六三'的結果，只是把全國的人弄'動'了"。由於"動的影響"，群眾運動的主體"群眾"本身已感覺到"知識的饑荒"，要"趕快接濟他們知識的糧草"。重要的是，"中國的存亡"可能"正在這一'動'"，如果知識的糧草"接濟得好，這一動就成了永久的活動；接濟得不好，這一動就成了暫時的衝動"。

羅氏對五四運動帶來的轉折有切身感受："五四"前以受壓迫、須苦戰為特徵，雖保持不敗而仍"覺得是很危險的；五四以後，形勢大變"，處處都在談新思潮，處處都看到新出版品。不過，他認為對"這種蓬蓬勃勃的氣象"不能太樂觀，中國在世界學術界的"失語"現象是明顯的。故"中國的社會固然是毀壞學者"，學生運動的"暴徒化"和"策士化"也同樣"毀壞學者"。學生們應據性之所近有所分工，一些人不妨繼續走上街頭，另一些人則需轉而側重於"文化運動"。

這樣，在傅斯年、羅家倫等學生輩則選擇了出國留學之路的同時，一些老師輩反逐漸關注政治，胡適就是其中之一。這兩種傾向都有時人感到失望：楊鴻烈對那些"了解文化運動真意義的人大多數出外留學，這樣就丟下了他們未竟的工作"很為不滿；孫伏園則認為"文化比政治尤其重要，從大多數沒有知識的人，決不能產生什麼好政治"。他強調，"胡適之"三字的可貴，"全在先生的革新方法能在思想方面下手，與從前許多革新家不同"，並希望把"已被政治史奪去了的"胡適"替文化史爭回來"。

從新文化運動初期讀書人不議政不為官的普遍主張，到1922—1923年"好人政治"和"好人政府"觀念的提出，是民初思想界的一大轉折；兩者幾乎完全背道而馳，而胡適等知識精英兩次都是倡導和參與者。對胡適而言，除了社會政治大背景的轉變，也有一些個人的推動因素。在1921年夏秋，從他的老師杜威到美國名記者索克思（George E. Sokolsky），以及訪華的美國社會學會會長狄雷（James Q . Dealey），都共同責備中國讀書人沒有盡到知識分子應盡的"社會良心"之責，終使胡適產生了同感。所以，針對孫伏園的質疑，胡適解之以"沒有不在政治史上發生影響的文化"，也不應"把政治劃出文化之外"。

但精英取向的"好人政治"不久即宣告失敗，此後"天下興

亡，匹夫有責”這一傳統觀念可見明顯的復興（這對反傳統的
五四人實具諷刺意味）。對許多邊緣知識青年來說，天下要擔負
在他們肩上是個非常直接的感覺。不僅學生輩的王光祈宣佈：
“世界的新潮流已經崩山倒海的來了，要想適應這新潮流，自然
是全靠我們青年”；老師輩的北大教授陳啟修在 1923 年北京學
生聯合會的 “五四紀念會” 上演說，也主張打倒軍閥和國民外交
“這種政治事業，在中國全靠學生來擔任”。

　　到五卅運動之後，此前處於競爭中的各傾向基本有了結果：
群體壓倒了個人，政治壓倒了文化，行動壓倒了言論，可以說開
啟了一個新的時代。西來的 “到民間去” 的口號在 “五四” 前後
已開始在中國傳播，此時有了更明確而直接的意蘊，國共兩黨的
工農運動以及 “村治” 派的出現等都可視為這一大趨勢的不同側
面。更直接的政治變動，當然是國民黨領導的北伐戰爭。所以，
國民革命不僅有其自同盟會以來的內在思想理路，也呼應著民初
思想社會的演變。

　　在前引聞一多的同一文中，他也說到 “二十世紀是個動的世
紀”。二十多年後，朱自清描述當時的社會說：“這是一個動亂
時代。一切都在搖盪不定之中，一切都在隨時變化之中。” 這話
大體適用於從新文化運動到北伐這一激變時代，不過兩個時段還
是有著較大的差異：在連年征戰之後的 40 年代後半段，“動亂”
確已深入老百姓社會生活的基層；而在北伐特別是第二次直奉戰
爭之前，因為長期沒有較大規模的戰爭發生，“搖盪不定” 的特

徵更多體現在相對上層的思想文化和政治，那時讀書人眼中的
"民不聊生"，其實頗具構建的成分。

　　然而即使對這樣的"動亂"，讀書人的反應也很主動。聞一
多便說："二十世紀是個反抗的世紀。'自由'底伸張給了我們
一個對待威權的利器，因此革命流血成了現代文明底一個特色
了。"聞先生說這話是在 1923 年，以今日的後見之明看，真正
厲害的"革命流血"還沒開始，他的表述或更多是"預言"而已。
不過，因嚮往自由而反抗威權乃是當時讀書人的基本心態，儘管
他們認知中的"自由"和"威權"都不免帶有幾分想像的色彩。
而一步步走向"革命流血"也的確是北伐前的時代特徵。

　　從新文化運動到北伐這一時段裏各種思想觀念、行為取向和
政治勢力之間的競爭，既包括文化和政治領域裏的權勢和控制之
爭，也涵蓋士人為尋求中國出路和解決中國問題的上下求索。這
些因素在競爭中的相互作用，特別是文化與政治的關聯互動程
度，遠超過我們已有的認識，還應結合起來進一步考察分析。

　　自清季中國新史學提倡"民史"以來，以"君史"為表徵的
政治史至少在意識層面曾被拒斥。梁啟超在 1922 年提出，當時
中學國史教科書及教授法的主要缺點，是其內容"全屬政治史性
質"，而將"社會及文化事項"視為附庸。其實，不僅"政治史
不能賅歷史之全部"，根本是"舊式的政治史專注重朝代興亡及
戰爭，並政治趨勢之變遷亦不能說明"。他明確提出"以文化史
代政治史"的建議，擬將全部中國史縱斷為六部，即年代、地

理、民族、政治、社會及經濟、文化。其中後兩部的篇幅佔全書之半，而政治僅佔約六分之一。

這裏的"文化"本身兼有廣狹兩義，狹義的文化即作為六部類之一但又佔據較多篇幅的文化史；但還有一種廣義的文化是包括政治的。後者是一些時人的共識，胡適在大約同時也提出一種"專史式的"整理國故方式，主張"國學的使命是要使大家懂得中國的過去的文化史，國學的方法是要用歷史的眼光來整理一切過去文化的歷史，國學的目的是要做成中國文化史"。他進而將系統的"中國文化史"具體分為十種專史，其中就包括經濟史、政治史和國際交通史。

梁啟超把"現行教科書中所述朝代興亡事項"全部納入"年代之部"中，由於"一姓之篡奪興仆，以今世史眼觀之，殆可謂全無關係"，故這一部分"所佔篇幅不及全部二十分之一"。從今日眼光看這應算是"政治史"。他另外還為政治史留了一點餘地，即在其設計的佔六分之一的"民族之部"裏，"專記述中華民族之成立及擴大，其異族之侵入及同化，實即本族擴大之一階段也，故應稍為詳敘；而彼我交涉之跡，亦即形成政治史中一重要部分"。民族間的人我關係以及中外"彼我交涉之跡"，確為不論哪種意義的政治史和文化史中一項特別重要的內容，其所佔比重也反映出民初史學所受西方治史那"四裔"傾向的影響（章太炎在 1924 年批評當時史學的弊端，其中一項就是"審邊塞而遺內治"）。

在已經縮微的政治部分裏，梁啟超主張"對於一時君相之功業及罪惡，皆從略"；而"專紀政制變遷之各大節目，令學生於二千年政象，得抽象的概念"。這雖是針對中學生的有意省略，且有明顯的道德考慮（即淡化傳統政治中"機詐黑暗"的成分），然矯枉過正的傾向性仍太強。試想一部全無"君相之功業及罪惡"的中國政治史，的確也只剩一些"抽象的概念"，恐怕難以達到梁氏希望使學生產生興趣的目的。把上述內容加起來，政治史在整體史學中所佔的比重也低於四分之一，的確是面目一新的通史。

不過，20世紀中國新史學的"民史"傾向是說得多做得少，在相當長的時期裏，包括近代史在內的中國史仍以政治史（逐漸包括經濟史）見長。只是到了近一二十年，關於政治、經濟、外交等方面的史學論著開始減少，而以思想、社會和學術為主的專門史逐漸興起。這裏既有學者的自覺努力（即有意彌補過去所忽略者），也受到海外學術發展的影響，可能還隱伏著傳統的某種再現。[1]

在政治史幾乎成為史學"普通話"的年代，各專門史在保全各自的"方言"層面多少帶點"草間苟活"的意味；今日政治史雄風不再，即使研究政治的也往往摻和著一些專門史的"方言"

---

[1]　思想史和社會史在今日西方均已呈衰落之勢（關於社會史可參見周錫瑞：《把社會、經濟、政治放回二十世紀中國史》，《中國學術》第1輯，2000年春），而學術史似從未成為西方史學的重要門類，故學術史在中國興起的動因恐怕更多要從內部尋找，且不排除其體現著對民國代清以後經學被擯棄的某種反動，雖然未必是有意識的。

風味，多把政治放在文化與社會的大框架中進行論證分析。我以為這是一個好現象，蓋任何"新"領域的探索都可能使學者對一些滑向邊緣的既存領域產生新的認識；部分因為葛蘭西的影響，權力意識已有力而深入地被引入各專門史之中（在性別、族群等新興專門史中尤其明顯），這些專史所提供的新權勢關係很可能改變我們對"政治"的觀念，從而導致政治史這一過去積累豐厚的領域之"復興"。

其實近年政治、外交等專史的淡出多少也因為一些學人的邊界和門戶意識太強，非此即彼，不免存在西人所說倒洗澡水連同小孩一起倒掉的傾向，而忽略了文化、社會、思想、學術等與政治之間那千絲萬縷的關聯。尤其中國士人重視政治的傳統在近代不僅沒有減弱，甚至有所增強：從頭髮到腳的身體處理一直未曾離開政治的青睞，常呈現出泛政治化的傾向；就連"讀經"和講授"國學"這類看似"迂遠"之事也每次"出現"都受到相當廣泛的社會關注，引起許多爭辯，往往牽連到國家民族的發展走向等重大問題。可知近代中國能"脫離政治"的課題其實不多，若沒有堅實的政治史基礎，治其他專史也很難深入。

不論史學各子學科在多大程度上具有"合理性"，邊界明晰的學科認同原非治史的先決條件，各科的"邊界"多是人為造成並被人為強化的。史學本是一個非常開放的學科，治史取徑尤其應該趨向多元；最好還是不必畫地為牢，株守各專史的藩籬。《淮南子·氾論訓》所說的"東面而望，不見西牆；南面而視，不睹北方；唯無所向者，則無所不通”一語，最能揭示思路和視角“定於一”的弊端，也最能喻解開放視野可能帶來的收穫。梁啟超和胡適當年“以文化史代政治史”的設想雖未免有些矯枉過正，至少也提示了一種結合文化視角考察分析政治的取向。

（原刊《社會科學研究》2006 年 4 期）

轉折時代的歷史敘述 [1]

20 世紀中國史上有三次導致政權更迭的武裝革命，次次都改變了歷史。以北伐為表徵的國民革命，是三次中的第二次。十多年前，大約是在 1996 年，我曾受李新先生和汪朝光兄所命，參與中國社科院近代史所《中華民國史》第五卷（1924—1926年）的編寫。我向少參加所謂集體項目，對於通史，更因學力不足，避之唯恐不及。然李新老是鄉前輩，在我大學初畢業時就曾對我青眼相加（我那時尚未讀過碩士，李新老卻託匡珊吉老師告訴我，可以直接報考他的博士）；而朝光兄則歷來對我多方關照，若無他多年如一的鼎助，我的很多研究都無法完成。在這樣的背景下，自然也就無法推辭了。

這一卷原擬由我獨撰，也曾為此到各地搜集了大量檔案資料，各章也都開始撰寫，預計在五六年內完成。後來李新先生身體不好，朝光兄望其速成，乃命提前完卷。不得已，只能請朋友襄助，轉成一集體合作之書。故這一卷的前期編務，從章節設計到聯絡作者，我個人參與較多；後來的聯絡、推動工作，包括不

1　本文原為《中華民國史》第五卷編寫感言

少文稿的審訂修改，則基本由汪朝光兄一手操辦（曾建議朝光兄領主編銜，或更利銷售，他為人謙退，堅辭不受）。由於種種原因，個別章節的寫作遷延時日，竟至刪除，而全書的出版也一延再延；最近全套《中華民國史》十六冊終由中華書局出版，本卷亦在其中。早知如此遷延，還不如當初一手完成，或更不負師友之託。

按照章學誠的看法，"通史"就是區別於斷代史的。然而李新先生主編的這一套《中華民國史》，或可視為一種"斷代通史"，即更多是區別於"專著"意義而言的通論性史著，又多少帶有"一家之言"的意味，不盡是整合學界已有共識的內容（實際的狀況是對很多內容本缺乏共識）。此前我對於撰寫這類斷代通史，全無概念。最初的設計，包括稍多思想、社會、教育和學術方面的內容。後李新老面示：本書只寫政治，其餘留給別的專史去論述。我的理解，他所說的"政治"，不是從文化、社會、思想、行為等視角進行觀察的廣義政治，乃將相關的五章盡行刪去。蓋本書畢竟只是全書中的一卷，體例上自不能立異。而這次實踐的過程，也使我對這類斷代通史的寫作，有了一些感受。

一　斷代通史的寫作

儘管許多學者主張通論性著作的撰寫應建立在專題研究的基

礎上，但 20 世紀中國新史學則可見一個幾乎完全相反的現象，即通史領先於專題論著。在新學術典範草創的初期，出現這樣的現象可以理解；以後當如何做，似乎仍是一個先有雞還是先有蛋的無答案問題。就像窮盡史料幾乎不可能一樣（唐以前的古代史或能相對地 "囊括" 所有史料，宋以後到近現代史則少有人敢作此想。當然確有人不僅敢想，而且敢說，然不過體現其膽量過人而已），先完成 "所有" 的具體人物、事件的研究再進行通論性陳述雖然顯得更理想，在操作上實不可能；但如果沒有相當數量具體研究的積累，便貿然進入通史的寫作，一般人恐怕也難有所成。

我的想法，通史著作與一般專著和論文都不同，既要盡可能充分容納既存的學術成果，但又不能止於僅僅整合既存研究，因為它本身也是一項研究性的工作，應當言人所未言，針對學界忽視或重視不足的面相，寫出研究者自身的認識，以補充、推進和發展現有的學術見解。對具體人物事件的表述，通史應盡可能鋪陳那些基本得到學界普遍認可的內容，但也不妨提出一些尚待進一步研究的問題和思路，為有興趣的讀者或潛在的後之研究者提供思考的餘地。

另一方面，通史的寫作更要為讀者考慮。陳訓正以為，"紀事之作，要以文不亡質、樸不失陋為貴"。史作 "為行遠計，不可入俚語；為通俗計，不可使奧辭"。這是針對非專業讀者的美意，但從研究的角度言，若所及對象本身或常用俚語（如民眾生活史或像元代這樣的特定時段），或習於奧辭（如治經學、小學及思想史、學術史），則迴避俚語、奧辭的結果似可能造成後之史著與所述時代之人和事的疏離。故陳寅恪提出的"解釋古書，其謹嚴方法，在不改原有之字，仍用習見之義"，也是不能不考慮的因素。

史書為忠實於往昔之人與事，當盡量接近歷史原狀；但為讀者特別是後之讀者計，又應爭取超越撰史者所處之當世。今人不能離今世，故史家面臨的現實是不能不運用後起概念作為詮釋歷史的工具，但必須強調以歷史當事人的時代關懷和當時的概念工具為基礎。同時，任何著作都不能避免所處時代的印記，若放眼未來，多為後之讀者著想，又似應從主觀層面盡量爭取少受研究者時代學術觀念的束縛；比較理想的，是在充分整合既存成績的基礎上，寫出具有"跨時代"意味的歷史敘述，以延長史書本身的生命力。這或者即是我們努力的方向吧。

具體而言，通史的寫作似乎應在過度詮釋（over-interpretation）和過分文獻化（over-documentation）之間保持一種平衡，既不宜懸空議論太多而近於"非小說"的寫法，或因其是通史便可言而無據；也不宜引用太多的原始資料，而造成"通史不通"的結果。本卷的最後一章，寫法就與前幾章不甚同，它帶有一些總結的意味，又不全是總結，既要敘述不少前面未曾述及的內容，又不時涉及前面各章已有所陳述的內容。不過後者不是"重複"，而更多類似章學誠所說的"互見"——前後所述不僅詳略不同，有時所持見解也未必一致。

蓋本卷既已成為集體作品，各章作者對 "通史" 的寫法顯然有著自身的理解，寫作風格也不盡相同。當初對是否進行整合性的 "通稿"，頗費斟酌。蓋各章文風固異，識見亦深淺不一；若要 "統一"，是 "就高" 還是 "就低"？前者或勢有所不能，後者恐情有所不甘。後來決定，只要不涉及與史實相關的重要衝突，編者對各章陳述，基本不做大的處理。好在讀者非阿斗，既知此為集體著作，則各有其特色，反可展現史學表述的多樣化。

我想，儘管撰寫者皆相當認真努力，本卷每一章節也都不過是階段性的研究結果；不僅資料遠未能窮盡，且由於大部分章節完成於 2003 年，國外的相關論述參考明顯不足，就是海峽兩岸一些新近的研究成果，我寫序言時已看到，也不及吸納，故各章可以說都還需要進一步深入探究。好在我們原不奢望為這段歷史下定論，如章開沅先生所說："歷史是已經畫上句號的過去，史學是永無止境的遠航。" 歷史事件可以有邊界有始終，而歷史研究和史學表述則似無涯之旅，惟期於茫無垠際間漸入佳境而已。

二　北伐前的政治特點

本卷名為《轉折：1924 — 1926 年間北洋體系的崩潰與南方

新勢力的興起》，涵蓋的時間是 1924—1926 年（止於當年的北伐）。其重點在梳理北伐前中國政治軍事的變化，以為北伐的發生做鋪墊。而其核心內容，則是北洋體系的崩潰與南方新勢力（相對於當時常被稱為 "西南" 的南方既存勢力）的興起，而以第二次直奉戰爭與五卅事件為中轉。然而，由於技術性的原因，原設計中特別吃重的《第二次直奉戰爭及其影響》一章，最後竟不得不捨去，致使本卷出現 "網漏吞舟之魚" 的重大缺陷，這是必須向讀者致歉的。

昔章太炎論著史說，讚 "紀事本末比看編年體更簡便"，問題在於，"要緊的事，並不在事體大小；紀事本末只有大事，沒有小事，就差了"。此真卓見！歷史上 "事" 的重要與否本不取決於其 "大小"，且什麼事 "重要"，甚至事的 "大小" 本身，也都是發展變化的；不同時代的人，其眼中的大小輕重，固可以有很大的不同；同時同代的研究者，其視野中研究對象的大小輕重，也可能有較大的不同。所以至少相對而言，紀事愈多，則愈能兼顧事的大小輕重。但一則篇幅有限，二因認知不同，不論編撰者是否有 "一家之言" 的想法，也都對史事有所去取。

例如，國共合作及其在南方的發展，本是這一時段的大事，但也因為李新先生主編的《中國新民主主義革命史長編》的存在，兩書主編同為一人，且《中國新民主主義革命史長編》的《國民革命的興起》一卷已用了八萬字的篇幅論述同一主題，本卷反可稍略。凡與該卷見解相近的內容，本卷皆簡略出之。同時，遵循本書為"民國史"而非"中共黨史"的主體性，盡量多從國共兩方面而不是從中共一方面去考察；對於其間的"中山艦事件"，也主要從國民黨派系的新陳代謝（而非國共之爭）角度論述。

有意思的是，按照黎澍先生的總結，20世紀50年代以來大陸中國近代史研究的一個缺點就是追隨"國民黨觀點"，往往不從歷史實際出發，不充分研究材料，而以領袖、黨派劃線，跟著國民黨人云亦云。類似傾向其實在西方也多少存在（未必是有意的），而在中外民國史研究中尤其明顯。而以領袖、黨派劃線一點，在國民黨旋律影響下的史書中表現特別明顯。如對北伐前兩廣與湖南各武裝勢力的整合，率多偏於黃埔軍東征一線，且往往將討伐對象徑稱為"新軍閥"，而忽視其本是從同盟會時代走過來的"老革命"。不幸為黎先生所言中的是，大陸過去不少論著，也都或多或少沿襲著類似的論述取向。

本卷的研究和撰寫，特別注意到黎先生上述睿見，希望能對類似的"國民黨影響"稍有突破。在整體佈局上較既存研究更多論及北方的軍政演變，特別是北洋體系文與武兩方面的內在變化（遺憾的是，原擬以一章的篇幅對國共以外其他黨派的政治活動進行專題論述，後也夭折）。而對於南方，則不僅重新審視了廣東革命陣營內的新舊交替，也盡可能仔細地論述了廣西與湖南的武力整合。

李璜當時曾說："在中國現時，除了國內，還該當留心到國際。中國的經濟權大半都操在外人的手裏，政治權也很不能自由。明白些說，就是近代中國的改革主張，還該當與外國人有個商量的餘地。"當年"外國在華存在"（the foreign presence in China）已成中國既存權勢結構的一個組成部分，對於這一重要時代背景，應有足夠的認識。那些年內外因素的糾結已相當深，涉外的關稅、法權會議的成敗，必須與中國內政特別是內爭聯繫起來考慮；而南方聯俄及南北之爭等大事，也都與國際競爭（特別是英俄的宿鬥）息息相關。故本卷對內政與外力的互動結合考察，進行了較多的論述，更側重揭示了蘇俄帶來的新型政治運作方式對中國政治的整體影響。

但畢竟這是一項集體的合作成果，對上述想法的貫徹實不一致。而且，要對自己也在其中的集體作品有所評論，也是非常困難的事。我在撰寫序言時，就頗感分寸較難把握：因為是集體合作，且個人在其中所佔比重不甚大，自不能不代言各作者之成績，似不應太過謙退；然自己畢竟是參與者，且比本卷多數作者參與時間更長，又不宜有較多的"豪言壯語"。故序言中若有"大言不慚"之處，敬祈見諒；所述若有違各作者之原意，自然由我負責。我可以說的是，本卷若能真正起到引玉之磚的作用，推動學界對這一重要轉折性歷史時段的關注和研究興趣，相信參與者都會感到欣慰。

（原刊《南方都市報・閱讀週刊》2011 年 9 月 19 日）

叩其兩端：淺議抗戰史研究

　　我自己的學術生涯，是從抗戰時期的中美關係開始的。當年的本科畢業論文是討論史迪威事件的，那時不知天高地厚，曾給《近代史研究》投稿。編輯部回信說要修改，一是要對刊物剛發表的何迪等《抗日戰爭後期美國對華政策的演變》一文有所呼應，二則對我進行了具體指教，說不宜引別人的話作論文的結論。蓋拙文最後引了梁敬錞《史迪威事件》一書的見解，彷彿全文不過是在論證他已有之見。對此指教我非常佩服，立即進行了修改。但對第一條，那時年少氣盛，感覺已發表的論文是通論，我的是專論，無意添加呼應的文字，於是改投川大學報了。現在當然明白，編輯的苦心是要將拙文引入學術之流，免得成為向隅孤立的文字。

　　那時似乎川大老學長夏良才在編輯部工作，或是他看到來自母校的論文，所以青眼相加（但回信並未署名，這僅是我的猜想）。據說《近代史研究》主編、編輯這樣幫助年輕學者已成常態，使不少年輕人的學術成長更加順利。雖因自己少不更事，未曾遵示修改，但這兩條意見對我此後治學大有啟迪，也是一段溫馨的記憶。

　　大學畢業參加工作後，領導指定我教"世界近代史"一課。而個人因為給外國人上中國通史，研究興趣差點轉向了先秦社會史。後來參與顧學稼師主持的《美國通史》1898—1929年一卷，仍寫中美關係（那卷通史本已完稿，不知何故未能出版），也因此先到美國新墨西哥大學追隨寫《芮恩施傳》（芮恩施，是威爾遜時代美國駐華公使）的蒲嘉錫（Noel H. Pugach）教授讀書，後又到20年代美國駐華公使馬慕瑞（John V. A. Macmurray）文獻所存的普林斯頓大學唸書。這樣就與抗戰史漸行漸遠，現在已成名副其實的外行了。

　　因此，高士華主編要我參加《抗日戰爭研究》的筆談，我既甚感榮幸，卻也真覺志忑（不是客氣話）。想來想去，大概也只能說點"外行看熱鬧"的門面話，希望不致浪費了刊物的篇幅。

　　孔子曾說，有鄙夫向他提問，他感覺"空空如也"，於是"叩其兩端而竭焉"（《論語·子罕》）。這與古人舉四方以定中央的思路相通，是孔門認識論的一個要項。我這裏只是借用其字面義，探討抗戰史研究是否可以從兩頭看中間，即從正式的抗戰爆發前以及抗戰結束後的歷史來認識抗戰本身。

　　往前看，我感覺至少要延伸到1928年的濟南事變，那次事件導致的"繞道北伐"直接影響到新的國民政府對北方的控制。此後的中原大戰（或稱"蔣馮閻大戰"）是前國民革命軍各大主力的內訌，反讓因戰敗而被迫退居關外的東北軍重新入主華北，確定了中央政府對華北政治的實際放棄。"九一八"時東北軍主力都在關內，至少是促成"不抵抗"的一個現實因素。

在某種程度上，近代日本對中國真有些像流行語所說，是"亡我之心不死"。不少日本政界之人尤其對時稱"滿洲"的東北地區垂涎三尺，久欲吞併。民元以後，每次中國比較趨於真正的統一（結果當然指向統合"滿洲"）時，日本就會做出較大的舉動。如民初宋教仁被刺，袁世凱政權看起來相對穩固，日本就趁機提出"二十一條"要求，以破壞袁政權的穩定。後來袁世凱通過顧維鈞等職業外交家將此消息向列強披露，日本未曾獲得大利。過去將此視為北京政府的外交成功，但從後見之明看，日本那時的真意可能主要就在滿蒙及其門戶山東。袁世凱外交的成功，或要打個折扣。

20 世紀 20 年代兩次直奉戰爭時，特別是第二次，直系如果成功，就要直搗奉天。日人極其不安，幣原外交有破產的危險。故郭松齡反，日人立刻捲入；馮玉祥政變，日人也捲入。到 1927—1928 年兩次北伐快要成功時，日本均直接出兵濟南。直到此時，日本的做法基本是因應中國政治的被動舉措。但從 1928 年刺殺張作霖到"九一八"以後，至少日本在華軍人已由被動變為主動。對上述因素，研究抗日戰爭者多少已有所考慮，恐怕還可增強。

往後看，1945 年日本投降後的一年多，是歷史大轉變的關鍵。1947 年開始的局面，在 1945 年末恐怕是不能想像的。通過考察這一年多的歷史劇變，可以對理解抗戰時期政治軍事等有很多啟發。如四川在北伐後"易幟"歸順中央，實際仍推行近於所謂"北洋時期"的統治方式。國民政府中央借"剿共"而進入四川不久，正式的抗戰就爆發，其"入主"的正當性空前提升。但不論是國民政府的還是國民黨的中央，都未能像三國時蜀漢那樣充分利用當地的人才資源，而是長期維持著相當程度的"外來"特性。類似狀況在雲南也相當顯著。

這提示著從未真正主持全國政務的國民黨中央政府未能利用歷史給予的機會嘗試"領導"其不熟悉卻也並非政治真空的地區。這一特點在日本投降後的一年多表現得相當充分。那時不僅有我們一向關注的國共競爭，其實經過八年，除了中共控制的區域外，還有不少地方並非政治真空區，而有著許多大體屬於國民黨系統的遊擊隊和地方政權。而中央政府對這些地方政權往往視若"外人"，未曾給予足夠的尊重。據說"此處不留爺，自有留爺處；到處不留爺，爺去當八路"的歌謠，就與此相關。同樣，東北已有很長時間沒有被中央政府領導過了（中國台灣則時間更長），那裏的人恐怕最初是嚮往和觀望並存，但中央政府在這兩大區域的新統治，顯然不夠成功。那時的很多政策和方針，至少可以與其在四川、雲南的舉措進行對照和比較。

另外，從我有限的閱讀看，對於所謂國統區的思想史和學術史，似乎還有進一步深入的空間。過去常將國統區視為一個整體，其實重慶和昆明的思想、學術氛圍大不相同，多少延續了此前北京大學與東南大學的學術對峙，其緊張和對立是需要認真處理的。大體上，抗戰的爆發使民族主義情緒升高，不利於反傳統思想的擴大。但在昆明所駐美軍無形中的支持下，反傳統傾向在抗戰後期復起，很多人提出應回到新文化運動時代的主張。在一個民族主義情緒高漲的時代，出現這樣的傾向，在一定程度上不利於所謂"抗戰建國"的主張，甚至不利於抗戰本身。這樣的情形，似還可以進一步地梳理。

最主要的，當然是必須注意抗戰期間外交與內政的密切關聯互動。近代中國的最大變化，就是外國因素成為國內政治的組成部分，而且是舉足輕重的部分。中國稍大一些的政治事件或內政變動，都可見外國勢力的身影，很難免除外國的影響。早在民國初年黃遠庸就指出，中國當時"有一極大之危機"，而即"以內部勢力之角逐之結果，乃不憚求外國之力之為援也"。中國自辛亥革命以後，"此等媚外自保心理，蓋日見其發達"。他敢斷定，"不久將有美國派、日本派、英國派、德國派、俄國派之發生"。在我們的政治、經濟、思想、學術等領域的研究中，什麼英美派、法日派等，確實是常見的稱謂。

同時也需要注意，日本、俄國和中國三個亞太大國的政局當年都以動盪著稱，發生著很多革命性的轉變，往往不能據常理判斷。按梁啟超對歷史"革命性"的描述，不僅革命期間的史蹟"最難律以常軌"，事情的結果也往往"與預定的計劃相反"。他說的是中國，其實俄國和日本那時也處於類似的"革命"時代，許多歷史面相洋溢著激情活力，帶有顯著的非常規性。尤其從濟南事變到“九一八”之後的幾年間，日本國內其實蘊涵著很多歷史可能性，不宜以“倒放電影”的方式，僅從結果角度觀察，以為都是往侵華一條路發展。

而列強間權利的縱橫捭闔，既與競爭中的意識形態相關，又常從各自的國家利益出發。中國夾雜其中，很多事情都需要根據當時的思想、政治語境，對具體情況做具體分析。這中間的分寸，也是需要好好拿捏的。

抗日戰爭是一個非常複雜的時期，夾雜著中外、國共等基本因素的合作與衝突。我們尤其需要關注那些明顯帶有內在緊張甚至應當是“不可能”的現象。例如，在舉國民族情緒高漲之時，當政者何以還能提出並貫徹所謂“攘外必先安內”的政策，何以在七七事變之前，有那麼多應是國之精英的人，提出了以妥協換取時間的主張（有些主張甚至超過了後來汪精衛偽政權的讓步），等等。這些看起來明顯與世風、時風相衝突的觀念、取向，不宜僅是予以定性的“評價”，而需要給予更認真的考察。

我總的希望是，以後的抗戰史研究會把原本繁複的歷史表現得更加多元，更加豐滿。上面這些外行的看法，不知是否可以作為抗日戰爭研究的參考。姑拋磚以引玉，並期待讀者的教誨。

（原刊《抗日戰爭研究》2016 年 1 期）

近代中國研究的可能轉變

現在的世界局勢真是風起雲湧，石油價格瞬間以倍數漲落，與生產和供需漸離漸遠；金融風暴閃電般穿透全球，來得快似乎也去得匆忙；明明是全球變暖，卻一再以世界範圍的嚴寒來表述！在這樣一個變化急劇的時代，面臨多方面的失序，"我是誰"的問題又變得重要，文化認同的意義被重新喚起，中國人的往昔又成為社會關注的一項中心議題。對史學而言，這一新來的關注是福是禍，也只能讓歷史來證明。

大體上，世界每經歷一次大的動盪，西方思想家都會產生某種"歷史終結"意味的觀念。第一次世界大戰、第二次世界大戰和"冷戰"結束後，都有過某一歷史時期已經結束或過去的類似表述。這些論述本身不一定都被證實，更多時候是被證誤。但這裏反映出一種兼具危機感和前瞻思路的棄往開來傾向，即意識到在某一歷史時期具有規範支配作用的一些基本理念開始失範，所以想要尋求更能解釋世界和我們自身（大到人類，小至個人，但更多是一些區域性的文化群體）之歷史和現狀的新理念。每逢這樣的觀念轉換時段，史學都會受影響而出現某種轉變。

從西方中國史研究的發展可以看出，史學受外在世局的影響是很顯著的。中國本身（有時也包括周邊國家和地區）的狀態往往可以影響相關研究取向和研究典範的形成。以近代中國為例，試圖從歷史理解當代現象的傾向一直存在。1949 年中共掌權後，從 50 年代到 70 年代，西方中國史想要解答的一個主要"問題"，即中共的革命何以成功？由於是要詮釋既成事實，目的論非常明確，所問的基本是一個答案已經前定的問題；不過可能有多種不同的解答，需要相對更多的探索方向而已。

在那以後，如所謂"亞洲四小龍"的經濟起飛以及 80 年代末歐亞的事變，都在很大程度上直接影響了西方學界的思路轉變（就美國而言，越戰的全方位影響更是無論如何不能低估的）。最近的全球經濟危機似乎又引起一些全面的反思，而近三十年中國經濟的持續高速發展，已經在衝擊西方思想界和學術界。或許用不了多久，還會出現一次中國研究的典範轉移，導致對近代中國史的再次重估，且必然影響到對古代中國的重新審視。

剛開始進入學界而又試圖趕超歐美的史學新手，可能要充分注意這一點。但我絕對不是建議初學者放棄目前，而致力於想像什麼預案，以搶佔學術制高點云云。任何將來的轉變，一定產生在過去和現在的基礎之上。棄往開來，或不如溫故知新；最初的一步，仍是把握過去和現在。但有此思想上的預備，更能提示研究者保持一種開放的心胸，以適應可能很快會面臨的變化。

蒙文通先生嘗據孟子所說"觀水有術，必觀其瀾"提出："觀史亦然，須從波瀾壯闊處著眼。浩浩長江，波濤萬里，須能把握住它的幾個大轉折處，就能把長江說個大概；讀史也須能把握歷史的變化處，才能把歷史發展說個大概。"然而"瀾"本形成於水"流"之中，濤起濤落的前後，可能是很長一段平靜的水面。此正如"潮"之有漲有落，且高潮的時間不長，高潮之後還會有一個時間更長的退潮過程。假如只在轉折處看波濤翻滾之剎那形態，豈非觀"瀾／潮"而忘"水"？但若保持一定的距離，或更容易看清潮起潮落的變化。

重要的是對整體水流要有清晰的把握。水流那相對平緩的部分，或歷史那不變的一面，不論是否表述出來，都要始終存於胸中，決不能忽視。從整個水流的全局看，有時"未來視野"對歷史轉折的認識也有重要的推進。如果我們知道所研究的時段正處於變化之中，就像潮水尚未達到頂峰，則已發生的"巨變"對於未來者而言可能不過是小巫見大巫，其變之"巨"就可能大打折扣，而研究者也可以更平緩的心態來觀察和分析已發生或正發生的變化。

面向未來本是許多近代中國讀書人的共同心態，胡愈之那句"永遠向著未來，不要懷念過去；一切為了明日，不要迷戀昨日"恐怕說出了許多人心中想說的話。這一思路正可以借鑒到史學之中。同時，聞一多稍早所說的，他始終沒有忘記"除了我們這角落外，還有整個世界"一語，更當引起我們的注意。

柯文（Paul Cohen）教授《在中國發現歷史》一書，近年在中國很有影響。然而在該書翻譯之時，他就曾擔心，由於中國學者對美國的中國史研究者"多年以來努力探索的爭論焦點不甚熟悉"，以及對其"用來表述這些爭論焦點的一套慣用術語感到陌生"，他們"是否就能理解這本書的論證，從而體會書中提出的問題對美國史家所具有的重要含義"呢？從今天的後見之明看，他的這一疑慮絕非多餘。"在中國發現歷史"口號的流行，已經產生某種不可忽視的誤會，不少人開始較為封閉地考察近代中國（未必是有意如此，更多可能是無意所為）。

因此，針對"在中國發現歷史"這一口號在中國引起的誤會，我曾提出更當去"發現在中國的歷史"。這不是文字遊戲。西人所長乃是傅斯年所謂"虜學"，本在中國之外，柯文所歸納的方向使其向中國之內傾斜，自然非常適合。我們相對更長於內，同樣跟著再向內轉，便可能未獲其利而反承其弊。若在關注中國當地的同時，側重在地之外來影響，則更適合自身的特點，或可收揚長避短之效。

我當然決非提倡什麼"中國人自身的中國史研究"或"有中國特色的中國史研究"。陳寅恪一向主張"必須一方面吸收輸入外來之學說，一方面不忘本來民族之地位"。他曾一再強調，中國的所謂"國粹"，從很早開始就含有大量的外來成分。後人視為"真正之國產土貨"者，常不過是"外國材料之改裝品"。它們中很多都經歷了一個混成的過程：最初是"本土之產物"，後來"逐漸接受模襲外來輸入之學說技術，變易演進，遂成為一龐大複雜之混合體"。故要真正了解古代中國，就不能忽視歷代融入的各種外來成分。

到了近代，從政治到文化、思想、學術、生活、經濟等多方面的變化，處處可見外來的影響。外國在華存在是近代中國一個極為關鍵的因素。對此無須太高的學理修養也能認識到，孫伏園很早就觀察到，帝國主義的力量已到達每一個 "鄉僻的地方"。或用芮瑪麗後來的術語，即外國無所不在。當然，承認其無所不在之餘，也要注意具體所在的強弱 —— 在沿海和城市，帝國主義的直接影響仍遠大於鄉僻之地。

一句話，如果外來 "衝擊" 退隱或淡出，我們看到的可能是一個虛幻而失真的 "近代中國"。我想要強調的，就是一種充分考慮近代 "在中國" 的各類外來因素（及其作用和影響）的開放取向，並希望時刻警惕不要陷入哪怕是無意識的封閉傾向。

可以說，研究近代中國，不僅要深入了解所謂 "前近代" 的中國，至少還須參考三方面的外部歷史，即 19 世紀以來的西方、日本和各殖民地（以及後人對其的研究）。三者在這一時期都是變量而非定量，即其本身都處於發展變化的進程中。前兩者直接間接影響了中國，尤其是中國的上層政治和讀書人，以及口岸地區的社會和生活；後者中的大多數與中國沒有太直接的關聯（印度人、朝鮮人和越南人等則有直接聯繫），但西方對殖民地的研究有意無意中影響著我們的近代史研究，很多人實受其影響而不自覺。

只有對 19 世紀以來的西方和日本 —— 特別是其發展變化的一面 —— 具有較深入實在的了解，才能真正認識近代中國很多前所未有的變化。過去的研究很少真正做到這一點，尤其在日本和中國的關聯方面做得最不夠（常見的不過是對比雙方改革之成敗）。只是在所謂思想史領域，中西和中日的關聯受到了較充分的關注，然或許又走得太過：我們的思想史研究最常見用西方觀念來套中國實際，下焉者不過以中國為戰場實施西與西鬥，即以西方的主義或理論為武器而相互作戰；上焉者也多學步邯鄲，追隨西方 "問題意識" 的新潮，而不問這些從非中國歷史環境中產生出來，有著特定的基本預設、方法論與認識取向的 "問題" 和思路，是否與中國自身在不同的歷史條件下所存在的 "問題" 相一致。

就殖民地而言，中國雖與各殖民地一樣受到帝國主義的全面侵略，卻有一個與殖民地大不同的重要特點，即領土主權基本保持；由於這一重要因素的存在，帝國主義採取的策略和中國對侵略者的態度，都與殖民地場域中的大不相同。故近代中國與各殖民地被侵略和反侵略的歷史，往往沒有很直接的可比性，卻又有很多相似或相反的參考之處；對殖民地的研究取向（包括前些年興起的 "後殖民" 取向），很多都不直接適用於中國，但又有極大的參照性。必充分了解各殖民地的發展演變，才能真正看到中國近代史的一些重要 "特色"。

一方面，今日中國研究已成名副其實的世界性學術；另一方面，也必須參考中國自身的發展經驗。張光直先生前些年提出，既存 "社會科學上所謂原理原則，都是從西方文明史的發展規律裏面歸納出來的"，如果不 "在廣大的非西方世界的歷史中考驗"，特別是經過 "擁有極其豐富史料的中國史" 的考驗，就不能說具有 "世界的通用性"。他由此看到了 "西方社會科學的局限性和中國歷史（以及其他非西方史）在社會科學上的偉大前途"。黃宗智先生近年也有系列文章討論他所說的 "悖論社會"（paradoxical society）概念，以及將 20 世紀中國革命實踐中所形成的獨特認識方法提高到理論概念層面，以認識和解釋與歐美不同的近代中國社會。

近代中國社會是否 "悖論" 到黃先生所說的程度，還可斟酌。尤其是在意識層面，以西方觀念為世界、人類之準則並努力同化於這些準則之下，是相當多 20 世紀中國讀書人普遍持有的觀念，並有著持續的努力。類似傾向和努力也直接表現在學術領域，迄今影響不衰，不可輕視，更不可忽視。當然，歷史發生現場的在地特殊性及發生在那裏的具體實踐，特別是眾多個人和群體的親身體驗，更是研究近代中國所必須充分考慮的。

就像不同類別的史料皆如落花之各有其意，外在的或他人的研究，亦皆各有其 "意" 在；順其意或逆其意而讀之，皆當有所得，不過要充分意識到這是產生於特定語境的 "他方之學"。今日中國學人可以有更開放平和的心態，作為在地的學者，對外國的研究不必追風，不必全盤套用其理論，更不宜像章太炎所說

"顛倒比輯"其見解,但無論如何不能忽視他人研究的建樹一面和具有啟發性的地方,且最好在論著中有所因應,而不是視而不見,自說自話。

實際上,異文化的視角可以提供一些生於斯長於斯受本文化浸潤之人忽略或思考不及之處,恰可能是在地的"本土"研究者所缺乏的。李濟很早就從學理上論證了異國與本土眼光的互補性,他也曾長期提倡一種對特定"文化"的雙語互證研究模式。知識往往源於提問,若能在意識層面盡可能依據特定時段裏"在中國之人"(包括在華外國人)的所思所慮所為進行提問,並探索怎樣解答,或者真能產生包括時空兩層面的"地方性知識"。

(原刊《東方早報・上海書評》2010 年 3 月 26 日)

史學遠航的路線圖：欣見《章開沅文集》出版

　　數月前曾得朱英兄示，《章開沅文集》即將出版，聞之欣喜不已。今則皇皇大著，已在眼前。所謂"高山仰止，景行行止"，此時心情，正司馬遷所說的"心嚮往之"。文集共十一卷，一至三卷收錄先生五十多年的辛亥革命研究論著，四至五卷是有關張謇的研究，第六卷涉及傳統文化與現代化，以及近代中國社會思潮、基督教與近代中國文化等方面的論文，第七卷是關於"南京大屠殺"的歷史取證，八至十一卷則是筆記、演講、訪談和序言。

　　開沅先生其實是我的業師，雖然為時不長。我在普林斯頓大學唸書時，適先生在鄰近的普林斯頓神學院訪問研究（1990—1991 學年），林霨（Arthur Waldron）師遂請先生客座，給歷史系研究生開設辛亥革命的討論課，我便在那裏師從先生。剛開始彼此不熟悉，記得先生某次還笑眯眯地說，這個繁體字我們羅先生恐怕認不得吧（蓋那時在美國唸書者不少是學英語出身）。我印象很深的是，先生一開始就講辛亥革命是資產階級革命。像我這樣有點叛逆傾向的，在國內便對此不以為然；而先生在美國特別講此，並不"入鄉隨俗"，倒讓我很佩服。

後來過從漸多，課外也時常請教，真是獲益良多。那時曾寫關於"二十一條"的論文，便得到先生具體的指教。受教之餘，遂產生了回國後追隨先生到華中師大任職的想法，並曾向先生提及。先生大概以為我是說客氣話（那時擬畢業後回國的確實不多），僅漫應之。後來我將畢業，先生確知我要回國，乃託曾在普大進修的陳時偉兄帶信，歡迎我去華中師大。但人生緣分，有時就慳一間。陳時偉兄那時已在華盛頓大學讀書，恰遇他導師轉校，隨往哈佛，自己也在奔波之中，信帶到時，已是半年以後，其時我已確定回母校四川大學任教了。

長時間追隨的機會雖然失去，短期的師生之緣卻一直是我珍貴的記憶。因國內多以在某師名下唸過學位視作列入門牆的標準，我亦恐有辱師教，故未敢公開表出這一段師生之誼，謹在私下通訊時以師相稱而已。2005 年先生八十華誕，華中師大曾開學術研討會慶祝，我才首次在與會的拙文末尾略及這一淵源。

普大一別之後，開沅師仍誨我不倦，一直關注扶掖我的學術"成長"。前輩風範，感人至深！而先生的學問言說，更直接影響著我的治學。每讀先生文字，或有機會面聆雅教，便有所得。

開沅先生的史學，向以識見和裁斷著稱；即使討論具體史事，也都逾越所謂"就事論事"的層次，具有更深遠寬廣的關懷。如先生曾提出："研究辛亥前後歷史，有兩個名詞不可不加注意,一曰風氣,一曰潮流。" 我的感覺,不僅先生對辛亥前後的觀察如此,他的整體研究,也都注重時代的風氣和潮流。先生曾注意到,在 20 世紀初年,中國已初步形成了一個 "以上海為中心的具有相當規模的信息傳播網絡"。以留日學生為主體的革命黨人非常注意利用這既存的信息網絡,而上海也正是以東京為中心的留學生輿論在中國的轉口集散地。結果形成一個傳播革命輿論的 "東京—上海軸心"(《張湯交誼與辛亥革命》,《章開沅文集》第三卷)。

竊以為這個 "軸心" 或不止於傳播革命輿論,當時與革命黨人競爭的言說群體,大體也存在類似的 "軸心"。若依先生的提示,把更多的注意力由 "東京留學生的宣傳活動" 轉向 "上海和江浙地區進步知識分子的輿論工作",無疑會促成晚清史研究較大的新突破。

先生又曾指出:1903 年時的上海新人物,正因 "他們面向未來,因而敢於否定過去"(《論一九〇三年江浙知識界的新覺醒》,《章開沅文集》第六卷)。這更是一個了不得的睿見,不僅適用於辛亥革命前的趨新人物,大體也適用於進入民國後相當一段時間裏各式各樣的趨新人物。中國讀書人從清季開始的反傳統傾向,基本都可由此視角去認識和理解。

先生一向主張研究歷史要從當時的環境出發,站在歷史當事人的立場看問題。他特別讚賞法國史家布洛克所說的,"要揣摩前人的思想,必須先將自己的思想讓位"(《世紀的饋贈:章開沅與池田大作的對話》，《章開沅文集》第十卷）。很多人愛說"同情的理解"，而陳寅恪說得極為深透，先生多年來便"常勸人治史要'設身處地'，亦即繼承闡發陳氏此義"（《因詩悟史》，《章開沅文集》第八卷）。

能常對人言者，當然是自己治史的心得。先生的研究，一向秉持"了解之同情"的取向。如清季同盟會等革命黨人雖已有三民主義的觀念，但多如戴季陶所說，往往側重於其中"排滿"的民族主義一端，可說是"一民主義"。川人雷鐵厓於 1907 年便曾說："中國之亡非亡，定於漢人之為主與否。歷朝易姓而漢人不易，故中國不亡。若中國之君而為異族，則中國決定為亡國。"以今日的後見之明看，這段話是有些"種族主義"成分的。但先生在引用後指出，那時的革命者認為"只有'亡清'才能建立新中國"，故其"倡言'亡國'是為了革命'亡清'"（《辛亥革命時期的社會動員 —— 以"排滿"宣傳為實例》，《社會科學研究》1996 年第 5 期）。這就透過言說本身看到了立言者的言外真意，從而點出了當時相當一批人言說的實際指向。

以上不過擷取先生並非"代表作"的幾篇小文中的見解，已如此振聾發聵。類似的睿見，在《章開沅文集》隨處可見，則文集的出版對中國近代史研究的意義，也就不言而喻了。

中國近代史學科的全局發展，是先生的持續關懷之一，而先生總是能預見到發展走向的問題和可能性。他在 2001 年便明確提出，中國近代史研究的出路，在於"走出中國近代史"（見

2001 年 10 月 3 日章先生在華中師大近代史研究所座談會上的發言）。過去一些學者以為中國近代史的重大問題已經研究得差不多了，這一宏觀的指導性意見，多少針對著這樣的看法，同時也隱約指向那些除了自己特定專業便 "目不斜視" 的學者。

的確，近代史的重大問題和一般問題，都還大有研究的餘地。而中國近代史的研究，一定要放在 "古今中外" 的大語境中思考和推演，才真正能見其大。嚴復曾說，讀史 "當留心細察古今社會異同之點"，若 "研究人心風俗之變，則趙宋一代歷史，最宜究心"。蓋趙宋一朝，是古今變革之中樞，"中國所以成於今日現象者，為善為惡，姑不具論，而為宋人所造就什八九，可斷言也"。這樣看來，不熟悉宋以來的歷史，很多清代的政治和社會問題就不容易認識清楚。

同時，清儒素重漢學，讀書識字的功夫超越昔人。在此風氣的熏陶下，即使像梁啟超這樣有意面對一般人立說者，也隨時都在引經據典。後人若不熟悉其並不注明的引文，幾乎無法了解其言說的實際所指。而近代中國受西方以及日本的影響之大，更已達到 "眾所周知" 的程度。若不熟知近代西方和日本的發展，會大大束縛研究中對中國事務的了解和認識。可以說，"走出中國近代史" 實在是最有針對性也最具啟發性的提醒。

這方面先生也有具體的示範，即提出對辛亥革命的認識和研究，要注重 "三個一百年"——辛亥革命之前的一百年，辛亥以來的一百年，以及今後的一百年。辛亥革命前一百年的歷史，我們的研究並不充分，則對辛亥革命本身的研究，準備是不夠的。辛亥革命後的一百年，無論中國還是世界都發生了重大改變；對這樣的時代巨變認識不足，研究自有缺漏。而辛亥革命一百週年後，世界會成為什麼樣的世界？如經濟發展與人文精神流失的緊張、"全球化"與"地方化"的並進等，都影響到人類今後的命運，很難選擇單向的解決，只有從人類文明的高度，才能有更深入的領悟（《辛亥百年遐思》，《章開沅文集》第三卷）。

且開沅先生不僅提倡別人"走出中國近代史"，他自己早已超越特定的歷史階段，而關照著整體的史學。很多學者討論的"史識"，先生也非常重視，多次言及。在一篇小文中，先生在探討史識的同時，進而提出"史感"的概念，說出了不少人（至少我自己）想說而沒說的話（《因詩悟史》，《章開沅文集》第八卷，下同）。

先生由詩言史，通過蘇東坡關於"橫看成嶺側成峰，遠近高低各不同"的名句，強調"不識廬山真面目"的原因，是由於人們主觀認識的局限。他"常愛說'治史猶如看山'，即係脫胎於東坡此詩"。在先生看來，"識山固然不易，識史恐怕更難。因為史學決不限於形貌的觀察，它還需要透過歷史現象把握內在聯繫，最終達到本質的、帶規律性的認識。"這既需要史識，也需要史感。

如陳子昂"前不見古人，後不見來者。念天地之悠悠，獨愴然而涕下"的詩句，就把自己置於歷史綿延的長河之中，"呈現出卓絕千古的孤寂，令讀者心靈為之震撼"。晚清張維屏的詩："滄桑易使乾坤老，風月難消千古愁。多情唯有是春草，年年新綠滿芳洲。"並不流於黯然的傷感，而以"充滿生命活力的新綠"結尾，同樣寓史感於"千古"之中。兩皆如柏格森（Henri Bergson）所謂引入空間觀念的時間，將"潛藏於其心靈的綿延，外化為深情感人的詞語"。

先生特別指出："史感並非與生俱來。許多人治史十餘年乃至數十年，卻始終未能捕捉到真正屬於自己的史感，其中有些人則是根本不懂史感為何物。"這裏面的"原因比較複雜。有客觀困難，也有主觀局限；有思維格局問題，也有認知方法問題；還有資質稟賦與學術素養方面的差異"。

竊以為，史感雖非與生俱來，仍有資質稟賦的一面。現在大家都注意"學術正確"，所以老師不太敢講天賦。其實無庸諱言，治史確有靠天分、直覺的一面。史感好不好，人與人的確是有差異的。但這方面的能力又是可培養的。就像游泳一樣，有的人"水感"好，這樣的人相對較容易進展到"水性"好的程度；但游泳終是人人都可學會的，且一經學會基本可以終生不忘。識力或多靠解悟，學力則憑積累，是可以訓練、可以培養的。先生強調"史感並非與生俱來"，正是要鼓勵治史者在實踐中"捕捉到真正屬於自己的史感"。

治史到此境界，就不致囿於研究對象的時空界限，也無所謂"走出"與否了。且開沅先生雖是學人，卻是立德、立功、立言兼具的。他年輕時便有報國救亡的經歷，聽說後來也幾次有"大用"的機緣，卻因經常口出"真言"，都擦肩而過。惟人生之閱歷，總蘊涵於學問之中，又出於學問之外。像開沅先生這樣識見宏通的大家，如王陽明所說，"聖人之心如明鏡，只是一個明，則隨感而應，無物不照"。此次文集為讀者考慮，各卷獨立出售，則專家與非專業讀者可以各取所需，於無物不照之中，領會先生隨感而應的智慧。

先生有一句眾皆熟悉的名言："歷史是已經畫上句號的過去，史學是永無止境的遠航。"《章開沅文集》的出版，是先生史學遠航中的又一步。對先生個人而言，或類似水手的"航海日誌"；對後輩學人來說，則不啻船長的"行駛海圖"。願與文集的讀者分享先生這句言簡意賅的話，彼此努力，在史學的濤濤瀛海中續航。

（原刊《文匯報‧文匯學人》2015 年 11 月 20 日）

清代思想、學術與心態中的權力作用 [1]

　　很多年前，王汎森兄曾給過我一份長約百頁的打印稿，討論清代文獻中的"自我壓抑"現象。他那時在考慮是否將其完善出版，想了解我（作為讀者）的看法。後來他漸多參與各類學術機構的"管理"，此書總未見出。故當我聽說《權力的毛細管作用》一書時，第一印象是這書終於出來了。拿到一看，已是一本六七百頁的皇皇巨著，從清初到清末，廣泛論述了"清代的思想、學術與心態"。

　　在中國歷史上，清代是相當特別的。除相對短暫的元代外，它是秦以後疆域最遼闊的一朝，其廣土眾民的特性非常顯著。那是一個外族入主的朝代，後來又遭到前所未有的外國聯合入侵，故夷夏關係可以說與清代相始終。在這個因服色被改易而帶有鮮明外來色彩的朝代，卻又發展出後多稱為考據的治學方法，使人們解讀傳統經典的能力達到了歷史的最高峰。根據彭慕蘭

1　本文原為《權力的毛細管作用：清代的思想、學術與心態》的書評

（Kenneth Pomeranz）等人的研究，那又是一個世界格局裏中西力量升降的時代——伴隨著"西方的興起"，中國在世界的地位急遽下降。清朝在應對內外挑戰中結束了自己的統治，也連帶終結了中國幾千年的帝制。

過去的清史研究，政治史偏重制度與政策，像以前的戲曲一樣以帝王將相為主角，但在研究取向方面，多半是各取所需，缺乏類似思想史中"內在理路"那樣影響廣泛的典範。近年西方的"新清史"，又偏重清朝那超越於"中國性"（Chineseness）的面相。本書雖明確了以"思想、學術與心態"為重心，其實處處不離政治；作者既注重"探索思想家深微的思想世界"，復擴充到社會、生活的面相，關注"思想與日常生活世界的聯繫，觀察思想的流動、接受、擴散"。

全書由五組文章構成。第一組包括《清初思想中形上玄遠之學的沒落》《清初"禮治社會"思想的形成》《清初的講經會》和《何以三代以下有亂無治？——〈明夷待訪錄〉》四章，探討明清思想轉型的幾個主軸：形上玄遠之學的沒落、經典考證及回向古代之勢、政治思想的轉換，以及禮治理想之興趣。其中關於明清之交道德意識轉化的兩篇，即《明末清初的人譜與省過會》和《日譜與明末清初思想家》，側重"思想史"與"生活史"的聯繫，構成第二組。第三組處理清代政治壓力下文化領域中的自我壓抑的現象，包括《從曾靜案看18世紀前期的社會心態》和《權力的毛細管作用——清代文獻中"自我壓抑"的現象》兩章。第四組轉向清代中期思想學術史，由《對〈文史通義‧言公〉的一個新認識》和《程廷祚與程雲莊 —— 清代中期思想史的一個研究》兩章組成。第五組為《清代儒者的全神堂 ——〈國史儒林傳〉與道光年間顧祠祭的成立》及《道、咸以降思想界的新現象 —— 禁書復出及其意義》兩章，論述嘉慶、道光、咸豐年間思想界的變化。

這五組雖各有側重，內容實交集互涉。用舊日的套話說，幾乎每一章都從不同角度在探索上與下、雅與俗和知與行之間的通隔與合離，以及古與今（傳統與當下）、中與外之間的關聯。惟各章基本按時序排列，體現了對 “清代” 這一主體的尊重。附錄《從東亞交涉史料看中國》則提示了史學的新面相 —— 不僅本書揭示的清代歷史已大不一樣，連看歷史的眼光或也需要轉變了。

思想、學術的主體是讀書人，與既存思想史、學術史研究相類，本書也注意探討形上玄遠之學的沒落、經典考證及回向古代的趨勢這類學術、思想發展的 “內在理路”，同時也關注黃宗羲、顏李學派等向為既存思想史論著關注的思想家，以及曾靜這樣知名而不以學問見長的儒生、程雲莊（智）這樣影響了很多人卻幾乎眾皆不知其所云的學者。尤其是書中探討乾嘉與道咸間顧炎武學術地位的轉變，不僅在時序上連接了既存研究往往從乾嘉考據直通西學東漸的跨越，更揭示出學術界從以考證為重到以經濟為重的思想轉向，是一個極為敏銳的觀察。

書中說，“乾隆末年以來，隨著社會、政治、經濟問題的惡化，有另一種顧炎武崇敬在緩緩崛起，它突出的是顧氏的經濟面"。作者引用了李兆洛所說《日知錄》中言時務八卷，是"有用"之學，乃"為王者取法者"的見解，並指出道光六年魏源編成的《皇朝經世文編》，收顧炎武文章達九十幾篇之多，這樣一種"顧炎武形象的轉變，事實上也就與清代中期經史考證不再壟斷全局，出現了鬆動，多元的聲音開始隱然萌現，思想世界出現了由重考證向'經濟''明道救世'傾斜的新動向有關"（第 592頁）。換言之，中國思想界的"經世"轉向，先於西潮的衝擊，且淵源有自——從清初的講經內容即可看到，"心性方面的問題逐漸被拋棄，而禮樂兵農成為後來人最重要的關懷"（第 154頁）。

另一方面，阮元卻堅持"亭林之學，經史為長"的見解，他曾跋顧炎武的《肇域志》說："世之推亭林者，以為經濟勝於經史。然天下政治，隨時措宜，……觀《日知錄》所論，已或有矯枉過中之處。若其見於設施，果百利無一弊歟？"這一見解也很值得參考。顧炎武、黃宗羲固素懷經世致用之志，卻皆乏實際的治理經驗，所以更多能"看到"問題，卻不一定善於"解決"問題。而阮元久任方面大員，顯然更了解"經濟"與實際銜接的一面。何紹基、張穆等顧亭林祠的創建者，亦皆有經世致用之志，卻大致與顧、黃相類，實際歷練不足，與阮元不可同日而語。

蓋顧、黃皆邃於經史，往往容易引經據典。而經典雖有面向未來的一面（如《周禮》），更多因應的仍是諸侯擁戴共主時的三代問題。換言之，顧炎武有意無意間更多是藉助三代思想資源來解決秦漢以降大一統局面的問題，而作為其基本思想資源的三代卻和大一統有著重大的區別。這樣的主張若見於設施，可能真會有"矯枉過中之處"（在某種程度上，王莽和王安石的改制，都有引經據典之特色，也面臨著同樣的問題）。

如顧所謂"大官多者其世衰，小官多者其世盛"，實推本上古諸侯國時代。以後世所治理的廣土眾民言，小官雖遞減而至於無（因民間的力量增大），大官所增實不甚多。類似見解，從顧炎武到孫詒讓，都有所申說，有力地影響了清末的改革。胡思敬敏銳地注意到，"光宣末年所行新政，若裁胥吏、設鄉官、破除用人資格，其議皆自《日知錄》發之"。蓋亭林"論吏治，欲寓封建於郡縣"。而其具體舉措，則"稍有經驗者，皆知其說之難行"。

實際上，《日知錄》中欲"為王者取法"的，遠不止李兆洛所說的八卷。顧炎武自己明言，其"上篇《經術》、中篇《治道》、下篇《博聞》共三十餘卷，有王者起，將以見諸行事"，便可以"躋斯世於治古之隆"。這些都"未敢為今人道"（《與人書二十五》），顯然有所期待。不料後來影響雖不小，卻並非"有王者起"，而是遇到了通常所說的衰世，頗具詭論意味。顧氏的經濟主張在後世得到貫徹，魏源編《皇朝經世文編》或起了相當作用，同時也與本書指出的乾隆帝興趣由理學轉向漢學對士大夫的影響相關（《權力的毛細管作用，清代的思想學術與心態》，第 401 頁）。在道咸新學"務為前人所不為"（王國維語）的同時，漢學卻成功地潛移默化到經世舉措之中，其間的微妙曲折，別有一番滋味。

通過對上述處於不同層面的思想者的探尋，作者要想了解"這個國家最有創造力的讀書人們，究竟被什麼問題所糾纏，想成為什麼樣的理想的士人？整個國家的自我形象及意欲是什麼？想成為什麼樣的國家？"（《序論》）後者尤其重要。若要認識清朝到底是否"中國"，或在多大程度上"非中國"，實不能忽視"這個國家最有創造力的讀書人"，包括他們對自身、對國家的認知、想像與憧憬。看完這本大書所展現的"清代的思想、學術與心態"，對上述問題自有答案，儘管這不必是作者所欲追求的。

如果說讀書人是思想、學術的主體，心態就是一個涵蓋全部的領域了。作者多年來都在提倡聯繫"思想史"與"生活史"兩個領域，本書中也有直接的示範。蓋"思想之於人們的日常生活，像是微血管般周流全身"。而"生活、制度或現實，當然也塑造人的思想"。兩者相互激盪，推動歷史的發展，也開啟了一片廣大的研究天地。

本書充分發揮了從"生活"看"思想"、從"思想"看"生活"的特點。在從兩者的關聯來"觀察思想的流動、接受、擴散"時，作者又特別關注"地方人士、小讀書人如何轉動整個學術及思潮的變化"。同樣，本書很多時候"重點並不放在中央的政策與作為，而是放在受眾＂身上，強調＂被影響者、被支配者們隱秘的、無所不在的消極性的創造力＂，以凸顯＂每一個＇影響＇不見得只是單純的由上而下的支配而已，它們往往既是＇支配＇，又是一個又一個＇創造＇或＇再製造＇。人們也可能盡其所能地＇創造性＇地減少或迴避影響與支配，而其最終的結果卻每每吊詭地擴大了官方政策的實際作用，形成一股席捲每一個角落的旋風＂（《序論》）。

清代不僅有全國性的訊息網絡及訊息來源，同樣有地方性的。士大夫的＂國論＂與里巷間的＂鄉評＂，雖非截然劃分，顯然時有出入，有時甚至二分。而政治權力並不總是自上而下的，它還以各式各樣的運作方式，覆蓋到社會的方方面面，甚至深入到私人領域，形成一種＂無處不在的潛在性剝削＂。下層的庶民不僅有各類反抗剝削壓迫的技巧（例如那些印度 Subaltern Studies＂底層研究＂所表現的），也常常在無意之中參與了壓迫，並落實了剝削的完成。換言之，權力的毛細管作用，不僅見於清代文獻中的＂自我壓抑＂，更＂席捲了每一個角落＂。這樣無處不在的現象，卻長期被遮蔽，本書將其整理再現，使清代歷史更加豐富多姿，的確是別開生面。

而清初禮治社會的建設，則是一個試圖溝通＂禮＂與＂俗＂的持續努力，承上啟下，影響深遠。有感於晚明風俗頹敗、社會秩序動搖，清儒乃從讀書人入手，要＂以＇士＇為中心去釐定社會藍圖＂。所謂＂禮治＂，＂不是針對特定的冠婚喪祭之禮節，而是認為整個社會國家都要納入‘禮’的軌範”，有著“更廣大的關懷”。其做法是首先清整士人世界，其次則針對民亂以及社會的商業化，以禮抗俗，也以禮救俗，再次就是與民間日漸取得支配地位的佛道禮儀相對抗。所有這些舉措的共同點，都是要重新確立四民秩序，造成“一個在日常生活文化當中高下的區分，使得‘禮’成為高尚的、理想的、新的標準”，進而微妙地改變人們“日常生活及行為世界‘應該’追求的目標”（第43、44、85、86頁）。

禮治社會的實質是將道德的標準從“心跡”轉向“行為”，是一種“規範由‘內’向‘外’發展的新趨向”，從平常可見、可評估的行為方式入手，以“評判一個人道德的良窳”（第49頁）。依循顧炎武所說“自三代以下，人主之於民，……凡所以為厚生正德之事，一切置之不理，而聽民之所自為，於是乎教化之權常不在上而在下”的思路，清初部分士人“提倡一種在‘鄉’的層次，以儒生自發性的組織擔負起下層社會工作的路線”（第65頁）。其間“治生”是一個關鍵環節，卻也有著區域性的特色：一般地方的治生特別強調務農，並針對著經商（第69—70頁）；而徽俗似稍有別，治生顯然包括，甚至就是指商業（第542—543頁）。

下層禮治社會的構建，針對著大一統下廣土眾民現狀的長程社會變遷，可以聯繫到一些極有識見的既存論述。蒙文通先生已注意到，宋儒與漢儒的一大不同，即其諄諄於基層社會教養之道；其"於鄉村福利，恆主於下之自為"，故"重鄉之自治，而不欲其事屬之官府"。余英時先生近更梳理重建了王陽明從傳統的"得君行道"轉向"覺民行道"取向的思想過程。可知秦漢以後政治制度層面或缺乏對縣以下社會的經營，但從宋代起，士人的努力是持續的（也不時得到官家的支持），但似乎又顯得不那麼成功。

雖有前賢的努力在，究竟是什麼使得王陽明和清儒都好像是篳路藍縷、從頭做起（至少他們很少感覺到前賢努力所積累的基礎），是一個非常值得繼續探索的問題。而清初的現象又更複雜，例如《家禮》就有著多面相的存在和意義，它似乎與"古禮"和釋道儀式同時競存，彼此間都有不同程度的緊張。在儒家禮儀與佛道儀式的競爭中，《家禮》代表著儒家（不要忘記佛教，至少藏傳佛教，還得到宮廷的尊崇）；而在士夫與俗人的緊張與對峙中，《家禮》又傾向於後者。

無論如何，與"得君行道"思路和模式不同的"禮治社會"，既是"士治社會"的一種表述，也是一種重塑。不論其在意識層面是否有此目的，它實際弱化了今日常提及的"國家"（state）在公共事務中的作用，而讓"以'士'為中心"的民間盡可能多地自己管理自己。對"治生"這一關鍵環節的注重，具備了以自治取代被治的物質基礎。宋儒開始的"禮下庶人"努力，經明儒的"覺民行道"取向而完善。據天聽自民聽的模式，民與天的溝通要經過中介來實現，而道則由經書以及讀經的士人來表述和詮釋；若在地普通人可與"天道"銜接，就從學理上確立了"道在地方"的正當性，而民間的自治遂有了自足的合道性（legitimacy）。

在隋唐以後無鄉官的基層社會中，士紳逐漸興起，至明中葉大致定型。在縣以下的社會中，士人究竟扮演什麼樣的角色，士與紳、士與平民究竟是什麼樣的關係，其實都還需要梳理。明末以後禮與俗那充滿緊張與競爭的關聯互動，揭示出社會的一個重要現象，即作為民間楷模的士人自己也出了問題（功過格更多針對庶民，而省過書則針對士人）。士人怎樣一面自我調適，同時繼續其禮下庶人的努力，成為一個切近的具體問題。這個問題尚未釐清，中國就遇到了前所未有的外來衝擊，科舉制的廢除終結了傳統的士，也徹底改變了在地的紳。至少在中國大陸，無士的鄉鎮社會，正面臨著全新的重構。

對一本六七百頁的皇皇巨著，很難在有限的篇幅裏綜合評論，更不可能面面俱到。全書勝義迭出，開卷即如行山陰道上，應接不暇。我印象很深的是，作者特別強調今人"絕不能以辛亥革命以後的觀點去想像清代官方文化權威的力量"（第 598 頁）。這是一個重要的提醒，所謂"辛亥革命以後的觀點"，不僅是一個簡單的時段意涵，實際代表著某種從同盟會到國民黨觀念的影響，在海峽兩岸都持久不衰，且其影響力遠超出一般的認知，很多人受其感染而不覺。只有將其置於意識層面，不時自我提醒，養成習慣，才能逐漸淡出其籠罩。

可能正是有了這樣的自覺，本書的眼光的確與眾不同。自從有了歷史學系的科班訓練，不少學人有意無意間實際是面對 "歷史學界" —— 而非歷史本身 —— 立說和論證。本書作者視野寬廣，對既存中外相關研究及其背後的學理著述，皆耳熟能詳，如數家珍；而又眼光深邃，不僅見人所未見，更能循歷史脈絡的演進，將一些幾乎不曾被放在一起的問題結合思考。這些老死不相往來的論題關聯互動起來，便革新了清代思想史的認知結構和討論框架，使清代歷史的整體圖景煥然一新；既開拓了清史研究的新境界，更處處啟發讀者進一步的思考。

《文心雕龍》說，《尚書》"覽文如詭，而尋理即暢"；《春秋》說 "觀辭立曉，而訪義方隱"。本書實兼而有之。其文字曉暢，辭足達其所欲表之意；又善用史料，故常言人所不能言。作者對表述分寸的拿捏，尤非一般人所能及。故文字雖極清通，實則 "辭約而旨豐"。讀者感覺 "觀辭立曉" 之時，或未必已悟其全部深意，恐怕還要追尋其論述的理路，方能暢解。

如作者所說，每份文獻都是一個 "訊息包"，潛藏了各種訊息和動能。"每一次書寫，每一次重刊，往往都有政治史、思想史、心態史、文化史的含義，同時也夾雜其個人的關懷與利益"（第 480 頁）。本書亦不啻清代思想、學術與心態的又一次書寫和重刊，讓人感覺到歷史的 "過去性" 和 "現在性" 構成了一個 "同時存在的整體"（艾略特語，見《序論》）。我無意去猜測其間作者的個人關懷，但我確信，本書的影響必遠遠超越清代的思想、學術與心態史，它會改變我們對清代的認識，成為研究這一時段必讀的經典之作。

（原刊《中研院中國文哲研究所集刊》第 44 期，2014 年 3 月）

構建兼容並包的中國近代史學科體系

　　由近代史研究所來編寫一套《中國近代通史》，既是名正言順的事，也是一個不可迴避的責任。從 20 世紀 50 年代初中國科學院歷史三所的成立到不久近代史研究所的定名（1977 年後隸屬新建的中國社科院），這個責任應該就存在了。前幾代研究人員在這方面的態度是相當審慎的，據說前所長范文瀾和劉大年都曾有這方面的規劃，並有具體的嘗試 —— 范著有《中國近代史》（上冊），劉主持編寫了《中國近代史稿》（三冊），兩者都寫到義和團即止步。同時，近代史所也曾編寫出版了較詳盡的《中國新民主革命通史》（李新、陳鐵健總主編）和《中華民國史》（李新總編）。張海鵬教授主編的十卷本《中國近代通史》（以下簡作《通史》）表明，幾代人努力的積累已經走向成熟。

　　這套書的一個重要特點是時限的設定從 1840 年到 1949 年，明確打破了以 1919 年劃分中國 "近代" 和 "現代" 的舊框架。這基本是近年學界較為普遍的主張，很多大學的教研室都已合併成中國近現代史，但不少是貌合神不合；我現在任職的學校就合併了教研室，課程卻仍按中國"近代史"和"現代史"兩段開設。這裏的一個原因，即若按 1840—1949 年時段開設課程，相應的教科書尚不通行。《通史》的出版，為編纂貫穿這一時段的教科書打下了基礎。

從馬克思主義學科體系的視角看，《通史》明確了以"反帝反封建"為中國近代史的基本線索，並將主編關於中國近代有七次"革命高潮"的見解貫徹到各卷的分段和主題之中。今日的青年學生或者不很熟悉關於中國近代史（1840—1919）上"兩個過程"（即半殖民地、半封建過程）和"三次高潮"的主張，而兩者之間似乎有著某些不協調的地方。毛澤東在論述"兩個過程"時具體列舉了從鴉片戰爭到五四運動的八個重大歷史事件，而"三次高潮"所指的太平天國、戊戌變法 / 義和團和辛亥革命固然都和外國有關聯，卻更偏重於"半封建"面相；與帝國主義侵略這一主題密切相關的鴉片戰爭、中法戰爭、甲午中日戰爭則不在其中。提倡者本身不一定有特別的傾向性，但一些學者受"三次高潮"說影響而忽視研究這些事件，客觀上可能衝淡近代中國"半殖民地"的歷史特性。

"三次高潮"說在一定程度上已形成了體制化的影響，我們從古代到現代的歷史學會，多數是按時段劃分的（如秦漢史、隋唐史、中國現代史等），而近代史卻分成太平天國學會、義和團學會和辛亥革命學會三個專題學會，沒有一個整體的學會。在現代學術體制裏，通過召開學術會議等形式，學會對學術研究的走向起著很大的引導作用。其結果，這三大專題之外的重要事件相對較少受到關注，應是不爭的事實。在這方面，《通史》的處理是較為均衡的。我也希望本書可以成為一個契機，讓上述三個學會（以及中國現代史學會）整合成一個拉通的近代史學會，使我們對中國近代史的研究更加系統均衡。

《通史》的另一特色是拓寬了研究領域，過去的通論性近代史著多偏重政治史，有時更局限於革命史。本書主編的設想是要打破這一狀態，試圖更全面地反映近代中國歷史的內容，在政治、軍事、外交以外增強經濟、文化教育、社會生活、民族關係等方面的論述。這也符合近年我們整個史學的發展態勢，除經濟史以前就較受重視外，文化、思想、學術、社會、生活等方面的歷史是近一二十年發展最為迅速的領域。從各卷的撰述看，主編的上述設想似未能均衡地貫徹。全書仍以政治史為主體，經濟、社會、思想、文化等方面涉及不是很多，女性和少數民族則更少顧及。

不過，近年史學界偏重文化、社會等方面的發展固然可喜，對彌補過去的缺失也非常有益，然而治史者若皆麇集於吃喝玩樂等議題，或不免太受物質興起的世風影響。我自己也被一些人視為倡導新文化史的人，但我想指出，不分古代近代，中國歷史長期是以政治史為發展主脈；沒有政治史的基礎，很難對其他專門史有較深入的認識。因此，1840—1949 年這段通史以政治為主，我覺得是可以堅持的。當然，梁啟超曾說，只有"以分區敘述為基礎"，才能"了解整個的中國"。以五百多萬字講一百一十年的歷史、中國的區域特性以及州縣一級和縣以下的基層社會，似乎還可以有更多的陳述。

這也涉及一個長期未形成共識的問題，通史應以通識和通達為要，但其在多大程度上需要反映出專題研究的深度，以及是否需要反映最新的研究成果，都是向存歧見的議題。本書亦然。在採納專題研究，特別是近年研究的成果方面，各卷的處理尺度似不夠一致；有的相對深入，有的則基本是綜合一二十年以前的研究。新研究意味著尚未經時間的檢驗，不一定算"成說"，似可暫不納入。但中國近現代史是一個積累時間較短的學科，而近一二十年不論在研究人員還是論著的數量方面，都有很大幅度的增長。如果不反映近期的成果，也有可能造成通史與研究現狀脫節較遠的狀況。在反映專題研究成果的尺度方面，各卷能有更一致的處理標準，應可增強全書的整體性和系統性。

另一方面，各卷的差異也反映出本書的一個優點，即包容性較強。主編的構想已基本反映在各卷的寫作中，然而從風格到見解，各卷仍有其特色。要從事大型集體項目，兼容並包的氣度是必不可少的。我看到有些媒體對本書主編的採訪，主編表示他清楚地知道主要編撰人側重的專史各異，有的在一些具體問題上有自己的看法。不同的側重和見解反映在一書之中，可以產生互補作用，或許正體現出通史之通。從參與人員可以看出，主編和各卷的編撰人明顯是兩代人，後者以中年學者為主。這樣，本書的出版不僅體現出馬克思主義中國近代史學科體系在走向成熟，同時也意味著中年研究人員已經逐漸成為近代史所的主力了。

（原刊《南方週末》2007 年 7 月 26 日）

近代文化史的啟示

　　耿雲志先生主編的《近代中國文化轉型研究》叢書凡九卷，是中國社科院重大課題的產物，由院內外學者十餘人經過七年的努力完成。在近代史領域裏，相對於政治史而言，文化史的積累顯得更薄弱一些。近年文化史漸受學界關注，但大型的課題還不多見。社科院能在 2000 年就將文化史列為重大課題，體現出前瞻的眼光。在目前急功近利的世風之下，多數研究項目都要求兩三年結束，而這個課題的研究能持續如此長的時間，我必須對中國社科院如此慎重地對待重大課題表示敬佩。

　　這套書研究的重點時段是從戊戌維新到新文化運動的十幾年，我自己的研究也偏重於這一時段，當初承耿公抬愛，差一點就有參加到這一課題之中的榮幸。終因那時其他方面的研究已負債累累，不得不抱憾止步。如今看著厚厚的一摞書，很覺親切。大略翻閱之後，也有一點感想。

　　個人的感覺，中國近代史的整體框架裏，文化史可以有很大的貢獻。這不是一般的門面套話，而是我們的既存研究狀況提出了這樣的需要。

　　中國傳統特別強調政教的關聯，張之洞所說的"世運之明晦、人才之盛衰，其表在政，其裏在學"，就是一種典型的表述。梁啟超更明言："凡一切政皆出於學，則政與學不能分。"他們所說的"學"，即古人所云之"教"，當然與今日所謂學術相關，卻又不僅僅指學術，更近於一般所說的文化。所謂"世運明晦、人才盛衰"，不僅提示著政治上的得失，也反映了社會的變遷。細繹其說，思想、學術、政治與社會等各方面的發展，皆互為表裏，息息相關。若僅言政治與文化，兩者固關聯密切，又各有其主體性（參見余師英時《中國文化史通釋》，第 1 — 2 頁），還時存緊張。

　　早在清季，在西來的國家學說和民族主義影響下，當人們尋求一個國家民族象徵時，就曾出現黃帝和孔子（大致分別代表著政治體系和文化體系）的潛在競爭。雖然多數人似乎選擇了黃帝，這其實是一個並未解決的問題。辛亥鼎革後，類似的競爭以不同的形式再現。在相當一部分人看來，文化不一定會隨政治轉變而改變（如果政出於學，則當相反）。

　　民國初年曾發生"什麼可以作民國立國精神"的大討論，其背後隱伏的實質性問題就是：政治體制與價值體系是否像陳獨秀所說的"一家眷屬"，一榮俱榮，一損俱損？換言之，從帝制到共和的政體變動是否意味著一切都已經改變，或一切都必須改變？是否有政治變而其他因素未必隨之而變，或至少部分維持不變的可能性？這些正是昔人曾經認真思考和辯論的基本問題。

一方面，梁啟超就觀察到，辛亥鼎革後，很多人因"所希望的件件都落空"，於是廢然思返，感覺"社會文化是整套的"，既然認識到不能拿舊心理來運用新制度，就進而產生"全人格覺悟"的要求。而魯迅更以易蔔生所說的"全部，或全無"（all or nothing）一語，形象地表述出時人認知中新與舊的整體對立。倒是陳獨秀主張"倫理問題不解決，則政治學術皆枝葉問題"，即視"倫理"之解決為根本，還依稀可見"政出於學"的痕跡。

另一方面，當時也有不少人主張中國"國體雖更"，而"綱常未變"；亦即共和體制的建立只是國體的變動，並不意味著中國人的倫理觀念也必然隨著政治的變動而變動。重要的是，並非只有所謂"保守"者如此思考，革命元勳黃興在民國元年即通電宣佈："民國初建，首重紀綱。我中華開化最古，孝悌忠信、禮義廉恥，夙為立國根本，即為法治精神。"到下一年，身與革命的章太炎更直言："國體雖更為民主（按即共和），而不欲改移社會習慣，亦不欲盡變舊時法制；此亦依於歷史，無驟變之理也。清之失道，在乎偏任皇族，賄賂公行，本不以法制不善失之。舊制或有拘牽瑣碎，綱紀猶自肅然。"

黃興和章太炎都是名副其實的革命家，他們把國體與綱紀區別看待的主張，看上去比清季一些官方言論還更"保守"，也與民初提倡立孔教為國教者的一些言論相似，充分說明相關的思考已經跨越了一般認知中的激進與保守。這方面的具體爭辯當另文專論，但政治與文化既相互依存，又各有主體性，已充分反映在當時的思想競爭之中。

實際上，近代中國傳統文化的崩解，其開端甚或早於國體與治體的鼎革。"政出於學"的觀念本身，先已在逐步淡出。那種必先以"革命"的方式從根本上解決政治問題，然後通過新生政權來處理社會、思想和學術等轉變的思想，從清末起就日漸流行了。主張倫理為最後解決的陳獨秀，終走上暴力革命之路，便是一個典型的例證。正因政治和文化的糾葛似乎難以釐清，從章太炎到顧頡剛等也先後提出過讓學術"獨立"於政治的思路。

從既存的研究狀況看，過去的中國近代史偏重政治，政治史幾乎成為史學的"普通話"。各種史書和教科書，不論表述的方式如何不同，大致都以侵略和反侵略一類的屈辱和反抗主題為核心，基本不脫晚清那種國恥壓倒國粹的思緒。"知恥近乎勇"是我們的古訓，且從政治軍事等方面看，侵略和反侵略無疑是近代中國的一個主題。這方面屈辱和反抗的特點，必然會反映在文化層面，但文化仍有其自身發展演變的軌跡。且由於帝國主義侵略的全面性，文化方面所受的挑戰及其回應，也不必皆受政治軍事的影響。

更重要的是，這一時段中華民族不是僅有所謂"落後捱打"的被動一面，同樣也有主動的一面、建設的一面，包括保守和維新（如"走向世界"就呈現出很明顯的由被動向主動的發展）。而文化方面的建設和創獲，部分因為近代文化史研究的薄弱，尚未得到充分的認識。

我的初步印象，這套書的一個目的，是要展示出近代文化轉型與政治轉軌之間的複雜關係。全書指出特殊的內外環境所造成的嚴重民族危機，決定了在近代中國"人們是先有政治覺醒，然後才有文化覺醒"；政治變革可以帶動文化更新，文化的更新也會反過來深化政治變革（第一卷，第 468—470 頁）。相對而言，從文化入手，或更容易看到並展現近代中國那主動、建設的一面。

主編耿雲志先生在前言中說：

> 過去百餘年來，由於國家積貧積弱，受欺受辱，因而難以在激烈的內外矛盾衝突中，建立起理性的健全的文化心態；那麼，到了 21 世紀的今天，中國畢竟比過去富裕和強大了，在世界上爭得了自己的地位，發揮著誰都無法忽視的影響。在這種情況下，中國人有可能比較理性地看待自己和認識世界，有可能比較從容地處理好文化上的各種問題。

這段話既回顧過去，也面向未來，更側重當下。的確，時代已經改變，且當前世界還正在發生大的轉變。所謂大國國民，心態首先要從容，且能包容。史家固不能粉飾太平，掩蓋傷痕，也不必始終籠罩在往昔的哀痛之中。反覆強調屈辱的歷史記憶，可能使負面感覺擴大化，更容易傳承一種不平之氣，貽害於後人。不論個人還是民族，自尊而後人尊之；若自定位始終在吃虧一面，難免生出不滿，也很容易像魯迅說的那樣 "互相抱怨著過活"。

最重要的是，歷史不必是負擔，它也是動力，是資源，是發展的基礎。近代中國的一大特點，是思想特別解放，甚至到如入無人之境的程度。正因思想的空前解放，近代國人在文化方面的創獲，遠比我們已經認知的更多、更大。由於傳統的崩解，以及新思想資源的出現，當年的有心人不能不重新思考一些人生、社會甚至人與自然關係等基本問題。這樣的反思，在典範具有威權的承平時代是很難見到的。

章學誠注意到，孔子雖處於禮崩樂壞的時代，仍 "述六經以訓後世"，就是希望 "先聖先王之道不可見，六經即其器之可見者也。後人不見先王，當據可守之器而思不可見之道"。但這多半帶有知其不可為而為之的意味，蓋只有 "官師治教合，而天下聰明範於一，故即器存道，而人心無越思"。換言之，必典範存在且具有威權，則人 "不自著為說，以致離器言道"。一旦 "官師治教分，而聰明才智不入於範圍"，則人皆 "各以所見為固然"。儘管孔子 "不敢捨器而言道"，試圖以 "述而不作"的方式保存舊典範；而諸子已紛紛 "言道"，更 "皆自以為至極，而思以其道易天下"。

近代中國大致就是類似的時段，既存經典因內憂外患的強烈衝擊而失範，不再享有威權（倒是在一般老百姓的日常生活中，還時有存留，近年也逐漸淡出）。尤其那是一個動盪激情的時代，時人所見不以周全系統見長。如楊國強兄所描述的，他們的思緒"化作了一地碎散的文辭"，似乎無法"串起來"（《晚清的士人與世相》，第 344 頁）。又因思想資源的轉換，他們的見解也明顯有著不古不今、不中不西的味道。

後之研究者若在心中預設一個理論標準，再以此標準來衡量昔人的言論，可能覺其非常粗淺。然而，正因動盪時代充滿激情，很多看似隨意的表述，不僅體現著立言者之所感，也反映出他們之所思。這些思慮往往牽涉到國家民族甚至宇宙人生等重大問題，不能等閒視之。如我所曾說，從創造的一面看，不古不今和不中不西也不必就是缺陷。

或許由於近代西學的影響，我們已習慣於探索事物或觀念的系統性，有時找不到，也會盡量去"發明"一個系統出來。實際上，歷史事物常常是不必系統而有關聯，有時還是雖有密切的關聯，卻仍未必具有系統性。反過來，在一定的範圍裏，各局部各細節之間皆有某種關聯性，應該是無疑的；在某種程度上，關聯性多少也反映著共通性。

我們必須認識到，由於思想的空前解放，近代國人產生出的文化創獲，比我們已經認知到的，不僅更多，而且更大。假若我們放棄那些系統的先入之見，不以中國傳統或近代西方的觀念體系為預設標準來衡量，直接進入他們有時可能相對直觀的思想世界，平心觀察，自可隨處看到不少關於人生社會基本問題的睿見。發現特別是整合這些基本見解，當然並非易事。如果我們自己真能先從容而且包容，把各種表現得 "碎散" 的觀念 "串起來"，也不是沒有可能。

從戊戌維新到新文化運動的十幾年，的確是所謂 "近代轉型" 最典型的時期，包括科舉制的廢除和從帝制變共和這些以千年計的巨變，都發生在此一時段之中。基本體制的變化，伴隨著四民社會的解體和傳統經典的淡出，也為後來的社會遺留下重建的任務。

近代思想的空前解放，若因勢利導而善用之，可以有大效。而那時產生的很多基本思考，涉及宇宙、自然和人生，經過認真的整理，必能給今人以啟示。可惜過去的讀書人破壞心態過重，繼承和建設不足，缺乏創建的基礎；又因破壞心重而衍成不甚講規矩的風氣，所以成效不顯。如果後之研究者也受其不平之氣影響，則 "發現" 昔人睿見已非易事，欲將其整合尤難。這套書是把面向未來的 "建立健全的文化心態" 視為己任的。溫故方能知新，心態平和之後，或許可以充分認識近代中國破壞的一面，更多繼承其建設的一面，在近代文化反思的基礎上創建未來的文化。

（原刊《南方都市報·閱讀週刊》2010 年 3 月 21 日）

能見其大的世紀通論

上個月曾收到電子郵件，北大歷史系要為金沖及先生八十壽誕舉行座談。當時出差在外，未能恭與盛會。北京的大雪，卻已在 2010 年初次落下。雪後的第二天，快遞公司送來了金先生的《二十世紀中國史綱》。這是金先生退休後才開始撰寫的著作，沒有升等的需要，沒有職務的壓力，想想作者的年齡，看看這百多萬字的巨著，實在是感佩無已！

無論從作者的身份和資歷、認識的深入、涵蓋的廣度以及其他什麼角度言，本書無疑是中國馬克思主義史學對 20 世紀中國史的代表作。但從書的內容看，這大體仍是一本個人的著作，可以說是一家之言。作者特別針對"同時代人"指出，"由於各人的經歷和認識不同，看法也未必相同"，"要寫出一本誰都完全同意的歷史書來，大概是很難做到的事情。"

與一般的"史綱"類著作相比，本書引用史料較多而借鑒既存的成果相對少。我看到的一些評論，也強調書中很多觀點讓人耳目一新，說明這些評論者也更多從專著而非通論的視角看待此書。

從這一角度言，這本 20 世紀中國史著倒是反映出那個世紀中國史學的一個典型特徵，即通史（包括時間、空間和門類）領先於專題論著。這樣一種由通向專的趨勢，與後來許多學者主張在專題研究的基礎上撰寫通論性著作的研究取向幾乎完全相反。沒有相當數量具體研究的積累，撰寫通論性的史著當然難有所成。但要等待 "所有" 的具體人物、事件和門類的研究都完成後再進行通論性陳述，也只能是一種理想，在實際操作上是不太可能的。因為通論性的史著與普通專著和論文不同，它既要盡量整合既存的研究成果，又不能僅止於此，畢竟它自身也是一項研究性的工作，也需要言人所未言，特別是針對學界忽視或重視不足的面相，寫出研究者自身的見解。

由於學力的限制，我自己大體也偏向於後一取向，迄今做著一些朋友眼中細碎而片斷的小題目。不過我卻充分了解，不論對專業讀者還是更多的非專業讀者而言，通論性史著的需求是相當迫切的。我也一直主張學界需要有分工，一些人盡可以努力於製作磚瓦，而那些眼光通達能見其大的作者，卻不妨多寫通史。

進而言之，我特別贊同陸惟昭所說，真落實到實際撰寫的層面，通史不一定就是綜合專史的精華而成。因為通史以群體的社會活動為本位，而專史以問題為本位。通史和專史，其範圍有普通與專一的不同。故 "通史所取材料，每與專史不一"。這是很多人不曾看到和想到的卓見。任何史學著述都不能不依據撰述目的而對史料有所棄取，目的不一樣，需要的材料也就不一樣。就像修房子先要有磚，而修不同的房子，可能需要不同的磚。儘管不排除存在對很多房子都適合的磚，如小塊的磚總能修建大房子，但有些大磚不適用於修建小房子，也是確實存在的現象。

若以磚喻史料，則史家還有與一般建築者不同的困難，即其所用的磚之大小基本是前定的，不能根據需要來"製作"。寫通史需要選用那些更能代表時代的史料，而研究具體問題則基本以某人某事某學問的發展為歸宿。當然不排除有些史料可能既與特定的人、事或學問相關，也能表現群體社會的演進，但確有另一些史料，在"通"與"專"之間是不能相通的（通常撰述的對象越小，史料在"通"與"專"之間相通的可能性就更大）。

史料如此，具體的門類亦然。金著基本是以政治為主的通史，而且是相對狹義的政治，連軍事、外交等也語焉不詳。百年間社會的變遷，及以此為基礎的政治參與者的更易，各類思潮的興替，甚至學術取向的競爭和轉換，應該說都與政治活動關係密切。但若這些全都述及，恐怕非現在的篇幅所能允許（有些面相的既存研究還相對粗淺，或也不足以借鑒）。記得多年前參與《中華民國史》某卷的工作，李新先生就明確指示我：本書只寫政治。而他所說的"政治"，就不包括思想、社會、教育和學術等方面的內容。

可知通史與政治的關聯以及"政治"在這裏的限定，是不少那一輩人的共識，已經存在很久了。且正如金先生自己在《後記》中所說："二十世紀中國的歷史變化太快，事情太多，許多事又十分複雜。對其中的一年、一件事、一個問題以至一個人也可以寫出厚厚一部書來。"他只想討論這一時段"中國歷史發展的基本脈絡線索",故對相當一些"本來應該多說幾句"的事,也"只得省去,或簡單地提到"。很明顯,對複雜史事的簡化,既是一本"史綱"類的書不能不有的選擇,也是本書的一大特色。

由於要簡化原本複雜的史事,本書自不免有不少見仁見智的選擇。如對清末十年,或許因為作者注意到"海外有些學者對'清末新政'作了過高的評價",本書便有些針對性的論述。若是我寫這一段歷史,我會適當多寫清末的改革。從清廷那邊看,能廢除科舉制這樣實行了千年以上的制度,能考慮以立憲方式從根本上修改實行了兩千年以上的帝制,這兩項都是比清朝本身遠更長久的大經大法,連這都可以改,還有多少不可改的?

我的陋見,若離開評價而進入敘述,則說明清廷確實曾努力改革,未必就降低了辛亥革命的意義。任何革命的產生,一定與革命對象密切關聯。既然是共和取代帝制這樣數千年未有的大革命,革命的對象就可能是制度而不是具體的人和由這些人所組成的朝廷(何況朝廷中人的意見也相當分歧)。具體言,辛亥革命的發生可能與清廷改革意圖是否足夠誠實相關,卻不一定或不完全歸咎於此。從制度轉換層面去認識那次革命,似乎不必排除清廷確實努力改革而難以成功的可能性。這當然只是我的偏見,我也知道很多人並不贊同這樣的看法,以後有機會當專文探討,以向方家請教。

正因側重於不那麼廣義的政治，金著全書很明確地凸顯了事功的一面，這也是 20 世紀中國史學的新特色。在古代中國，雖也存在"勝者王侯敗者賊"的現象，實際的歷史寫作也確實更多反映戰勝者的政治觀念，但歷史記憶的重要卻體現在《易經》所說的"君子多識前言往行，以蓄其德"。董仲舒引用的孔子修《春秋》的原則，即"因其行事，而加乎王心"；由於有撰述者後加的"王心"在，就不宜出以空言，而必須通過歷史的前言往行來表述。

後來司馬遷所引孔子說的"我欲載之空言，不如見之於行事之深切著明"，如果這是司馬遷代擬，也不排除是出自董仲舒之所說。一般人常拿"空言"與"行事"對立，多少是誤解了"行事"即"前言往行"；其實兩者更多是對應而非對立的關係，"見之於行事"的目的，就是要體現"空言"難以表現的"王心"，一方面使當時的"亂臣賊子"害怕，另一方面也使後之君子能夠通過這方面的了解而"蓄其德"。

中國史書在強調記載要實事求是的同時，在表述上卻有寫與不寫以及故意寫等方式的選擇，來展現作者的意圖。換言之，史書通過對往昔人與事的記載與否和怎樣記載，來達到褒貶的目的（以判定朝廷的作為是否體現了"天命"），故記載在一定程度上也是一種詮釋（這也有長遠的傳統，孔子說的"予欲無言"和孟子說的"不教亦教"，都是類似的詮釋性表述）。

梁啟超就曾注意到，司馬遷著《史記》，其"篇目排列，亦似有微意。如本紀首唐虞，世家首吳泰伯，列傳首伯夷，皆含有表彰讓德之意味"。錢穆也認為，將伯夷置於七十列傳之首，是司馬遷有意表彰歷史上無表現的人物："論其事業，斷斷不夠載入歷史；但在其無表現之背後，則卓然有一人在，此卻是一大表現。"簡言之，事功上無表現之人，仍可能有其歷史意義。伯夷和叔齊是因人格力量而入史，並不基於他們的事業有多成功。

中國史學傳統講究守先待後。在某種程度上，史學的研究對象本是"無語"的。在我們的史學言說中，"失語"者更可謂比比皆是。《易繫辭》之"彰往而察來，而微顯闡幽"的精神，後來成為中國史家的一貫主張（如韓愈所謂"發潛德之幽光"）。從史學角度言，孔子提倡的"興滅國、繼絕世、舉遺民"，或亦有關注歷史上"弱勢"群體和個人之意，並將其表而出之，使之"存在"於歷史言說之中。無論是一國還是一群，乃至一個人，都應可以留下適當的記錄，讓後世知道這個國或這個人的存在。若前人對後人有這樣的信任，後人就當承擔起這一對前人的責任。

昔年林紓祭奠嚴復說："君著述滿天下，而生平不能一試其長"，是至可哀之事。因為嚴復之才大過其時代，就像《莊子》裏所說的北冥之鵬，振翼則水擊三千里，然必其時有"厚風之積"，方能展翅。嚴復之才是否有那樣大且不論，真讓他一試其長，能否解決問題，也頗可懷疑 —— 他中英文俱長，而一輩子與日本翻譯名詞做鬥爭，仍以失敗告終。這就揭示出事功後面往往隱伏著時代的扶持,與時代不相協調 —— 不論是落後還是超越於時代 —— 的思想,多難以見諸實施。

嚴復至少還著述滿天下,在當代產生了廣泛的影響。還有許多不具事功的小人物在小刊物小出版社的論著,未必即無所見,然一般不入當時大人物的 "法眼",也很難進入後人的歷史言說之中。不少有價值有所發明的創見,即因此而長期湮沒,很久之後才被人 "發現",甚至迄今無人 "看見"。歷史可以給我們的啟示,不僅在彪炳的事功之中,也在無所作為的人格力量之上;甚至芸芸眾生那看似平凡的前言往行,也在在可見非凡的智慧,必須在歷史上給他們留出一席之地。由此看,"顯微闡幽" 和 "興滅繼絕" 的重要性更見凸顯,蓋不僅為弱勢者留記憶,亦為人類思想存結晶也。

不過,像這樣以守先待後為宗旨的表述方式,隨著傳統的崩解和日本式章節體教科書的引進,已經基本失傳了。當然,也有人視此為中國史學的進步。

金先生的大著,寫作目的很明確。本書的背面印著一段話,說中國人在這一百年內的實踐 "比任何滔滔雄辯更能說明什麼是正確的,什麼是謬誤" 的。讀此很容易聯想起 "蓋棺論定" 這句古訓。一般多從研究對象已經終止活動的角度理解此意,真正從史學層面去 "論定",往往仍俟諸後人。這本 20 世紀中國史的寫作,基本是在 20 世紀剛結束就開始了,等於是甫 "蓋棺" 就要 "論定",差不多就是由當代人寫當代史,難度可想而知。

　　作者對此有明確的自覺意識，金先生在《後記》中說，他承認"當代人寫當代史總有他的時代局限性。有些事情也許多隔一些時間能夠看得更清楚。後人在論述時也更加放得開，並且會有許多的新的視角"。但後人的難處在於："研究的依據只能是前人留下的一些資料，而那時的時代氛圍、人際關係、民眾心理以及影響事態發展的種種複雜因素（特別是一些大量存在而人們已經習以為常的東西）未必都在資料上記錄下來，後人很容易拿多少年後的狀況和經驗去推想當年的事情，或者把個別未必準確的文字記載看作事情的全體，有時就顯得隔膜以至失真。"

　　這是多做研究的人才能有的深入體會。一方面，時空的距離可能產生直接處於具體時空中所不能得到的體會和領悟。另一方面，當下記載那特定的長處，卻並非一般所說的因時空距離近而更可靠，而是在可能如顧頡剛所說的那樣"捉住當前一境"。顧先生曾引李賀在驢背上得句即寫下放入袋中的典故，以為這樣可"保其一剎那間之靈感"。筆記的長處，"要在捉住當前一境，使之留於簡牘而不消失"。此意大可玩味。凡當時寫下的東西，不論其意圖如何，甚至不論其是否修改，多少都能留下幾許"一剎那間"之感觸。這與後人追記或經"研究"得出的結果，頗有不同。

　　中國有著特別看重歷史記憶的傳統，所以史書能長期延續不斷。維繫歷史記憶，是史官的基本任務；而當下的記錄，則是史官的重要職責。金先生長期任職於中共中央文獻研究室，或許傳承了中國傳統史學那種當下記錄的功能，厚積之餘，有所撰述，也是自然的發展。當下的記載，即使以"實錄"為目的，也是不免帶有某種時代既存意識的選擇性陳述；而後人陳述先人事蹟，同樣可能蘊涵較多因缺乏"了解之同情"而產生的"詮釋"成分。兩者所含"詮釋"的出發點固異，而均包括人為因素一點實同。大致確如金先生所言："當代人和後人各有各的作用，各有各的時代局限性。"

這是一本可以面向廣泛讀者的著作，全書的文筆非常流暢易讀，筆鋒常帶感情。或因此，個別時候，也偶有文學比興稍過頻繁之處。如書中多次使用"野蠻"這樣的詞彙，有時指專制產生前的社會狀態（見書中所引孫中山語），有時用來描繪日本帝國主義的侵略，而民國成立後十多年北京政府（通常稱為"北洋政權"）的治理，也被界定為"野蠻的北洋軍閥統治"。那一時段的政治，時人已非常不滿，後人也多有批評，但用"野蠻"來界定，仍可能產生某些意在言外的聯想。不過，文字的比興，本屬見仁見智的領域。我自己對"野蠻"的理解有偏差，也是非常可能的。

我想，對於"史綱"一類的著作，首先是見其大。如《管子》所說，行"千里之路，不可扶以繩"；百年的歷史，"苟大意得，不以小缺為傷"。其次是看其與既存的同類書相比，有些什麼樣的推進。我特別贊同本書的一點，即對於辛亥革命之制度意義和觀念意義的彰顯。作者指出："人們常說改稱'民國'無非只是換了一塊招牌，其他並沒有什麼不同。"其實"在當時歷史條件下，有這塊招牌和沒有這塊招牌的區別不能小看"。制度的有無，具有根本性的意義。只有制度根本改換，才能有生活在那個時代的人之思想觀念的大轉變。而人的轉變，當然是所有歷史變化中最大的一變。

本書篇幅甚大，難以一一述及具體；且術業有專攻（我的研究基本在抗戰以前，所看的主要也在這一段），自己不夠熟悉的，學力所限，也不敢多說。好在已有金先生的同輩人李文海先生發表了長篇書評；而據出版社提供的材料，還有歷史學者楊奎松、桑兵、汪朝光和王奇生對此書進行了評論。後面幾位都是和我年相若而素為我所佩服的學者，想他們對本書的評論不僅會非常中肯，而且一定比我之所見更為全面。

新年伊始，正是可以有所期望的時候。我也提出兩點小小的希望，首先希望作者考慮撥冗將本書進一步簡化，縮寫成一本二十萬字的小書，或可用作大學的教材。

其次，在書中那句"什麼是正確的，什麼是謬誤"的後面，還有半句"給後人留下無窮啟示"。如前所述，歷史可以啟示後人的，或不僅是事功。所以我也希望作者能再寫一書，記述那些沒有事功而實際影響了歷史發展，或雖無事功而可能影響今後歷史發展的人物。他們的事蹟和思想，當然也是20世紀中國史的有機組成部分。那段歷史的蘊含實在太豐富，我們自不能期望一兩本書就囊括萬有，但以金先生的如椽巨筆，若亦及於平凡，必能於無聲處生驚雷，進一步豐富歷史給後人留下的啟示。

（原刊《讀書》2010 年 3 期）

辛亥革命的“歷史書寫”

　　“歷史”與“書寫”的關聯，本是古已有之的。據說孔子修《春秋》，便以“書法”見稱。而“書法”一詞，也長期為經史專用，一般讀書人皆不陌生；到其也指毛筆寫字的法則甚至藝術，似乎已在魏晉南北朝時期了。後來尋常寫字改用鋼筆、圓珠筆，甚至不再用筆，“書法”也就漸成毛筆寫字的“專利”。涉及歷史記載的“書法”，現在連史學專家也不那麼了然啦。

　　近年“歷史書寫”忽然成了流行名詞，專業和業餘表述中是否使用這一詞彙，常被作為入流與否的判斷。從司馬遷到司馬光，現在都被冠以“歷史書寫”的高名了，儘管那意思與孔子修《春秋》的“書法”不同。我自己對此新詞，總感覺理解不充分。某次在學術研討會上請教一位發言中多次使用該詞的預流朋友，結果被其視為“別有用心”，乃正色曰：這是正式場合，是朋友也不能搗亂。其實當此“日日新”的時代，誰也不願太落伍，我是真心想弄明白。

　　看了李鴻谷先生的大作《國家的中國開始：一場革命》，終於茅塞頓開，悟出歷史確實可以“書寫”。

　　小學時候，作文老師就提醒我們，最簡單的句子就是最好的。後來學英語時，老師也這麼說。乃悟此或是外來的知識，因為我們中文的"散文"，本由韻文發展而來，句子從來就短，似無須有此提醒。但文法既然西化，這一提醒便很有必要。我自己進入所謂學界後，又多少看了點邏輯書，便總欲表述得周全，不知不覺中句子就長了起來。現在想要返璞歸真，常做不到。李書的特點，句中多用逗號，每一分句字數不多，有時少於四五字，多亦不過七八字，超過十字的，就是長句了。這樣的書寫方式，最符合簡單就好的要求。

　　自從高考作文的評分為"公平"而細化，表述的創新，漸有些如入無人之境；標點符號也不再是拘束文字的規範，而成為表現節奏的創新利器。句子可斷可不斷，時斷時不斷，也是本書的"書寫"特色之一。這從書名就可看出。所謂"國家的中國開始"，相信很多未曾跟上時代的人，是有些不知所云的。與此相類，書中也還有些"半個中國決裂清廷"一樣風格的句子，大概也是對常規句法的"穿越"（借用一個時髦的詞彙），特別能體現我們已是怎樣一個"創新型國家"。不過，以標點表現節奏，雖出於完全不同的立意，其實甚合古意，或也算是溫故知新。

　　書背的提要說，本書是"以新聞方法寫史"。作者想以本書回答的一個問題，是"新聞的方法論能否對歷史的發現與敘述有所貢獻"。答案當然是肯定的。且兩者也是相通的：

　　歷史現場有著各種駁雜的信息，後世研究者與讀史人的基本功，則是返回歷史現場，尋找、發現並再現其複雜甚或矛盾的各種事實。所謂史實重建，其理路亦在此。但是，重建歷史現場的努力，其目標僅僅是還原現場，則遠遠不夠。由現場入手，讀史而知史，功用在於能否從現場裏尋覓關鍵證據——促成辛亥革命成功的核心要素，由核心要素而深入，則能建立歷史邏輯的框架，並據此提供歷史解釋。所謂的深度新聞報道，其方法即如此，歷史研究又何能例外？（第4—5頁）

　　既然這就是新聞方法，與史學的確沒什麼兩樣。作者並云：用新聞手段書寫歷史的路徑，即"回歸歷史現場，尋找現場裏豐富而未必為人所知的細節"。針對歷史作品"被譏為碎片化"的流行說法，作者明言其"就從碎片著手，去完成一個豐富性的過程"（第264頁）。對於這樣的史學見解，個人也心有戚戚焉。尤其他指出了歷史事實本是"複雜甚或矛盾的各種"，這是很多崇尚簡明扼要的史家向不重視的。

　　至於進一步"建立歷史邏輯的框架，並據此提供歷史解釋"，則更是很多史學從業者漸已淡忘的要素了。而本書作者則明確了他想要"理解並為歷史提供解釋"（第19頁）。據作者說，所謂新聞方法，即"理解並解釋任何事件或事實，需要三個維度裏予以考察：衝突、人物與舞台"（第5頁），而他又特別讚賞讀史的"格局"。

在作者看來,"晚清故事,跌宕起伏,恍如過山車。若無綱領性把握,各種歷史事件,皆如碎片,難免散落一地,無可收拾,亦無法結構性認識"(第14頁)。記得楊國強兄曾慨嘆清季士人的思緒,"化作了一地碎散的文辭",不好收拾。本書的意思,若識得格局,有了綱領性的把握,就可以收拾散落一地的碎片了。這可是不低的抱負,而作者也以能識歷史舞台的格局而自詡。

本書的主體是辛亥革命,作者以為,"歷史事件中的各色人等種種行為,其來有自";所謂歷史舞台,"其變化沒有那些戲劇性事件醒目,但卻是種種事件積累而成"。重要的是"真正深入歷史",以"把握其間脈絡",才有可能"認清舞台格局"。要理解辛亥何以巨變,"必須拉開足夠距離",對晚清七十年的走向,有基本的認識。甚至"如果欲究慈禧對清一朝意味著什麼,我們須再度拉開時空距離,來認識清一朝君主到底擁有什麼樣的權力"(第6、29頁)。

孟子早就說過,"觀水有術,必觀其瀾"。然而何為觀"瀾"之"術"?《文心雕龍》的提示,是"振葉以尋根,觀瀾而索源"。後來蒙文通先生將此落實,以為任何學問史事,皆"百年積之",而後"一朝偶致";故其討論歷史事件,總是往前推一二百年以上。梁啟超也主張,"凡研究一個時代思潮,必須把前頭的時代略為認清,才能知道那來龍去脈"。他自己研究"近三百年"的學術史，便把宋元明三代六百年作為"前頭的時代"。可知這本是一些高段位史家提倡的取向，惜曲高和寡，今日史學中人多就事論事，少見追隨，卻在新聞界還有知音，實在難得！

受錢穆影響，本書認為，"中國政治之傳統，不脫人事與制度兩端，而且先人事後制度"（第52頁）。在上述三要素中，作者對人物情有獨鍾。他雖也引用梁啟超所謂二十四史皆"家譜"的早年說法（其實梁氏後來觀念已變），但仍提出，"如果不深入家族史亦即'家譜'，我們又如何得識中國歷史之真相？問題只是，讀史與述史者，有無穿越家族傳奇與恩怨之能力。由人事糾纏進至制度結構，繼而進入環境變遷，由三者之關聯尤其是相互作用而稍得史識"（第29頁）。

在作者看來，歷史本是"那些活生生的人創造的"。用新聞手段書寫歷史，最當關注的就是"在歷史現場裏，那些創造歷史的人，在如何創造"（第264頁）。故本書特別強調，若失去了"促成傳統中國進入現代國家的那些核心人物"，則"歷史將無可論與敘"。換言之，歷史必須以人為本，也只能以人為本，並盡量展現出活生生的能動狀態。自從梁啟超的家譜說流傳以來，這樣透闢的見解，在史學界已久違了。不意在新聞方法中尚存，能不讓我們這些歷史學人再三讚嘆！

的確，這就是一本以人為本的書。全書除緒論外凡七章，其中五章的題目都以人物為核心，其餘兩章，看似說事，其實也是以人說事，不過是以新聞方法"記錄這場衝突中的人與事"而已。作者選擇的最主要人物,依次為孫中山、康有為和袁世凱。在其具體的論述中,則也側重慈禧太后、攝政王載灃以及革命黨一邊的宋教仁。難得的是,一般歷史學者在論述這段歷史時,很少使用末代皇帝溥儀的回憶,而本書則特為引用。儘管那時宣統皇帝實在年幼,後來的回憶錄也是在特殊的氛圍中寫出,不免說些言不由衷的話,然而有些家庭的觀感,仍是別處無法得見的。

本書對不少人物的把握,以及通過人物認識相關史事,大體不錯,並時有所見。例如,書中說孫中山與留學生這一新興團體的合流,使"革命力量,得知識分子之助,由邊緣而核心,超越從前"(第 16 頁),基本把握到了歷史的主線 —— 儘管當年對革命黨提升的讀書人主要不是什麼留學生,而更多是適在日本的章太炎、劉師培一類精英讀書人。其餘傾向於革命的留學生本非什麼人物,因他們能與當時名滿天下的康、梁論戰,其地位才從 nobody 變成了 somebody,大大上了一台階。

書中關於戊戌變法轉折前"袁世凱的三十個小時"的辨析,可以說捕捉到了史學論述的新進展。在"輕易為袁世凱開脫,不智"的判斷下,得出"袁世凱做了什麼,目前仍是謎"的結論(第 84 頁),甚有分寸。而作者一再惋惜張之洞改革地位的被埋沒(第 100、106、108 頁),儘管其所本的論述尚多誤會,仍表現出難得的眼光,已超過了目前史學界流行的認知。

不過,對人物的理解和認識,有時真需要看人說話。例如,康有為本是一位學涉中西而眼觀八方之人,又有過俗所謂"發神經"的經歷，其感覺與常人或異，而又容易"跟著感覺走"。對這樣的人，似不宜總以小算計的眼光看他。不幸這是一個"博弈"詞彙流行的時代，彷彿不算計一下別人就沒本事；所以書中的康有為，也不時在衡斷當時的權貴，而擇其有權有勢者親近之。我不敢說康有為沒有這一面，但這可能更多映照出今日的世風，以及作者自身所受時代的影響。觀康有為一生的著述行誼，還真不像一個喜好小算計之人，更不是一個工於小算計的人。

閱讀此書，觸動我一個想了很久的問題，即社會的歷史知識與歷史專業的研究，是一種什麼樣的關係？這個念頭，產生於多次與其他領域的學者進行的正式和非正式的對話。我發現很多其他學科的一流學者，其歷史知識基本來自中學課本；另一些已對歷史本身產生了學術興趣的學者，也常產生一些想像力特別豐富的見解，為史學同人所不敢想不敢言。我也不時在想，那些非歷史專業的人，甚至史學範圍裏不在同一專業的人，他們平常都看什麼樣的史學論著呢？

本書的作者顯然看了不少與這段歷史相關的書，書的最後一章似乎就是介紹他寫此書時所讀書籍的感觸。從其正式的引用可知，作者對晚清歷史的基本觀念，就建塑在其所提到的三本教科書之上（即郭廷以的《近代中國史綱》、徐中約的《中國近代史》以及李劍農的《中國近百年政治史》，三位作者皆已作古）。其餘各書提供的，大體都是一些修正和補充。作者最喜引用的，是各書的推測、評價和感慨，頗可見其選擇的眼光。

　　就我而言，那幾十本書有的僅是多年前曾寓目，有的則從未讀過。看了這本書，才知道原來世間早有這許多驚人之語，頓生大開眼界之感；亦頗嘆過去讀書不認真，錯過了不少灼見；更發現了"閱讀"本身的重要——讀者對書，真正是仁者見仁、智者見智。正如本書所言：對於歷史，"你有什麼樣的視野與格局，便能接近多少'真相'"（第 262 頁）。我的進一步領悟是，有些專業書籍，也像通俗讀物一樣打動著讀者，並讓有心的讀者記住了這些相似之處。

　　本書很多精彩的見解表明，好幾十年前寫出的教科書，似不比現在的教科書差。如果這樣，就有兩種可能，一是以前的教科書寫得實在好，無須怎麼修訂；二是我們這方面的研究沒什麼進展。對於前者，至少沒寫教科書的人或願承認；對於後者，曾在或正在這一領域裏"打拚"的人，顯然不同意，而且會"不高興"。

　　套用前段時間流行的話，即使"不高興"，也且慢"說不"。還有第三種可能，即研究雖也有進展，但並未充分反映在新的教科書中。本書告訴我們，如果我們幾十年的研究確有進展，這些新的認識還應當改寫成非專業學者甚或非學者願意也能夠參考的形式。專業學者若自說自話，"躲進小樓成一統"，就怨不得一統之外仍有百舸爭流。

　　作者是認真思考問題的，且時有所見。其最具啟發的見解，是指出了孫中山的《革命方略》，在進入"憲法之治"前，有歷時九年的"軍法之治"和"約法之治"；而清廷的預備立憲，最初也是定為九年。過去多表揚孫中山而指責慈禧太后，然而"兩相比較，對真實中國國情的理解，是否也包含在雙方都選擇的九年的培育期裏呢"？更值得反思的是，兩個九年培育期的選項，"皆被歷史之輪輕輕掠過，無影無形。或讚或抑，皆無可言"（第156頁）。

這是一個了不得的睿見。清末民初主編《東方雜誌》的杜亞泉早就指出，"改革政體、實行立憲"，本是清末革命運動的最終目標。實際的結果是，革命轉換了國體，卻未能實質性地改變政體；故民國建立，"革命之偉業雖成，而立憲之前途尚遠"。我想，造成此結果的一個主要原因，就在於時人心目中的"憲法之治"非泛指而為特指，指向的是一種全新的外在制度；而要實施這一在中國史無前例的新體制，沒有一定時間的"預備"，確實難以成形。

本書作者的本職工作也與當年的杜亞泉相類，在認識歷史方面，新聞學的眼光確不遜色。作者曾說，新聞角度的"歷史寫作，史料都有，找書總是容易的"。可知在新聞視角裏，寫歷史的書就是"史料"。由於"史料俱在"，成果眾多，"按新聞從業者的角度觀察，即信息已經極其豐富"，接下來的，一是"對你閱讀能力的考驗"，二是"如何尋找敘述結構"（第264—265頁）。

當然，在歷史書裏做新聞，正如在檔案裏做田野，長處在於眼光,短處亦然。當所據"史料"多為早年的教科書時,不僅"閱讀能力",其"敘述結構"也面臨著考驗。作者知道,"僅僅以權力爭奪而觀歷史,過於菲薄"(第 19 頁)。本書的解決之道,一是走向細節,構建一個豐富性的過程;一是走向結構,形成框架性的歷史認識。然而細節本非教科書所側重,則結構便在無意之中成了敘述的源頭活水。

幾十年前,史學還洋溢著科學成就影響下的樂觀和悲觀。受其影響,本書也一則曰"人口與土地之關係,又為傳統王朝更替之基本規律"(第 7 頁);再則曰"土地與人口之關係,實為中國傳統農業社會'王朝輪迴'的歷史自然之演進"(第 33 頁)。在此認識基礎上,書中有不少關於 18 世紀中國人口在不長的時間裏大量增長的描述,且皆有精準的數據支持。特別是那時人口猛增耕地還減少,給人印象特別深刻,彷彿中國人突然改成了一日一餐(作者引用的數字說,19 世紀人均耕地僅 1.8 畝,而租地耕種者可能留下的糧食每畝僅 1.05 石,則一年的人均糧食不足 2 石)。

中國人生活的儉樸是舉世聞名的,但可以少吃多生,還不怎麼生病(否則人口也增長不了多少),總覺得與一般的"人類"太不一樣。蔣廷黻曾說,中國的文人往往"多特識而少常識"。在現代學科的體制下,學者有意無意之間,又常以所學專業的"特識"來否定"常識"。與上述相類的不少"數字化思考",便最容易征服那些崇拜"科學"的"盡信書"者;他們死記硬背了特定的書本"特識"，不僅忘卻了"常識"，也不知還有其他書本的"特識"。

若從科學觀史，本書所借鑒的科學史論，或更多是"社會科學"，而忽視了"自然科學"——在明代後期，即清代人口大增之前，已有番薯（紅薯）、番麥（玉米）和洋芋（馬鈴薯）的引進。任何哺乳動物都很難在減少攝入的情形下擴大再生產，遑論成倍數的再生產；不論什麼人種，若不增添這許多吃的，還能成倍數增長，稍具常識者皆難接受（或許某些"社會科學家"可以接受，正常的"自然科學家"便只能"跌破眼鏡"，並對其"社會科學"同人的想像力佩服不已）。

新聞素來是偏向標新立異的，今日的新聞尤其具有穿越特色。在新聞方法中浸潤久了，再加上現在人人都生怕不"科學"，或許易受這類"數字化思考"的影響。我猜作者引用這些論述，或不過是對既存科學史論略表敬意，以示新聞方法的科學性而已。好在本書不以此為重，這樣的背景性疏忽，尚不至於影響全書的論斷。因為作者似乎並不認為清末的鼎革有多"傳統"，他特別強調了"對於清一朝，更關鍵的因素是環境變遷"——列強的"外部擠壓"給中國造成的結構失衡，這個作者眼中的"變量"，幾乎改變了一切。

在我看來，帝國主義的入侵，的確是近代中國最大的變化。本書對此有很清楚的把握，注意到"自第二次鴉片戰爭之後，朝廷大臣選擇，無論慈禧還是光緒，都需小心探測洋人之意"（第

13 頁）。看到權勢轉移的徵兆，是非常敏銳的觀察。不過，後面接著說庚子後"慈禧終於臣服列強了，她決定的清廷未來之方針：'量中華之物力，結與國之歡心。'若論清亡，此刻已亡。之後，清廷只不過是賠償列強的'代理人'而已"（第 14 頁）。雖有所本，還是說得口滑了些。

"量中華之物力，結與國之歡心"確是清廷上諭的原話。胡繩的《從鴉片戰爭到五四運動》便將其翻譯成"一定要把'中華之物力'，有多少就拿出多少來，巴結這些武裝佔領了首都的'與國'"。但這多少有些斷章取義。王開璽先生六年前就撰文指出，此上諭針對著庚子賠款的中外談判，從上下文看，意思是要談判大臣"以最小的代價，以盡可能少的'中華之物力'，來'結與國之歡心'"。

這一解讀大體不差。其實也不必是什麼"新解"，當年的讀書人應皆明白，否則早已"舉國嘩然"了。儘管王先生也說："本文的'新解'並不從根本上影響史學界關於清政府在義和團運動後，已經成為'洋人的朝廷'，成為帝國主義統治中國人民的走狗與工具的傳統評價。"似乎他仍贊同上述"傳統評價"，其實當然不是，否則何須寫此文章？大概王先生的"新解"尚未被寫進教科書，導致這一"傳統評價"為本書所採納。可知在書本裏做新聞，不易。

進入"辛亥革命現場"後，本書著重論述了"三種傾覆清廷的政治力量"，即：一、"孫中山及其革命黨"；二、"士紳集團的立憲派”；三、“袁世凱與軍人集團”（第5頁）。這大體是延續李劍農的見解，不過李劍農對袁世凱一派的界定，始稱“實力派”，更多則稱“軍閥官僚派”；而本書作者似更“尚武”，遂刪去了“官僚”，僅剩下軍人組團。這多少有些後見之明的意味，清季之人便少有這樣的看法。而且，假如當年確有所謂“立憲派”，在那時很多人眼裏，立憲的主要推手袁世凱就應是最重要的成員，而不是另一個“軍人集團”的代表。

其實，我一向對“立憲派”的用法有些保留，因為太多的人被涵蓋在這一標籤之下了。本書也注意到“立憲派”其實“分國內與海外兩支”，已經比很多當下的歷史學者高明。但當年的立憲本是一個自上而下的革政進程，要說國內“立憲派”的支柱，那就是從慈禧太后到攝政王的領導核心。至少慈禧太后深恨著國外“立憲派”的康、梁，其餘傾向立憲的朝野臣民，對此心裏也都明鏡兒似的，他們恐不願與逋逃之人化為同派（假如願意，清廷的寬容就真為世間少有了）。

那時的人際關係相當曲折，曾為改革大員草擬奏摺的梁啟超，就是一位被很多後人列為“立憲派”，又被很多當時的“立憲”所排擠的人。

附帶說，本書一則曰“代表傳統文人集團的‘立憲派’”，再則曰“由傳統中國士紳構成的‘立憲派’”（第2頁）。這樣的表述，在那些被倚重的教科書中似不存在，或許作者只是信手拈來，借以修飾。但有些新聞學不重視的字眼，歷史學卻很看重。當年的"文人"和"士人",實不能同日而語。如果起昔人於地下,那些被我們列入此派的人知道這原是一個"傳統文人集團",相信多數人會退出。又假如"立憲派"是由"傳統士紳構成",當年不怎麼傳統的、現代的或趨新的"士紳",又劃在哪一派?而被不少人視為"頑固派"或"保守派"的那些士人,是不夠"傳統",還是"前傳統"?試學學本書的表述風格:一個或不經意的修飾,幾十年研究付之東流。

當然,或許後面這些人不被納入,是因為其不在本書的論述範圍之中。作者的定位很清楚,既然論述革命,則"清廷"這一革命的對象就不必是重點——它已"在現代國家形成的過程中,不適而被拋棄";即使對上述三力量而言,"清廷存亡與否,也都是為著應對現代化挑戰的附屬條件"(第19頁)。簡言之,有了格局眼光的後見之明,被傾覆的"清廷",只是"現場"的配角。

然而,"清廷"的界定可寬可窄,那許多宗室親貴和百官,與這三派的關聯如何?他們即使是配角,或也是故事中必不可少的。不過這確實不怪本書作者,當年的教科書,多以"革命派"為論述主線,就是"立憲派"和"軍人集團",也都僅是配角;本書將其升格為主角,已是一大突破了。

大體上,本書並非寫給專業學人看的。作者的領悟力非凡,其所看之書和看書的傾向,則有些不可恭維。以其所據之書,而能有很多不凡的見解,確已難能可貴。最主要的是,作者寫書的基本態度，乃是"放下鬥爭心態，嘗試著去與歷史和解"（第 19 頁）。比起那些想要"拷問"歷史或至少"拷問"史料的人，真有霄壤之別。竊以為這是治史最重要的基本態度，所有習史學者都應參考，甚至學習。

學問從來都是相通的；甚至學與非學之間，也是相通的。我們實不必太看重什麼新聞學與史學的區分。且兩者確有一共性，即都要講故事，還不能離真實太遠。今日新聞的故事講得如何，且待他人評說。史學本是最需要講故事也最適合於講故事的，但我們的很多歷史著作，確實沒有多少"可讀性"，不能讓老百姓喜歡，同時離真實也未必就有多近，還大有提高的空間。

另一方面，正所謂習慣成自然。一件事做久了，也有一些慣性的思維模式，不知不覺之間，便會顯露出來。辛亥"革命何以發生"，對於作者，便只是"一個小小的疑問"。全書二十餘萬字，除去名為《那些人，這些書》的讀書筆記，以及名為《革命的民國邏輯》實則陳述中共黨史的最後一章，與辛亥革命相關的大概也就十五萬字。作者對於這一小小疑問"竟衍生出如此篇幅"，以及"弄清楚一段歷史，實為一個漫長的過程"（指其花了幾個月的時間），皆頗為感慨（第 270 頁）。

這些大概都是新聞學的標準。對於史家來說，辛亥"革命何以發生"這個問題實在夠大，可能幾代人都難以回答。要認識辛亥革命並講述其故事，幾個月的時間，十幾萬字的篇幅，絕對屬於超凡絕俗之流，已入言簡意賅之境。套用新聞學老前輩杜亞泉的話說，辛亥鼎革，實乃"五千年以來之大變"。史家言此，常有五千年的重負在身，觸處皆感桎梏；而新聞學的好處，則沒有那麼沉重的壓力，故思想較能解放，思路也更活絡。

那些連歷史劇也要挑剔的史學從業者，或會對本書的嚴謹程度不甚滿意。然而講故事也有說事與說理之別，正如作畫有寫真與寫意之分。前者只能出新意於法度之中，後者便可寄妙理於豪放之外。同樣讀那些歷史教科書，本書作者展現的想像力，可謂豐富。讀書當讀其佳處。對於本書靈動之筆觸，意會足矣。如作者所言，"弄清楚一段歷史，實為一個漫長的過程"。對辛亥革命的認識之路，還修遠著呢！史家能自振作，寫出足以讓人借鑒的作品，才是學術建設的正道。

（原刊《讀書》2013 年 2 期）

道出於二之後：從中學到國學再到四部之學 [1]

　　因為朋友邀請，有這樣一個學習的機會，甚感榮幸！我對儒學是外行，也不懂什麼"範式"，遑論"轉移"（這不是客氣，我到現在也從沒使用過"範式"一詞，除非是加了引號的引用）。一句話，今天就是來學習的（這仍不是客氣，借用外國人的說法，這是實話實說）。會議的題目中，我略知一點的是"現代學科分化的背景"。下面要向各位匯報的，大體是這方面一些不成熟的體會。

　　但這個題目不好講，我曾在台北講過一次經典在近代中國的淡出，當時用了"消逝"一詞，結果很多喜歡經典的朋友很不高興，因為還有很多人在讀經。但讀經是尋求人生或天下的指引，還是以"觀察""研究"的方式閱讀，具有根本的不同。從經典長期指導人生、指導社會、指導國家的意義言，恐怕真是"消逝"。但我不想再讓人不高興，為避免誤會，我要先聲明，下面

1　本文原為"範式轉移與學統重建：現代學科分化背景下的儒家天命"研討會發言

是從史學角度陳述我所看到的歷史現象，所謂“述史如史”。例如我若觀察到近代出現了經學衰微的現象，這觀察可能準確，也可能不準確，但我陳述出來，就只是說歷史上有此現象而已，沒有褒貶的意思，也不代表我贊成或反對經學。

我們今天所說的“學科”，基本是個外來觀念，中國過去的學問不講究、不提倡卻也不反對分而治之，近代由於西潮的衝擊，出現了中西學對峙的基本格局，也大體接受了西方的“學科”分類。這個接受雖然基本是主動的（在西方努力輸出的物事中，“學科”的確非其所重），但隱含著重大的思想、學問的權勢轉移。

大體上，晚清西潮入侵，促生出一個對應於西學的“中學”，意味著以天下（實即人類社會）為對象的學問，成為一種全球競爭中的民族性論述。這已經是翻天覆地的巨變，其中還隱伏著一個具有根本性的深刻變化，即在這樣一種民族化的脈絡中，原來高居於學問頂端的經學，如今變成了“中學”的一個組成部分，隱含著甚或明示出不再被獨尊的意味，是一種大幅的淪落。換言之，在中西學對峙競爭的大環境下，“中學”甫出現就伴隨著整體的失據。

清末又開始興起國粹、國故、國學等象徵性名目，雖昌言者大部分立意近於保守，但都有一個不言的共性，即經學都只是其中的一部分。入民國後，一些文化立場偏於保守者特意重申（更多是創立）所謂的“四部之學”。這些看似不帶褒貶的名相，其實飽含著故意為之的"情緒"（即要表示我們自有"學科"）；雖越來越以防守為主，仍未能改變節節敗退的趨勢。經學後來基本被取消或半取消，實因其往昔的顯赫地位在被否定之前，早已經歷了嚴重的式微。我們只要著眼於經學地位的轉變，馬上就看出"學科"確立中隱含的權勢轉移。

所以，近代日趨激烈的中西文化競爭，當年就曾被一些讀書人視為"學戰"。不僅有時人所謂"毀學""滅學"的直接打壓，"西學"本身在士人心目中的確立，也使傳統的"道"被空間化。王國維後來曾簡明概括的"道出於二"，就是一個根本性的轉變。"道"本應是普適於天下即整個人類社會的，[1]既然西有西"道"，則中國的"道"也就成為中西學之下的一個區域成分了。其結果，既存的普世之道已退縮為與他道競存的一方之道，是"道"的一大退步或退讓，最能表明時代的轉換。

且這是王國維晚年的表述，曾經趨新的他，那時已明確站在中學一邊，被人視為保守，卻也逃不出中西對峙的立場，甚至並未意識到自己其實已遠離過去讀書人的立場了。實際的結果，是道趨於一，但道是外在的，因為"世界"就常常可以不包括中國，而且實際為所謂"西方"所掌控，則一般視為世界通行的"道"，其實也是以西方的"道"為基準的。曾多次援用《莊子·齊物論》中"道通為一"說法的嚴復，原本是傾向於"全盤西化"

1　當然，"天下"本有今日所謂"中國"與"世界"兩義，王國維這樣的區分，從一個側面體現出在他心目中"天下"確實等同於"中國"。

的，後來不得不把"道出於二"作為退守的陣地，其實是想要退回"道出於二"的階段，還不一定能守得住。

晚清讀書人大都接受一種看法，即一時代應有一時代的學問制度，而近代中國已進入一個新的時代，其學問制度卻滯後而不適應。當學問制度也有所謂時代性，就與"道出於二"相類了，不過時空之別而已（從以觀空而觀時的視角看）。這和以前讀書人相信的"天不變道亦不變"根本不同，經典承載的是"為萬世開太平"的道，固不應隨時空之轉變而變，若作此想，實已近於失範了。

對於清末民初的讀書人來說，若道出於一，則中西之別很容易從認知層面轉換為新舊之分，故趨新從新雖在實質上也是一種取代，但畢竟是隱晦的，還可以自視為一種本身的提升；若道出於二，則從新不啻尊西，意味著在意識層面也不得不棄中，那就可能是一種正式的"降服"。嚴復個人態度的轉變，就是一個顯例。他在清末曾特別反對當日流行的"中學為體、西學為用"的說法：

> 中西學之為異也，如其種人之面目然，不可強謂似也。故中學有中學之體用，西學有西學之體用，分之則並立，合之則兩亡。

民國初立，嚴復就任京師大學堂總監督。1912 年 3 月，因

"國體變更，政體亦因之不同"，他召集中西教員討論各科改良辦法。會上議及"將經、文兩科合併，改名國學科"。此雖報紙言說，應就是嚴復自己的意思，他在私下給熊純如的信中說：

> 欲將大學經、文兩科合併為一，以為完全講治舊學之區，用以保持吾國四五千載聖聖相傳之綱紀彝倫道德文章於不墜。且又悟向所謂合一爐而冶之者，徒虛言耳。為之不已，其終且至於兩亡。故今立斯科，竊欲盡從吾舊，而勿雜以新；且必為其真，而勿循其偽。

嚴復關於中西兩學分則並立、合則兩亡的主張仍舊，但立意已根本轉變。他早年強調中西學各自有其體用，雖辯稱不是"盡去吾國之舊，以謀西人之新"，其主張實接近全盤西化。蓋若兩學分立是建立在"道出於一"的基礎之上，則即使盡從西學，"西人之新"也可以轉化為"自身之新"。他後來仍主張劃分中西，卻明言"盡從吾舊，而勿雜以新"，乃是要維護本原性的中國舊學，顯然是基於"道出於二"格局的退守。

民初"國學科"在大學堂裏的正式提出，充分體現了辛亥鼎革的意義 —— 此前關於"國粹"的主張，如今要在制度上付諸實踐了。

然而，經學若只是"國學"的一部分，成為一種教學和研究的對象，便無復任何特殊地位可言。嚴復對經學的態度，與民初正式廢經學的教育總長蔡元培，實相距不遠，即兩人都不欲承認經學在教育上的特殊地位。稍後北大的所謂"守舊"者，也不過提出"昌明國故"的口號，[1] 頗有些意味深長。經學成為"國故"的一個組成部分，既是傳統負面整體化的一個象徵，也表明"經學"連單獨"昌明"的地位都沒有了，遑論復興。

在中西"學戰"的格局下，經學地位的轉變，與"中學""國學"等名目的發生發展相關。即使那些試圖維護"中學"的努力，也使經學逐步成為諸學之一，而且是越來越平等的"之一"，頗有些類似近代中國從大一統轉化為萬國之一的狀態。這一進程的最後階段，便定位在所謂"四部之學"上。四部本圖書分類，此前僅聞經學、史學；諸子學的說法出現已晚，定名恐更晚；"集學"之稱，幾乎前無所聞，後亦少見（今姑視其為存在）。惟學若為四部，而經學居其一，則經學與其他三學的關係，便大致已是平等的。

這是一個了不得的變化，此前即使作為讀書人的研治對象，經學也向居中心位置。與之地位接近甚或偶爾與之競爭的，惟史學。如今經學不過是個與其他學門或學科並列的學術門類之一，完全喪失了昔日的指導性地位，其衰落實不言而喻。最具詭論意味的是，民初言四部之學者，多是文化態度守舊之人。他們有意不使用 —— 意味著不接受 —— 西來的學術分科，本不過是表明

1　劉師培、黃侃主導的《國故月刊》，與提倡讀經的群體未必同道。當時社會上很多提倡讀經者，恐怕不一定能得劉師培、黃侃的首肯，詳另文。

一種態度，卻是在新的場域和語境中表態。結果，這樣一種看似“重申”、實為創建中學門類的舉措，不啻表明他們中絕大多數也都接受了學應分科且諸學平等的新觀念。從文化立場言，他們是名副其實的保守派；從學科分類看，他們是徹頭徹尾的革新派。

在中西學對峙競爭的大環境下，一方面，“道”被空間化，連文化態度相對保守的士人也不同程度地接受了中西各有其“道”的認知；另一方面，很多文化態度守舊之人，無意中也走上趨新追新之路，從中學、國學到四部之學的步步退守，一定程度上也隱伏著層層屈服。中學既整體失據，經典亦隨之而退隱。一方面是體制上的退隱，如在新學校教育系統中的地位轉變，損之又損，以至於無；另一方面是在“研究”領域的退隱，先變為書籍，然後變為史料，進而變為與歌謠小說地位相近的書籍或史料，再後變為可信度不如歌謠小說的史料，更後變為多不可信甚或偽造的“材料”。

借用康有為的典型表述，一旦從“獨立一統之世”被迫走入“萬國並立之時”，不論“道出於一”還是“道出於二”，既然學問成了世界性的，經學也好，儒學也好，國學也好，都不得不面臨新來的挑戰。經學、儒學或國學不能離開世界，或許不一定亟亟於爭取“學科”上的國家承認，卻必須成為可以與所有人分享（包括與“萬學”分享）的道理，畢竟道不遠人，遠人非道。另一方面，在思想對外開放、盡可能吸收其他文化學理的同時，或也要注意我們的傳統是有來學無往教，分享也最好是他人主動來分享，似不必非由自己"輸出"不可。而最能讓人主動來分享的，就是自己要做得好。

（原刊《天府新論》2016 年 1 期）

學無常師 [1]

　　中國的近代，出現了一個歷史上前所未有的社群，就是留學生。這是一個仍在繼續擴充、在社會上產生了重要影響但又不時存在一些爭議的群體。有些人對其特別欣賞，另一些人則稍帶不滿，還有更多日出而作、日落而息的人，恐怕尚未關注及此。

　　近代中國的留學生，第一是規模大，第二是如潮水般波濤洶湧，至少有三四次所謂的高潮：甲午戰爭後蜂擁去日本是第一次，抗戰後到美國的人數也不少，中共執掌政權後還有兩次大規模的留學潮 —— 50 年代（以下非特別注明，皆指 20 世紀）留學蘇聯和東歐及 "改革開放" 後留學美國、日本和歐洲（後者迄今仍在延續，規模似也有增無減）。這又提示出第三個特點，即留學往往受到官方鼓勵，其行為超越於政權的轉換。要了解這不同的留學大潮，及此中形成的 "留學生" 群體，最好還是從其歷史語境和發展進程中去認識。

1　本文原為《中國留美學生史》序言

從文化中心到稱弟子國

在中國歷史上，除了雅俗皆知的"唐僧取經"故事那一時段到天竺學佛，到外國去學習的實在不多，這方面的歷史經驗並不充分。我們的歷史記載和歷史記憶中，倒是多少有些外來的學習者。惟對後者也不特別鼓勵。中國傳統行為準則的一個要點，即《禮記》所謂"禮聞來學，不聞往教"。要別人先表示了"向學"的願望且肯拜師，然後才鼓勵教誨之。主動向人輸出知識，即是"好為人師"，這樣的行為是不被提倡的。

這一準則也延伸到中外關係之上。古人需要"四裔"的存在和向化來印證"中夏"的正當性，但並不特別看重"四裔"，也不強調文化輸出。對向化之心不誠的"夷狄"，更禁止其學習中國文化。隨著西潮東漸，近代中國人由被動而主動，逐漸認識到與外國交往的重要，也曾設廣方言館以培訓外語人才。與今天不同的是，當年一般人家並不視此為子弟的優先選擇，蓋以"謀生"之技藝為求學目的，那時尚未普及；而有志做國家棟樑者，原不必通"方言"。連學習外國的"方言"都不積極，遑論遠赴外國唸書了。19 世紀中葉第一批官派留美幼童，多半是邊緣區域邊緣人家的子弟。那一次官派留學生的嘗試，也不以成功著稱。

這個狀況後來有了很大的轉變。以文野分華夷的中國士人，本自視為世界文化中心，而視洋人為野而不文的"夷狄"；在一系列的戰敗之後，逐漸被戰勝者改變了思想方式，接受了以強弱分文野的新觀念；進而主動承認西方為文明，而自認為居於世界文化邊緣的野蠻人。幾十年間，國人對西方的認知，從"夷務"到"洋務"再到"時務"，由貶義的"夷"到平等的"西"再到尊崇的"泰西"；對西方的態度，也從屈尊到傾慕"泰西"，蜂擁出洋遊學，發生了急劇而徹底的轉變。

屢受西方欺凌的中國人竟會主動向入侵者學習，特別是甲午戰敗後，大量的中國學生湧入敵國日本而轉手學習西方，等於進一步從"師夷"走向了"師敵"。這一非常不合人之常情的現象，是理解近代中國的一個重要突破口，特別值得探究。儘管當時就有人以"日人我之仇讎，不當使之借箸"為理由反對效法日本；更流行的觀念，則是與其"遠效西人，不若近法日本"。

前往日本者佔當時留學生的最大部分，而他們的主要目標並非學習日本，而是轉手學習西方。康有為曾形象地說，"泰西諸學之書，其精者日人已略譯之矣。吾因其成功而用之，是吾以泰西為牛，日本為農夫，而吾坐而食之"。不過，任何仿效的過程自然包括意識層面的選擇、更易和無意中的失真，仿效者本身在此進程中也會形成帶有自身特色的文化學說。轉手"坐而食之"者，所學的究竟是牛還是農夫，亦正難說。

到日俄戰爭前後，"倭學"一詞已出現在名滿天下的湖南舉人王闓運和幾乎無人知曉的山西舉人劉大鵬口中。這一多少表示不以為然的名詞能夠流通，提示著因轉販西學而獲其地位的日本學，已經脫離了依附的地位，而漸具獨立的認同。在另一些人眼中，"倭學"的地位更逐漸提高，成為與"泰西之學"並立的"泰東之學"。兩者的並列表明，西方在中國的文化權勢已擴展到日本身上。不論是貶還是尊，一個獨立的日本學出現在中西對峙的格局中，都揭示出中國在近代文化競爭中更為慘重的失敗——中介的獨立存在意味著中學與西學之間的距離又更增大了。

大體上，近代中國學西方走的是一條上行下效、朝野配合（不全是有意的）之路。不過，由於中國傳統向不重視甚至阻止文化輸出，中國士人對於文化競爭缺乏思想準備，基本是在中西競爭的過程中才逐步認識到時人所謂"學戰"的重要。雖在游泳中學會了游泳，卻為時已晚，不知不覺中，已沿著"西學為用"的方向走上了"中學不能為體"的不歸之路。

與此同時，西方在中國人思想中的地位也步步上升。1891年時，康有為已發現，當時士人"稍知西學，則尊奉太過，而化為西人"。戊戌維新前後，更出現極富想像力的"進種改良"或"合種通教"之說，即通過整體的黃白通婚一次性地實現中西"合種"，真想從人種上"化為西人"。後來從梁啟超到《國粹學報》之人，也至少都嚮往過中西"兩大文明結婚"，覬覦著文化上的"合種通教"。到 20 世紀初年，鄧實回顧這段西力東侵的歷程說：由於中國在近代中外競爭中屢屢失利，

　　憂時之士，憤神州之不振，哀黃民之多艱，以謂中國之

弱，弱於中國之學；中國之學，必不足以強中國。於是而求西學。尊西人若帝天，視西籍如神聖。方言之學堂、翻譯之會社，如雲而起。（《國學保存論》）

鄧實那段時間基本活動在上海，耳濡目染著中國最為尊西的風尚。類似的風氣很快彌漫全國，且得到政府的鼓勵。劉大鵬大約同時就觀察到，當時"國家取士以通洋務、西學者為超特之科，而孔孟之學不聞鄭重"，於是"天下之士莫不捨孔孟而向洋學"。他後來更總結說：朝廷從改設新學堂到廢科舉，進而"派學生出洋留學以學洋夷之學"，在西向路上步步深入。而"洋學既盛，孔孟之學遂無人講，中國人士均尚西學"。

到 20 世紀初年科舉考試改革時，留學已漸成學子眾目所歸之的。嚴復在 1902 年觀察到："近今海內，年在三十上下，於舊學根柢磐深，文才茂美，而有憤悱之意，欲考西國新學者，其人甚多。上自詞林部曹，下逮舉貢，往往而遇。"幾年後科舉廢除，留學風氣更盛，如胡適在 1910 年給母親的信中所說："現在時勢，科舉既停，上進之階，惟有出洋留學一途。"在那個時候，有特別家庭背景者或貧寒而急於謀生者，可能還有別的選項。對胡適這樣希望做國家棟樑的小康子弟來說，留學可能真是上進的"惟有"之一途。

類似心態到民國後已成普遍現象，胡適注意到，當時"國內學生，心目中惟以留學為最高目的"。因為那時能獲得一個在外國可以"車載斗量"的本科學位,歸國即被"尊之如帝天"。幾年前鄧實所見西人享受的社會尊崇,已漸過渡到留學生身上了。與幾十年前良家子弟連方言學堂都不願進的世風相比,真可謂天壤之別。

辛亥鼎革後,民國新政府也"以官費留學為賞功之具"。不少對革命有貢獻的人,放棄政府的官職,而選擇領取此賞,既印證了當年留學所受的青睞,也說明至少一部分人選擇留學,並不僅僅是為了個人的"上進"(如領取此賞的川人任鴻雋,已官至總統府秘書,就仕途言絕不是個低起點)。

對昔人而言,上升性的社會變動不僅牽涉到個人出路,"振家聲"乃是高層次的盡孝道,也是很多社會人不能不顧及的問題。然而,一個有志成為國家棟樑的讀書人,當然不會僅僅考慮個人出路和家庭榮譽。曾努力爭取並得到庚款留美機會的胡適和梅光迪,卻都對留學異邦有著相當的保留。胡適更寫出著名的《非留學篇》,慨嘆"以數千年之古國,東亞文明之領袖",竟然"一變而北面受學,稱弟子國",真是"天下之大恥"!

一聲嘆息之中,混雜著中國人長久的文化自負和新引進的西方國家觀念;過渡時代的中國讀書人,始終掙扎於中西新舊之間,那種錯綜複雜的心態,實難以言表。以留學生而非留學,其內心的緊張煎熬,又怎一個苦字了得!必認真體味他們那不得不如是的苦心孤詣,方可以知人論世,進而了解充斥著各式各樣詭論性因素的近代中國。反過來,必對近代中西文化競爭發展演進的語境有"了解之同情"，才能真正懂得這些非留學的留學生。

教育救國的崎嶇路

19—20世紀之交，學戰觀念在中國已漸普及。胡適之所以要"非"留學，其根本原因就在於他將中西之爭視為兩種文明之爭，而留學是競爭失敗即"學不能競"的結果。文化競爭既然失敗，只有"忍辱蒙恥，派遣學子，留學異邦"。中國需要"以他人之所長，補我之不足"。故留學雖為"吾國之大恥"，也不得不"植才異國，輸入文明"，使中國"古文明得新生機而益發揚張大，為神州造一新舊混合之新文明"。

也因此，"留學乃一時緩急之計，而振興國內高等教育，乃萬世久遠之圖"。中國必須辦好自己的大學，"俾固有之文明，得有所積聚而保存；而輸入之文明，亦有所依歸而同化"。如果本國大學辦不成功，則學子不得不長期留學，將"永永北面受學稱弟子國"。這不但是"天下之大恥"，更重要的是，"神州新文明之夢，終成虛願耳"。簡言之，這是一條"教育救國"之路，留學是以不留學為目的。

在大量中國學生湧入日本的同時，前往歐美留學者雖數量相對較少，也同樣呈現與日俱增之勢。在世界歷史上，這樣大規模地往他國留學，似乎也是前所未有的。以中國文化那長久的自負，出現這樣的現象，頗不合常理。據說只有文化競爭失敗，才可能對征服者既憎恨又模仿，為了自救而忍受向敵人學習的屈辱。但近代中國領土主權基本保持，在某種程度上，能向敵人學習，恐怕也是信心尚存，即確信中學可以為體這一觀念使然。

近代中國與各殖民地不同的一個重要特點，即領土主權基本保持。由於這一因素的存在，帝國主義入侵的策略和中國對侵略的態度，都與殖民地場域中的頗不相同。故各殖民地被侵略和反侵略的歷史，與近代中國沒有多少直接的可比性，卻又多有相似或相反的參考之處，故對殖民地的研究仍有很大的參照作用。必充分了解世界範圍裏侵略、被侵略和反侵略的發展演變，才能真正凸顯近代中國那些與人不同的"特色"。

西人在殖民地歷來少辦教育，殖民地的高層次教育通常要訴諸留學。而近代中國與殖民地一大不同，即是教育的獨立 —— 先有適應科舉考試的各級教育體制，後有自辦的大中小學。科舉未廢時，留洋之人為數甚少，留學生也難成氣候，不十分為社會所承認。廢科舉後，新制以文憑對應科舉之功名，而中國的大學堂尚無畢業生，最高學歷只能來自留學；洋文憑價值陡增，留學生之地位亦遽變。中國雖不是殖民地，無形中卻形成了接近於殖民地的狀況。但這個時段不長。隨著中國自辦教育的成長，主要人才越來越多出自本國學校，終與殖民地迥異。

與殖民地的留學生往往成為國內反帝運動的先驅不同，正因中國被侵略的程度相對淺，加上不重文化競爭的傳統，中國人對異文化的排拒心理也相對較弱。從廢科舉到辦理新學堂，都可見明顯的外國影響。最早鼓吹廢科舉的，似乎就是西方傳教士。中國自辦的新教育，也基本走的是模仿之路；清季主要模仿日本式的西方教育體系，入民國後美國影響漸增，在相當長的時間裏，高等學校中大量課程甚至以英語為教學語言。簡言之，中國的新教育首先是自主的，同時又是模仿的，且其模仿也大體是自願的。

在此背景下，中國的留學和留學生都有其特別之處。清末民初西人和留學生先後被 "尊之如帝天" 的現象，反映出非常錯綜複雜的心態，無論在思想還是社會層面，都一言難盡。中共執掌政權後的兩次留學大潮，也與過去一樣，都是官方主導和推動的（50 年代那次更完全是所謂政府行為）。一方面始終有自主的教育，另一方面又持續出現具有朝野共識的大規模留學，是近代中國教育的一個重要特徵。

這樣看來，儘管胡適提出以中國辦大學來取代留學這一長遠規劃仍帶有 "雪恥" 的思緒（即不再為 "弟子國"），"以建設為否定" 的取向畢竟已經提出；但要很多年之後，國人才逐漸認識到建設重於破壞的意義（實則迄今認識仍不足）。中國自身的教育和學術建設，始終未能達到足以作為再造文明的基礎，恐怕是群體性的留學不僅不能廢，也少見人 "非" 的一個主要原因。

若僅從教育視角看，中國本有學無常師的傳統，即使較大規模的留學，也不必就是"國恥"。19世紀最後十年也是美國海外留學的高峰，其中多數人是到德國讀研究生。在20世紀前二十年裏，美國人一面繼續留學，同時開始重視自己的研究生教育，此後便基本確立了高等教育人才自我培養的局面（出國留學的美國人始終都有，但基本是一種個體行為）。如果從這個角度看，中國留學生在教育方面的貢獻，是遠不如美國的。

平心而論，至少民國之後幾次學制的策劃、制定和修訂，留學生都扮演了舉足輕重的角色。從20年代到40年代，留學生在中國主要大學中佔有不可或缺的重要地位。如果不是戰亂，中國大學教育還可以有更高的水準；即使在抗戰期間，西南地區的一些核心大學（不僅是人們經常掛在口上的西南聯大）的畢業生，似不輸於世界上任何大學。在這方面，留學生的貢獻是有目共睹的。但中國留學生在教育方面的努力，始終未能結束較大規模的群體性留學這一趨勢，也是不可諱言的事實（當然還有很多政策和技術方面的因素，如研究生階段的教育發展滯後，從一開始就分科過細也過重實用，等等）。

另一方面，當年中國留學生在政治、金融、法律等方面的影響，也不是美國的留學生所能比擬的。這與各自的取向和定位有關：美國的留學從一開始就是以教育和學術為主的，而中國留學生則承擔了遠更寬廣的責任。胡適當年所說的"採三山之神藥，乞醫國之金丹"，反映出很多人的共同心聲。"醫國"乃清末民初的通用語，其背後的預設是國已有病，這是很多具有保守傾向的人（從張之洞到錢穆）也願意承認的；而藥方不在本國既存資源之中，更是一個越來越得到廣泛分享的觀念。留學雖意味著走"教育救國"之路，"醫國"畢竟是比教育遠更寬廣的任務，牽涉到方方面面的眾多領域。

"學生"更由於本身就是近代中國一個特殊的新興社群，一出現就受到不同尋常的對待，有意無意間也承擔了很多"功夫在詩外"的責任。就像學生在"五四"後因地位上升而一度以運動為正業、以學習為副業一樣，留學生從一開始就被賦予或寄予了各式各樣超越於學業的重任。這一早期的思路不知不覺中成為有力的傳統，要到 20 世紀中葉，留學才向以科技為主的"學術"傾斜；但直到今天，從政府到媒體，也都把"回國創業"作為留學生的一個主要職能、出路甚或責任。

在這樣的氛圍下，近代中國的留學從一開始就具有超越於學術和教育的特色，其成效和不足，也都不僅表現在教育和學術方面。康有為在民國初年慨嘆：中國"遊學之士，近已萬數"，但在譯書方面尚不及日本明治五年（1872 年，約清同治十一年）以前。蓋留學生或者甫畢業即任顯官，"或從黨事，嘩囂取寵"，而無人肯從事於清冷之誦譯，終至"遊學數萬，竟乏學者"。大約同時，胡適也觀察到中國有留學生"至數十年之久，而不得一專門學者"的現象。他以為這正是其定位所致，蓋"國家之所求固不在此，而個人之所志亦不在此"。這樣一種超越於教育和學術的定位，也導致了留學歐美和留學日本者在國內的不同影響。

清末民初的東西洋留學生

留日學生張繼在 1903 年說：“學生為一國之原動力，為文明進化之母。以舉國無人之今日，尤不得不服於學生諸君。而東京之留學生，尤為舉國學生之表率。”其以“學生諸君”對應“舉國無人”，頗能體現當時社會變遷在思想層面的反映；而學生中又以“東京留學生”為表率，那種自負和責任感，躍然紙上。

這並非僅是留日學生的自詡，辛亥鼎革後，留美學生梅光迪也表示“不能不崇拜東洋留學生”，因為他們辦的雜誌為革命成功奠定了輿論基礎。胡適稍後採納了這一見解，也說中國“晚近思想革命、政治革命，其主動力，多出於東洋留學生，而西洋留學生寂然無聞焉。其故非東洋學生之學問高於西洋學生也，乃東洋留學生之能著書立說者之功耳”。

直到新文化運動開始後，梁啟超仍在發揮胡適這一見解，以為“晚清西洋思想之運動，最大不幸者一事焉，蓋西洋留學生殆全體未嘗參加於此運動；運動之原動力及其中堅，乃在不通西洋語言文字之人”。西洋留學生與國內思想言說的疏離，致使學西方的“運動垂二十年，卒不能得一堅實之基礎，旋起旋落，為社會所輕”。因此，西洋留學生是“深有負於國家”的。

的確，從戊戌維新到辛亥革命，中國思想文化學術中的日本痕跡非常顯著。康有為所說的民初任高官和從事“黨事”以造反的留學生，也都以留學日本者為主。但在 1915 年的“二十一條”

事件後，中國教育發展模式不再以日本為學習榜樣，日本教習在中國教育界的既存影響也急劇衰減。

大約同時，歐美留學生的大量歸國意味著中國能直接閱讀"蟹行文字"者突然增多，強化了直接以歐美為榜樣的可行性。顧維鈞在政界的迅速上升和胡適在學界的"暴得大名"，多少象徵著一種那時開始顯露的權勢轉移——美國在華影響的上升和日本影響的下降。此後中國人向外國學習的大潮，基本落實在"拿英美作榜樣"（陳獨秀語）及"以俄為師"兩方面。

恰於此時發生的新文化運動，成為一個重要的轉折。五四學生運動後的十年，思想界一個明顯的趨勢是留英美學生的優勢日顯，逐漸取代過去留日學生的地位；而在高等教育領域，留美學生更漸成主流。越來越多的思想資源直接來自西方，不再轉手於日本。到中國成了西方思想的戰場後，留學生的作用和影響進一步增強。20年代各大學不少新設的"國學"機構也以留學生為要員，用傅斯年的話說，"此時修史，非留學生不可；粹然老儒，乃真無能為役"。連修本國史都不能不依賴留學生，最可見學術思想領域的權勢轉移。

大約從20年代起，英美留學生逐漸取得一些思想學術的優勢。於是有所謂"鍍金"的英美留學生和"鍍銀"的日本留學生，兩者在很多方面的待遇開始出現差異，且日漸明顯。但這一差異主要體現在精英性明顯的教育和學術領域，在面對大眾的思想文化界，所謂"鍍金派"不僅談不上優勢，甚至可以說處於劣勢。

至於在軍事、金融、法律等方面,日本留學生仍保持著明顯的優勢,直到 1949 年的政權更迭。

就留學生本身而言,康有為所謂"遊學數萬,竟乏學者"的現象,在留日學生中也更普遍。當年學生去日本的方式本是蜂擁而入,其品質良莠不齊,許多也只是徒有虛名而已。如 1905 年底因抗議日本歧視而返國的數千留日學生在上海組織了中國公學,號稱"中國第一所私立大學",然而次年考入該校的胡適,此前不過唸了兩年上海的私立新學堂,在公學裏竟然以英文好著名,算學也"毫不費力"。可知很多從日本回來的留學生,在"新學"方面的知識水準,尚不如上海一些私立中學的學生。

雖然當年向國內介紹西洋思想的不必就是這些人,至少,凡留學生便以西學或新學見長的認知,從一開始就頗具迷思意味。另一方面,如果對留學生的社會定位本不一定以"學"為主,而當時更普遍的需求正是對政治或文化變革能發揮刺激作用的文字,則梁啟超所謂"本末不具,派別不明"的輸入方式,雖以淺薄著稱,恰為社會所歡迎。反倒是那種更準確反映"該思想之本來面目,又必具其條理本末"者,國人還未必就樂於接受;而輸入者自身,也常常感到知音難覓的孤寂。

近代中國基本是個聽眾決定演員地位的時代。而動盪年代的聽眾,顯然更喜歡所謂"梁啟超式輸入"的激情,卻未必欣賞偏於學理的凝重。結果,西洋留學生對推廣西學的參與,並未起到梁啟超所想像的轉變,他們與國內思想言說的疏離也未能彌合。

相反，或許正因他們輸入的新知過多考慮學說的"條理本末"，其努力往往成為自說自話，不僅不能像黃遠庸所說的"與一般之人生出交涉"，就是與國內的知識精英，也存在著溝通的困難。

留美學者湯茂如在 1926 年說出了相當一部分人的感受："中國的學者有一種共同的遺憾，就是沒有機會發表他們的所有。不識字的人，自然沒有資格聽他們的言論；即一般所謂知識階級，亦不能完全明白領會。"其原因，就在"民眾的知識程度太低"。結果，"學者自為學者，很難與社會交換意見"。

這樣的區分，及其所標示的身份認同（若不計"沒有資格"做聽眾的百姓，則一方是"一般知識階級"，而湯氏等留學生乃為"中國學者"），實在意味深長。不"一般"的歐美留學生那種落寞孤寂的疏離感，最能體現當時中國社會對學理的接受程度，仍與清末"梁筆"風行之時相去不遠。先後留學日本和美國的楊蔭杭在報紙上代人立言說：

> 魏何晏粉白不去手，行步顧影；宋王安石囚首喪面而談詩書，二者皆失也。中國舊學家，以囚首喪面者為多；今之歐美留學生，以粉白不去手、行步顧影者為多。……行步顧影之留學生，有如花鳥，僅可以供觀賞家之陳設。囚首喪面之老學究，有如骨董，僅可以供考古者之研究。其不切於實用則一也。（《申報》1921 年 11 月 1 日）

老學究如"骨董",是從清末已開始推衍的言說;而留學生如花鳥,則體現著一種新起的失望。進而言之,如果精英層次的新舊學者都不能適應時代的需要,誰來填補思想界的空白?是湯茂如眼中的"一般知識階級",還是不新不舊的邊緣讀書人?後者是社會上一個日益擴大的群體,也更接近"知識程度太低"的廣大民眾。

國內讀書人對留學生的失望也越來越明顯。繆鳳林在談到外國人研究中國史的謬誤時,便對那些"平素以溝通中西文化自任"的留學生深表不滿:他們"既不能介紹吾中國正確之歷史",又不能糾正外國學者的謬誤,反而"竊其謬論,奉為圭臬,且以自詡淵博"。而浦江清原本期待留學生能透徹觀察世界文學潮流,以"開風氣之先,提倡一種文學新理論或一派新作風,以指導國內文壇";結果卻從留美學生所辦的《文藝雜誌》中看到"留學生文風的卑靡"。在他看來,三十年前梁啟超在國外所辦的《新小說》,文字"確有一種朝氣,讀之使人興奮,使人高興,以為中國還有希望"。但"三十年後,盤旋於留學青年的頭腦中的又是什麼?薰習不同,思想完全變了"!

繆鳳林寫文章時還是東南大學的學生,同樣畢業於東南大學的浦江清撰文時則為清華大學的青年教師,他們或許接近湯茂如眼中的"一般知識階級"。其所關注的已多是當時西洋留學生,記憶中的對比仍是過去的東洋留學生。若不計留學生方面的時空轉換,整體言,他們否定口吻中那明顯的失望背後,仍隱伏著身處國內的人對留學生的期待和厚望。

這樣一種對留學生的持續期盼，正隱含著留學生在國人心目中的社會定位，即輸入新知以改變中國。前述大眾與精英、激情與學理的衝突，固然都影響著留學生在國內學界、思想界的地位，而"一般知識階級"對留學生那種期盼與失望兼具的逶迤心態，更揭示出一種相對隱晦且更深層次的緊張——肩負著輸入異學重任的留學生，在其履行任務的進程中，無意間也表現出幾分異己（the other）的特性。

處於中西之間的邊緣人

胡適很早就以為，"歸國留學生"很像"外國傳教士"，其真正的價值在於，"他總是帶回一種新的見解，一種批判的精神。這樣的見解和精神，是一個對事物之既存秩序逐漸習以為常、漠然無動於衷的民族所缺乏的，也是任何改革運動所絕對必須的"。這是典型的夫子自道。和不少他同時代的留學生一樣，胡適就是一個遊移於中西文化之間的邊緣人。他曾自供說，他身上就並存著"中國的我"和"西洋廿世紀的我"兩個不同的"我"。

時空差異如此明晰的雙重認同聚集於一身，無怪乎有人看見他中國的一面，有人看見他西方的一面。而以"傳教士"擬"留學生"，遂使"歸國"者身上，閃爍著幾分"外國"色彩。其口說筆述之間，或也不免忽中忽西、時新時舊。

1916 年胡適在美國時，曾賦詞言志（他自稱為"誓詩"），說要"收他臭腐，還我神奇；為大中華，造新文學"。到 1927 年，他卻將其一手推動的"整理國故"詮釋為"捉妖"和"打鬼"，要"用精密的方法考出古文化的真相"，以收"化神奇為臭腐"之效。這截然相反的兩說，正可見胡適身上那兩個新舊中西不同的"我"，共存又緊張。

所謂傳教士，多有一種獻身精神，不使化外之人皈依，至死不休。懷著這樣的宗教使命感，對本國的"改革"強聒不休，其"批判精神"就可能在不知不覺中發展到為批判而批判的地步。胡適自己曾指責一些留學生為他國物質文明所驚嘆顛倒，遂出主入奴，一回國即"欲舉吾國數千年之禮教文字風節俗尚，一掃而空之，以為不如是不足以言改革"。但他後來為扮演"傳教士"而不得不尊西趨新反傳統，其所作所為，至少在功能上恰與此輩相近；許多人眼中胡適的形象，也大體類似於此。

反過來，在當時尊西趨新的世風之下，有留學生的身份認同，彷彿獲得了某種抵抗"守舊落伍"指責的"免疫"力，反更易於指責西方，也更敢於肯定中國的傳統。如林語堂在舉國反對讀經時，可以為中國的"經書"辯護，強調"一切有系統以求真理的學術"都是科學，故"科學與經書的關係正是今日知識界的一大問題，最應當商量研究的"。徐炳昶在整理國故遭到有力反對時，還公然論證整理國故是"理論科學"的一部分，因而也是"人類精神努力的一部分"；不但不是什麼應當終止的"死路"，反而是一條需要發展的"活路"。

而陳寅恪更敢於在 1933 年自稱其"思想囿於咸豐同治之世，議論近乎（曾）湘鄉（張）南皮之間"，明確表示對中學為體、西學為用主張的認可。而一般視為守舊的顧實，為對抗"舉世拜倒洋學之袴下"的風氣，則不得不標舉趨新者樂道的"學術不分國界"，說什麼"謂以中學為主、西學為輔者，其說非；謂以中學為體、西學為用者，其說更非"。兩人均不贊同"舉世拜倒洋學"的現象，但身為留學生的陳寅恪具有免疫身份，故可公開表同情於中體西用；顧實卻只能以否定中體西用之說，來證明自己"不分國界"的超越態度。當年世風的壓力和學人因應的困窘，於此可見一斑。

陳寅恪雖曾留學日、美、歐，但他常選擇區別於"留美學生"的自我認同，如他曾對浦江清說："禍中國最大者有二事，一為袁世凱之北洋練兵，二為派送留美官費生。" 在 1932 年秋開課時又說，以往研究文化史者，"舊派失之滯"而"新派失之誣"；並具體指出："新派是留學生，所謂'以科學方法整理國故'者。"可知陳先生所說的"留學生"，基本仍指向提倡"整理國故"的留美學生胡適。

有時陳先生也"置身事外"，整體性地批評留學生。還在新文化運動尚處高潮時，他就指出："救國經世，尤必以精神之學問為根基。”那時的中國留學生不知研究這類形上之學，反“誤謂中國過重虛理”，故“皆學工程、實業”，體現出“希慕富貴、不肯用力學問之意”。問題是“實業以科學為根本”，這樣“不揣其本而治其末，充其極只成下等之工匠”。更嚴重的是，“專趨實用者，則乏遠慮，利己營私，而難以團結謀長久之公益”；若“專謀以功利機械之事輸入，而不圖精神之救藥，勢必至人欲橫流、道義淪喪，即求其輸誠愛國，且不能得”。

若留學生“皆學工程、實業”乃是基於“中國過重虛理”這一誤識，不論此處的“虛理”和“實業”有多少隱意，只要確有誤識在，就提示著中國傳統在很多人的認知中已被歐美方式“改寫”了。正因此，陳寅恪在 1932 年為清華大學招生考試出題時，特別以“對對子”的方式來考核那些在“新文化”氛圍裏成長起來的青年，結果引起軒然大波，被不少人視為倒退，甚至是對“新文化”的挑戰。

在那時的中國，由一個留學生來“挑戰”新文化，顯然多一層尷尬，有著更為曲折的寓意。這與留學生胡適不得不“非留學”，實異曲而同工。處在那樣的時代和社會，身為留學生而有意自外於社會所寵的“留學生”，陳寅恪的個人認同，大概也只能是他所常說的不新不舊、非驢非馬而已。這當然是戲言，又不僅是戲言，其中深有沉痛在 —— 在一個日益黑白分明的世界裏，找不到自己的認同，雖云清高，不亦太過縹緲乎？留學生的邊緣特性，於此顯露無遺。

　　文化態度與陳寅恪相近而與胡適疏遠的另一位留學生吳宓，也有著與胡適相似而更甚的內在緊張。吳氏自述，他"心愛中國舊日禮教道德之理想，而又思以西方積極活動之新方法，維持並發展此理想"，但"二者常互背馳而相衝突。強欲以己之力量兼顧之，則譬如二馬並馳，宓必以左右二足分踏馬背而繫之；又以二手緊握二馬之韁於一處，強二馬比肩同進。然使吾力不繼，握韁不緊，二馬分道而奔，則宓將受車裂之刑"。雖已認識到這是自己一生悲劇之所在，吳宓仍清楚地感知到"欲不並踏此二馬之背而不能"的無奈。

　　這裏既可見"知其不可為而為之"的傳統中國精神，也有佛教那種"我不入地獄誰入地獄"的承擔。近代中國的大不如人意，給讀書人以重負，也促其奮起。儘管內心和外在都充滿各式各樣的緊張，很多人還是懷抱著"不得不如是的苦心孤詣"（陳寅恪語），不顧毀譽，躑躅前行。留學生不過是這些讀書人中的一部分，但那種新舊中西集於一身的認同緊張更為顯著，其內心衝突也更難緩解。

　　在某種程度上，胡適、陳寅恪和吳宓等人在文化態度上雖有明顯歧異，他們身上恐怕多少都並存著"中國的我"和"西洋廿世紀的我"兩個新舊中西不同的"我"。在小至家庭愛情大至民族國家走向這樣一些問題上，究竟是取中國的還是西洋現代的態度，恐怕他們自己也常常猶疑躊躇，彷徨反覆於欲說還休又勢不能不說的取向之間。

如果一個啟蒙者同時也是外來者，啟蒙見效之日通常也就是歷史使命完結之時。在華傳教士就是這樣，他們曾一力傳播西學，而終被漸成勢力的西學大潮驅趕到思想的邊緣地帶。但傳教士可以帶著無論多少遺憾離開中國而回歸自己的本土，一個歸國留學生卻要多一層悲劇的色彩：他所"批判"的即是他所熱愛的，因他的激烈批判而可能排拒他的，正是他想要回歸的本土。

對留學生的認識仍需深入

從上述的外在語境和留學生自身的內在緊張可以看出，近代中國文化競爭、思想演化和社會變遷之間的互動，貫穿於始終。西方文化的衝擊是全方位的，國人思想方式的轉變有目共睹，而學生群體的興起，更是社會變遷中的重要因素。在中西之間，留學似意味著中國成了弟子國；在國內，留學生既有"挾洋自重"的一面，又頗能借學生興起的東風，在學生群體中還居於高層。經過這樣層層轉換，中西之間的潛在差距，又拉大了不少。

在社會層面，前述西人享受的尊崇逐漸過渡到留學生身上，是不可否認也不可忽視的。就政府而言，從清末到現在，政權雖數次更迭，留學生受優待的大趨勢基本未變。章士釗在擔任教育總長時說：初出校門的留學生，"他國至多置之研究院內、助教室中，而在吾國則為上品通材，良足矜貴；何校得此，生氣立滋"。但厚愛之下，也生弊端，"他國大學教授，在職愈久，愈見一學之權威；而吾國適得其反"，留學生任教授後，因"新知不益，物誘日多"，很快發展為"內詔學生，外干時事"，學術方面反而忽略。當時北京國立八校的數百教授，"歲終至無百頁可讀之書、三年可垂之籍"，實愧對其優厚待遇。

這樣的指責，不能說是無的放矢。胡適稍早在北大開學典禮上演說，也曾指出類似的趨向，並稱之為"學術界大破產的現象"。不過，章、胡二人也都是留學生，其所說不無"自我批評"的意思。如上所述，留學生的社會及自我定位，常超越於學術和教育，出現這類現象，部分也是求仁得仁的結果。整體言，留學生在近代中國造成和推動的轉變，包括學術方面的轉變，也是眾所周知，不容置疑的。

今日歸國留學生所受優待，雖遠不如章士釗所描述的時代，且趨於減少，但仍非常明顯。留學路上，行者仍絡繹不絕。當年"一般知識階級"對留學生那種期盼與失望兼具的心態，也還在延續，並有向社會其他方面擴展的趨向。這或許提示出，一方面，對留學生這一社群的淵源流變，我們不清楚的地方尚多；另一方面，留學生雖被相當多人視為特定的身份認同或社群，卻未必是一個共性大於個性的群體。

正常情形下，一個社群應外有共性而內有個性。留學生是否就是一個這樣的社群，頗讓人懷疑。我自己也曾去外國唸書，後來又在各種場合與各類留學生交往，或也可算是閱人較眾。我所見留學生之間的差異，一點不比其他學生之間更少。留學之能改變一個具體的人，和唸大學可以改變人一樣——不同的大學可能塑造不同的學生；但有一點是共同的，即每個大學都有優生，也都有差生。留學亦然（今日在國內各大學教書者，有留學經歷的已不少，其中好的可以很好，差的也確實較差）。留學生之中什麼樣的人都有，也正如同一大學畢業的校友中什麼樣的人都有。

說得抽象點，留學不過是人生的一段經歷，而人生的一段經歷通常不足以構成一種身份認同。如今幾乎人人都做過學生唸過書，可是不聞將人人稱作學生。當然，留學生之所以能成為一種可以區分於他人的身份認同，甚至構成一個似乎有著共性的社群，或因為這一經歷不是人人都有，更不是人人都能有。但這仍不能從根本上改變這一事實——留學生不論作為一種身份認同還是一個社群，似乎都缺乏學理的支持。然而留學生確實被相當多的人視為特定的身份認同或社群，也是事實。這似乎已不是常規的社會區分學理所能解釋。或可以說，"留學生"是一個看似明晰其實蘊涵繁複的符號。

早年的留學生，鮮有不回歸祖國者，後來因留學而定居異鄉者卻日漸增多。儘管我們早已告別安土重遷的傳統，羈旅異邦者的身心處境仍相當複雜，遠非法律上轉換國籍那麼簡單。那些畢業後留在異鄉的留學生，有時也被認為不夠愛國。其實愛與居住，從來沒有那樣密切的關聯 —— 居住者不一定就算示愛，離異者也未必就不深懷眷戀。近年中外關係一旦有事，留學生和留學後定居的 "海外華人"，往往都有些一觸即發的言行。從這些表現看，他們中多數人的愛國熱情，似不比居住在國內的人差；其激動程度，很多時候還超過國內的人。

那些已經歸國的留學人員，近年被贈與一個新的稱號 ——海歸。其諧音即 "海龜"，是一個可以有多種聯想，但多數都不一定表示特別親熱，卻也沒有太多惡意的稱號。中國人對於龜的認知，有相當豐富的歷史蘊涵，常反映出文化演變的履跡。唐以前的人，名字中有龜字的似乎不少，此後便越來越少見。日本卻還保留了一點唐代的習慣，印證著禮失求諸野的古訓。我們抗日文藝作品中的日本人，便常有龜田一類姓氏，最能表明龜字後來實在不算親熱。不過龜而加海，又溫婉許多，還帶點珍稀的意味。在特定的語境裏，海歸似漸呈現出越來越正面的意思。

任何名相，本有其時空定位，也只能據其所處時空來解讀。詞語的轉換，也反映出社會認知的波動不止。在近代中國發揮了廣泛影響的讀書人中，不論趨新還是守舊，很多都有一段留學異國的經驗。這一親身經歷和體驗，在他們一生思想及事業發展中，常居關鍵位置，特別值得關注。中國的留學生群體仍處於發展之中，而這一群體的過去，還有不少面相是模糊含混的，有待於探索和了解。因此，對於留學和留學生的研究，也就更加重要。

這本《中國留美學生史》論述的是留美學生的狀況。過去的研究，除泛論者外，似乎對留日學生討論更深入，如實藤惠秀的《中國人留學日本史》和黃福慶的《清末留日學生》。論及留美學生較多的，是汪一駒（Y. C. Wang）先生那本《中國知識分子與西方》，然汪先生所論寬廣，並非專門研究留學生。因此，本書的翻譯出版，對於我們了解留美學生的狀況，是有幫助的。

本書的核心材料是 1906—1931 年間的《中國留美學生月報》，那一刊物非常有價值，而又很少為人使用（如蔣夢麟關於中國傳統政治是民有、士治、民享的見解，就發表在此刊物上）。當然，這也是一份需要慎重處理的刊物，不能徑以為其可以代表當時的留美學生。如梅光迪在 1912 年就曾指責當時《中國留美學生月報》的主筆"實係買辦人材，於祖國學問及現狀毫不之知，日以污衊祖國名譽、逢迎外人為事"。不論梅氏所說是否帶有偏見，該刊的編輯確常更換，而不同的編輯總給刊物帶來不一樣的風格，也牽出一串串不同的故事。

本書的最大長處，是以人為本，以一些具體個人的故事構建其整體的主題。這顯然不是美國史學的常規路數，倒與中國傳統史學講究"紀傳"的取向暗合。不過，或因本書以特定刊物為主要依據，其所論述的對象也受到史料的制約。例如，辛亥革命後的獎勵留學和抗戰後的半獎勵留學（很多自費者因曾服務於援華美軍而獲得可以按官定匯率兌換外幣的優惠），就所述不多。兩次留學學生都多往美國，後者尤其數量不小，50 年代回國之人多屬此群體；儘管得勢的和吃虧的或有霄壤之別，對中國各方面的影響卻很大，或需要更多的處理。

本書的翻譯，從史學角度言或不十分精當（我所見是較早的文本）。譯者對那個時代的中國似乎不夠熟悉，對一些人名、術語和事件都不時表現出陌生感。我知道出版社後來專門請了懂歷史的專家審讀譯稿，希望這些問題已得到妥善解決。英文原書我沒有看到，但從筆觸間可以感覺到，譯者採取的不是那種精益求精的直譯，而是希望中文表述得簡明通暢。這樣的處理當是譯者有意的選擇，而不是英文能力的問題。好在本書不以微妙分析見長，估計這些處理不太會影響原書的指謂。

無論如何，留美學生對近代中國的影響都是不能低估也需要深入了解的。胡適當年回國不久，曾與章太炎同在北京的少年中國學會演說。他那天特意用英文唸了一句荷馬的詩："You shall see the difference now that we are back again." 這句話他早幾年在日記中也曾引用，以為此語 "可作吾輩留學生之先鋒旗"。胡適自己的譯文是："如今我們已回來，你們請看分曉罷。"

現在我們都知道，這位青年留學生的歸國，的確帶來了很多的 "不同"。此前此後其他留美學生的回國，同樣給中國帶來不少的變化。要想知道他們何以能帶來這些不同和變化，就要回看其歸國前的留學生活。這或許就是本書可以帶給讀者諸君的一大好處了。

（原刊《讀書》2010 年 6、7 期）

大學的精神與定位

從歷史眼光看，今日所謂"大學"，對我們而言，本是一個從外面引進的新生事物。中國人開始思考辦大學並落實在行動上，也不過就是一百年前的事。正因此，從體制到實踐，我們的大學或皆仍處於"發展中"的狀態，不免有"摸著石頭過河"的一面。就連大學在社會中的定位，甚或在教育系統中的定位，都還有模糊不清楚的地方。故所謂大學精神，恐怕也是個很難眾皆認可甚或根本未曾想清楚的問題。不過，也有一些基本的原則，至少從民國初年開始，就成為不少辦學者的準則。

獨立自由的大學精神

蔡元培長北京大學時，一般都說他以"兼容並包"治校。這本是他自己的說法，大體不錯。不過蔡先生還有所界定，即此乃"仿世界各大學通例，循'思想自由'原則"。換言之，兼容並包是表現出來的"主義"，思想自由才是其背後支撐的"原則"。僅記住其面上的操作，或可能淡忘其背後的原則。

當年真正參與治校者所體會的蔡元培辦學方針，就更重"原則"。1920 年 11 月，北大旅滬同學會在上海設宴歡送校長蔡元培赴法國，曾任文科學長的陳獨秀致辭說：

> 蔡先生自任校長後，有二事為同人等所親見者。一則學說獨立，蓋無論何種政治問題，北大皆不盲從，而獨樹大學改革之精神；二則思想自由，北大內有各種學說，隨己所願研究，是以毀譽不足計。而趨向之所寶貴者，則精神也。今後同人之所希望，即在一面彌補缺點，一面保存精神，即學術獨立與思想自由二者是矣。

陳獨秀並不像很多人那樣看重"兼容並包"，他眼中的北大"精神"很明確，即"學術獨立與思想自由"。前者當時多對外，針對著"政治問題"；後者偏於校內，側重於"各種學說"。這雖是陳先生讚揚校長的話，應也能代表文科學長自己的努力目標。多年後，經歷了國民黨"黨化教育"的學人，才進一步認識到獨立精神和自由思想的可貴。陳寅恪特為表出，堅信其必"與天壤而同久，共三光而永光"。今日學者大多記得陳先生的表述，其實他說出的是當年許多人的共識，且已貫徹於大學之中了。

　　什麼是大學的精神？用陳寅恪的話說，大學中人"一定要養成獨立精神、自由思想、批評態度"。最後一點受到的關注不多，卻也決不能忽視。蓋有批評態度然後能獨立思考，精神獨立才談得上思想自由，故"思想自由"必與"批評態度"相結合。後來擔任大學校長的竺可楨，就特別要求大學生要"運用自己的思想"，養成"不肯盲從的習慣"，不能輕易被人灌輸固定知識，則又是"獨立精神"與"批評態度"的結合。

　　不過這更多指大學內講學風氣的培育，若轉而向外輸出，長於批評或許就成弊端了。五四學生運動後遊學於歐洲的傅斯年，於 1920 年 8 月 1 日給胡適一信，申述對留學界的不滿意：不僅一般人急功近利，不重學業；"即所謂人才者，也每每成 politician 與 journalist 之'一而二，二而一'的人格"。故他"很希望北京大學裏造成一種真研究學問的風氣"。就是"為社會上計，此時北大正應有講學之風氣，而不宜止於批評之風氣"。他更希望胡適自己不必太看重提倡白話文等"社會上的名望"，而要努力"造一種學術上之大風氣"。

　　在大約同時給蔡元培的信中，傅斯年更明言："北大此刻之講學風氣，從嚴格上說去，仍是議論的風氣，而非講學的風氣。就是說，大學供給輿論者頗多，而供給學術者頗少。"簡言之，"大學之精神雖振作，而科學之成就頗不厚"。所以他希望蔡元培"此後於北大中科學之教授法與學者對於科學之興趣上，加以注意"（傅函中的"科學"似專指自然科學，但綜合兩函看，則

他所謂 "講學" 是泛指的）。

　　兩函雖皆以建議口吻出，作為前北大學生，傅斯年的直言不諱其實已是今天所謂 "提意見" 了。胡適那年 9 月在北大的演講，就對北大的學問成績提出了嚴厲的批評。他指出了北大 "在知識學問這方面貧窮" 的現狀，其中之一即有 "四百多個教職員，三千來個學生，共同辦一個月刊；兩年之久，只出了五本"，被他視為 "學術界大破產的現象"。他強調 "我們若想替中國造新文化，非從求高等學問入手不可"。胡適主張把傳播 "新名詞" 的 "普及" 活動留給外面的人去幹，希望北大師生 "一齊用全力向 '提高' 一方面去做工夫"，即 "切切實實的求點真學問，把我們自己的學術程度提高一點"。

　　胡適之所以產生如此強烈的 "危機感"，非常可能受到傅斯年的影響（以當年的郵遞速度，胡適收到傅斯年函時應已在 9 月），至少也是與傅斯年有同感。大約同時陳獨秀在《新青年》上發表了一篇短文，同樣不看好北大學生的程度，以為北大過去的畢業生，大都不能自由譯讀西文參考書，基礎的普通科學也不曾習得完備。而蔡先生 "到北大以後，理科方面並不比從前發展；文科方面號稱發展一點，其實也是假的，因為沒有基礎學的緣故"。既沒有基礎學，又不能讀西文書，不免 "仍舊拿中國舊哲學、舊文學中昏亂的思想，來高談哲學、文學"。可知陳對北大辦學的成效，持相當保留的態度。

　　陳獨秀所說，包括今人所謂 "自我批評"，因為他自己就曾是文科學長。同時他也在因應胡適對北大學術成績的批評，兩人雖在普及和提高上側重不同，對北大的評估都與傅斯年相近。他們的共同感受，大致與不少"五四"當事人對學生運動的反思相關，即希望學生回歸到求學上來。

類似的現象和觀感後來仍在延續，兩年後北大紀念 25 週年時，在"遊藝、展覽和講演"這些"很有趣味的"表象背後，李大釗看到的是北大"值得作一個大學第二十五年紀念的學術上的貢獻，實在太貧乏了"。他認為，"本校的光榮"，在於"能有些學術上的紀念作品，使全國學術界都能得到一點點有價值的紀念贈品"，遂"以極誠摯的意思，祝本校學術上的發展"。

可以看出，獨立自由的大學精神是要培養具有獨立精神、自由思想、批評態度的學生。這些或都屬於昔人所謂"修文德"的範疇，並奠基於愛智之心。而愛學問、求真理，致力於"純粹研究學問"（詳後），也是大學精神的一個核心成分。在此基礎上既傳授知識技能，更以學術回饋社會，則是大學的社會定位。

傅斯年觀念中有一個重要的主張，即大學毋須脫離於社會（實際也不可能脫離社會，詳後），但即使"為社會上計"，也應樹立"講學之風氣"，以為社會"供給學術"，而不是"供給輿論"。

為社會供給學術的大學定位

所謂注重講學的風氣，與大學的定位和宗旨密切關聯。曾任北大教務長的顧孟餘便明言："大學教育之目的，不在授青年以許多雜俎之知識及片面之技術，乃在一面研究各種理論科學之真理，一面以此研究之所得，造成合己身與宇宙之現象及意義的世界觀與人生觀。"進而將人類"各時各地所發明之真理，貢獻於中國之社會"。這才是"大學教育之真目的"，也是"大學對於國民之本來的天職"。

這一表述，與蔡元培、陳獨秀等人的辦學方針大體一致，也與傅斯年關於大學應為社會"供給學術"的觀念相通。傅斯年到晚年仍指責中國的"教育學術界未免太懶"，社會責任感不足 ——"青年心中的問題，不給他一個解答；時代造成的困惑，不指示一條坦途"。但他仍堅持，填補這樣的"真空狀態"，要靠翻譯和創作足以"影響於思想文化"的優秀學術作品。

傅先生還是大學生時，便曾有"造社會"的宏願，也一直在思考學術與社會的關係。在五四運動的當年他就提出，"群眾對於學術無愛好心，其結果不特學術銷（消）沉而已，墮落民德為尤巨"。宋明之季的獨行之士和西洋文藝復興與宗教改革時代的學者，皆"能於真理真知灼見，故不為社會所征服；又以有學業鼓舞其氣，故能稱心而行，一往不返"。在他看來，那時中國的急務，"莫先於喚起國人對於本國學術之自覺心"。

後來傅斯年先後擔任過北大代理校長和台大校長，他晚年時坦承，若從理想言，"大學要盡量成一'烏托邦'"，盡可能"與社會脫離，庶可以不受舊社會的影響，而去創造新社會"。但他知道那只是"寫意的筆法"，現實是大學"不能獨自生存"，其"不能脫離學校系統，脫離社會，猶之乎一人不能脫離了人群"。或可以說，要喚起民眾對學術的自覺心，先要大學中人對學術有愛好心。但也只有大學中人"有學業鼓舞其氣"，才能堅持真理，"不為社會所征服"，然後以學術回饋社會。

學術與社會密切相關，而其關係又是至為曲折複雜的。張之洞早就說過："世運之明晦、人才之盛衰，其表在政，其裏在學。"而社會上民德的盛衰，更與學界文德的修為相輔相成。如梁啟超所說，"欲一國文化進展，必也社會對於學者有相當之敬禮"。要"學者恃其學足以自養，無憂飢寒，然後能有餘裕以從事於更深的研究，而學乃日新焉"。所謂"學乃日新"，既是大學對於社會的義務，也是大學贏得社會尊敬的關鍵。李大釗看得明白："只有學術上的建樹，值得'北京大學萬萬歲'的歡呼！"

當然，以學術影響和改造社會，並非一條坦途。顏元曾希望讀聖人書者"要為轉世之人，不要為世轉之人"，但前提是學者自有其學，足以"轉世"。傅斯年的同學顧頡剛在 1919 年說出了許多人的共同憂慮："為什麼真實學問的勢力不能去改革社會，而做學問的人反被社會融化了？"他認為這還是因為學問方面的努力不足，所以提出，"諸君，倘使看得這社會是應當改革的，還是快些去努力求學才是"。到北伐後，受到喊口號時風的影響，他更喊出了"我們要造成一個'研究的運動'"這一口號。

"研究"是近代興起的新詞，今日在大學中已廣為流行（特別普及於一些研究生的論文題目中）；其所指的，就是大學那非教育的一面，也是大學服務於社會的一項主要功能。先後與王國維和傅斯年同事的李濟在 1954 年對其學生張光直說："每一個中國人，若是批評他所寄託的這一社會，必須連帶地想到他自己的責任。"而"中國民族以及中國文化的將來，要看我們能否培植一群努力作現代學術工作的人 —— 真正求知識、求真理的人們，不僅工程師或醫師"。

聚集和培養知識人的大學，不能不是社會的批評者，同時更必須為社會供給學術。今日我們的大學仍以國立為主，在某種程度上或可以說，大學頗類過去的士人，其實是受社會"供養"的。故大學中人若不能"純粹研究學問"，便無以回饋社會。若他們不存"愛智"的心態和風氣，研究便很難"純粹"，學問也不可能"日新"，又如何能喚起國人愛好學術之心呢？

李濟把"求真理的人"對應於工程師和醫師，揭示出大學在教育系統中的定位，包括大學應當是怎樣的教育機關，甚至是否僅為教育機關，也是需要澄清的問題。

大學中學化：模仿中形成的偏差

我們今日的教育體系，是以模仿為主的。但在學習仿效的過程中，卻有一些問題或未曾注意，或被更急切的功利性需求所遮蔽了。前引蔡元培所說他辦學是"仿世界各大學通例"，這裏的"世界"，大體是所謂的"西方"；而當時的大學，更以歐洲為典範（美國的大學體系，特別是本科以後的研究生階段，那時尚在完善中）。但是，晚清的新教育模式主要採自日本，而日本在模仿時便已有一些偏於功利的選擇。傅斯年注意到：

> 歐洲的近代大學可以說有三種含素：一是中世紀學院的質素。這個質素給它這樣的建置，給它不少的遺訓，給它一種自成風氣的習慣，給它自負。第二層是所謂開明時代的學術。這些學術中，算學、醫學等多在大學中出，而哲學、政治雖多不出於其中，卻也每每激盪於其中。經此影響，歐洲的大學才成"學府"。第三層是十九世紀中期以來的大學學術化，此一風氣始於德國，漸及於歐洲大陸，英國的逐漸採用是較後的。於是大學之中有若干研究所、工作室，及附隸於這些研究所、工作室的基金、獎金。

重要的是他指出，"當清末辦新教育的時代，這一頁歐洲歷史，是不知道的，以為大學不過是教育之一階級"（按"階級"

即今所謂"階段"，而傅先生所說的"開明時代"，今日一般稱作"啟蒙時代"）。這是一個關鍵——不論日本的高等教育如何設置，中國的仿效者僅將大學視為教育系統中的一個階段，卻忽略了大學第一要自成風氣，第二要有哲學氛圍，第三必須學術化。自成風氣就是能夠獨立，不人云亦云；哲學的本義據說是"愛智"，美國的多數博士學位均名為"哲學博士"，或許便寓此意；兩者均與學術化相關，即大學不僅是個教育機關，它還有特定的功能，就是蔡元培所說的"純粹研究學問"。前引傅斯年對中國"教育學術界"的批評，顯然並非隨意，乃是特意點出大學不止於"教育"的一面。

近代中國新教育的一個不足，或許就是"畢其功於一役"的心態過強，尚未真正懂得仿效的對象，就已經設計出了整套的制度。傅斯年後來說，"學外國是要選擇著學的，看看我們的背景，看看他們的背景"；如"在學校制度上學外國，要考察一下他們，檢討一下自己"。但中國的學習者並不如此，"一學外國，每先學其短處"（部分也因為"短處容易學"）。其結果，"小學常識，竟比美國 College 常識還要高得多"；"中學課本之艱難，並世少有"；"中學課程之繁重，天下所無"；而"大學之課程，多的離奇"。由於章程上求高求美，事實上做不到，"於是乎一切多成了具文"。

這是傅先生 1950 年的描述，迄今仍與我們的教育現狀若合符節！我自己初中唸了一學期就進入"文革"了，幾乎可以說未曾進過中學。後來曾應邀給成都市的中學歷史老師講 20 世紀中國史學，為此而翻閱了全套中學歷史教材，深感其"全面深入"。故我演講時一開始就向老師們致敬：他們第一節課要處理的內容，很多是我到現在都還不敢輕言的。問題在於，這些現象源於"是學外國嗎"？去過多國遊學的傅斯年自問自答——"外國無一國如此"！

正因早期的創制者事先未曾充分地考察"他們"、檢討"自己"，中國的教育體系雖出於模仿，又形成了自己的"特色"。具有諷刺意味的是，中小學的定位雖過高，而大學的定位又偏低。或因未能認識到大學那超出一般教育系統的獨立意義，"乃將大學化為中學"。

傅斯年稍早時辨析說，"中小學之教育在知識的輸進、技能之養成。這個輸進及養成皆自外來已成之格型而入，大學教育則是培養一人入於學術的法門中"，即"培植學生入於專科學術之空氣中"而能"自試其事"。儘管大學也不能"忽略知識之輸進、技能之養成"，但"中學教師對學生是訓練者，大學教師對學生是引路者；中學學生對教師是接受者，大學學生對教師是預備參與者"。大學中學化的最大弊端，就是"不能培植攻鑽學術之風氣"。

竺可楨也說：

　　　大學所施的教育，本來不是供給傳授現成的知識，而重在開闢基本的途徑，提示獲得知識的方法，並且培養學生研究批判和反省的精神，以期學者有自動求智和不斷研究的能力。大學生不應仍如中學生時代之頭腦比較簡單，或者常賴被動的指示，而必須注意其精神的修養，俾能對於一切事物有精細的觀察、慎重的考量、自動的取捨之能力。

兩人均曾任大學校長，做出上述表述時正在校長任上（僅傅先生區分大學與中小學的言說稍早）。從其不同時的共同關懷中，我們就更能理解蔡元培為什麼要一再對學生強調"純粹研究學問"與"灌輸固定知識"的不同；也可知中國大學在教育系統中定位的模糊是一直持續的。直到今天，大學的定位仍不清晰，並隨著教育事業的發展而生出了新的問題。

例如，本科教育究竟是偏重素質還是偏重專業，就是一個並未釐清又迫切需要解決的問題 —— 在大學仍是相對稀缺的"高等"教育時，即使本科，也是偏重專業的（我自己唸書時代就是如此）；目前大學仍屬於高等教育，卻已是遠更普遍的一種教育形式，似乎本科也更偏重素質教育了。但專業"學術的法門"是在大學高年級時教還是留待研究生階段，便尚乏統一的認識（以史學為例，一些博士研究生連本專業的注釋規範都不熟悉，原因就是他們的碩士老師以為這些粗淺的技法早已在本科傳授，而其本科老師卻認為這是研究生階段的事）。

與大學在社會中以及教育系統中的定位相比，專業培育放在哪一級只是一個小問題，但也可以嚴重影響大學中的教與學，充分說明了澄清大學定位的重要性。在中國大學初起之時，一方面針對科舉時代為做官而讀書的舊習，另一方面更主要是因應新教育體系中技能培訓和研究精神之間的緊張，蔡元培在北大提倡和貫徹了一種"君子不器"的辦學宗旨。

"君子不器"：大學的辦學宗旨

蔡元培一到北大就強調："大學者，研究高深學問者也。"此後，在北大每年的開學演說中，他都反覆申述這一宗旨（如他自己所說，"本校的宗旨，每年開學時候總說一遍，就是 '為學問而求學問'"）。1918 年陳獨秀在北大開學式上演說，也將大學學生之目的概括為三類，即"研究學理""備畢業後應用"及"得畢業證書"。他認為第三目的實不足道，第二目的"雖不得謂之大謬，而僅能適合於專門學校"。只有"第一目的，始與大學適合"。

這是陳先生在文科學長任上時所說，非常能體現校長蔡元培的宗旨。蔡先生從 1918 年起，在反覆重申"大學為純粹研究學問之機關"、為"研究學理的機關"的同時；又一再辨析大學"不可視為養成資格之所，亦不可視為販賣知識之所"，"不是販賣畢業文憑的機關，也不是灌輸固定知識的機關"。他後來更特別提醒北大學生，"不要誤認這學問機關為職業教育機關"；甚至說出重話：我年年重申這樣的宗旨，"望諸位自愛"。

由此可知，蔡元培初到北大，針對的是為做官而讀書的舊習，著重要糾正的是"錯認大學為科舉進階之變象"這一弊端。但不久之後，對於學問、學理的凸顯，所針對的已轉化為資格和文憑；而與"純粹研究"對應的，則是"販賣知識"及對"固定知識"的灌輸。這表明北大的教育已漸與"科舉時代"劃清了界限，學校所面臨的，已是所謂現代教育體系的新問題了。而陳獨秀把"備畢業後應用"與"專門學校"掛鈎，更點出一個從晚清以來就困擾著辦新學者的問題。

中國傳統的教育，從私塾、書院到國子監、翰林院的教育系統，基本貫徹"教書育人"的準則，不主張甚至排斥專門技術的培訓。如決訟斷獄可能是古代地方官最直接也最繁重的職責，但在選拔官員的科舉考試中，卻沒有這方面的要求。清道光十五年，御史易鏡清奏請第三場策問加試律例，禮部卻以為："國家設科取士，責以報稱者甚多，不獨在理刑一端。若於進身之始，先責以名法之學，無論剿說雷同，無裨實用；即真心講貫者，亦必荒其本業，旁及專家。"

其實易鏡清不過要求第三場的五道策問中"以四道論古"，僅"請酌以一道，專取現行律例發問。俾士子講習有素，起而行之，胸有把握，自不為人所欺"（這是針對衙門裏的刑名師爺）。

但禮部認為這一小小的改變也有重大的影響，會造成"以法律為詩書"的後果，給"揣摩求合之士"以"因緣為奸"的可能，導致士習不端，所以不能採納。

禮部關於"本業"和"專家"的區分，及其與"士習"的關聯，最能體現當年培養士人的取向。因為"士志於道"，其所志之"道"，更多是原則性而非技能性的。為官者可以也不得不聘請各種具有專門技能的幕僚或師爺（特別是刑名和錢穀師爺，他們的技術性培訓是付諸專門行業的），自己卻不一定非學會這些技能不可。這樣一種超越於技術或技能性的"讀書"，最能體現"君子不器"的基本精神。

然而在引進的"現代"教育系統之後，"學成任事"以適應社會的需求，就成為教育的一個重要功能。當年張之洞主持設計的新學制，就規定小學"以養成國民忠國家尊聖教之心為主，各科學均以漢文講授，一概毋庸另習洋文，以免拋荒中學根柢"。到中學階段，始准兼習洋文。但對於設在通商口岸附近的高等小學堂，尤其"學生中亦有資敏家寒、將來意在改習農工商實業、不擬入中學堂以上各學堂者，其人係為急於謀生起見"，則准其在學堂課程時刻之外兼習洋文。

蔡元培在受任為北大校長之時起，便也面對著學校畢業生"因無特別技能，無法謀生"這一社會問題。當時就有不少人向他建議應更注重"職業教育"，但他連把"職業科目"參入中國學問的"普通科"都不贊同，僅主張多設與中小學同級的"農工學校，俾無力升學、急圖謀生之青年，受職業教育，有技能之修養"。

蔡先生顯然沿襲了張之洞的思路，即一面重視"國家人才"的培養，同時也為"急於謀生"的貧寒子弟網開一面。類似的體制，為近些年所實施，不過是把職業教育放在高中階段而已。然而解決畢業生的就業問題，也越來越成為大學的一項"任務"。同時，由於中國傳統的教育素不主張甚至排斥專門技術的培訓，"學成任事"在整個教育系統中的定位，仍是一個並未釐清的問題。

回到大學教育那更為基本的層面，蔡元培當年顯然秉持著"君子不器"的傳統。在他看來，"教育是幫助被教育的人，給他能發展自己的能力，完成他的人格，於人類文化上能盡一分子的責任；不是把被教育的人，造成一種特別器具"。或基於這一理念，他不僅想要維護中國學問"普通科"的純粹，更擬在大學推行以"學、術分校"的主張——

蔡先生特別看重"學理"和"致用"的區別，認為文、理是"學"，法、商、醫、工則為"術"；兩者在學理上"雖關係至為密切"，在教學上卻應予區分。他明言："治學者可謂之'大學'，治術者可謂之'高等專門學校'，兩者有性質之差別。"故"文、理二科，專屬學理；其他各科，偏重致用"，其培養目標是讓生徒"學成任事"，當分立為不同的學校。北大"專設文、理二科，其法、醫、農、工、商五科，別為獨立之大學"，或與既存各專科大學合併。蓋學與術"習之者旨趣不同",對學風有實際的影響。北大此前兼設各科的結果是,本應致力於研究高深學問的"文、理諸生亦漸漬於法、商各科之陋習",遂造成全校風氣的轉變。

最後一語,揭示出蔡元培一再將北大區分於"販賣知識"及"灌輸固定知識"的隱衷,即學與術不僅目的不同、教授的方式不同,連學習的風氣也不同。簡言之,"研究高深學問"與"學成任事"的技術培訓,有著全面的差異,不宜混而同之。不過,這種精細區分學與術的思路,至少在語彙方面影響不廣。觀蔡先生自己多言學問、學理,而陳獨秀、傅斯年等雖分享著他的主張,卻頻繁使用"學術"以指謂"學問",便大致可知。今日"學術"一詞遠比"學問"流行,幾乎已經通用,本文也不能免俗。

進而言之,同處一個校園,為什麼文理基礎學科的風氣就不能影響應用學科呢?今日我們常常見到,綜合大學中應用學科的學生,往往與同專業的專門大學畢業的學生不同。可知學風的影響是雙向的,主要還看辦學者自身的宗旨如何,以及求學者形成了什麼樣的風氣。但在當年北大獨享"大學"稱號的時代,蔡先生確實想為中國辦一個更純粹也更具精英氣味的大學。

惲代英當時就注意到,這樣的大學,其實延續了過去的取向。對學生而言,"非國家設立翰林院,則將來何以為生"?惲代英本人頗不贊同蔡元培關於大學"專研學問"而專門則"重實用"的區分,以為"學術而不顧實用、不證之實用,必非實學"。

同時，"專門畢業生如能以科學盡職分，其不足者自必勉學，其謬誤者自必改正，其研究學術之效必更遠且大"。但他確實敏銳地看出了蔡元培的立意。

其實蔡元培的觀念也不是他一人獨有，美國的普林斯頓大學，迄今不設商學院、醫學院和法學院這些一般人趨之若鶩的學院，或許也是希望維持一種致力於"研究高深學問"而非"學成任事"的學風。這一宗旨雖然獨特，也廣為他人接受，普大在美國的排名，總能名列前茅，但也的確是極少數的例外。

據上面多位擔任過大學管理者的學人之所述，反觀我們今日對大學的定位，很多人言大學教育便常提及的所謂"錢學森之問"，似乎有了某種答案。畢竟"學成任事"本身，是不太需要獨立精神、自由思想和批評態度的。教育沒有了"君子不器"的追求，從小學開始，就以課程繁重為特色；而大學上課時又看重固定知識的灌輸，輕視學術風氣的培植。大學既然化為中學，很難為社會供給學術，喚起國人愛好學術之心，則大學中人不能"轉世"而為世所轉，幾乎也成為自然甚至必然的結果。

從大學的精神與定位的角度去思考這個問題，或許可以給我們不少提示和啟發。進而言之，"學問機關"和"職業教育機關"之間的緊張和取捨，多少牽涉到教育機會怎樣才算均等，這問題當另文探討，此僅略及之。

附論：教育機會怎樣均等

竺可楨在 1936 年任浙江大學校長，便著手解決教育機會均等的問題。他認為，在機會均等方面，近代的新教育體制不如科舉時代："在清代書院養士制度下，也造就了不少的貧寒子弟。自從學校制興，有學費的明白規定，情形就漸漸不同了。"最顯著的，就是 "大學變成有資產的子女所享受，聰穎好學但是資力不足的人家完全沒有同樣機會"。這 "不但是對人民不公允"，且 "對於社會與國家更是莫可挽回的損失"。蓋不僅貧寒人家多有天才，"貧困的環境又往往能孕育刻苦力學的精神"。故 "如何選拔貧寒的優秀學生使能續學，實在是一國教育政策中之一種要圖"。

附帶說，竺可楨這篇《大學教育之主要方針》頗被收入一些關於大學教育的讀本，但都是刪節本。我們出版界的刪節功夫一流，或已成為 "特色" 之一。在編輯連歷史文字也必須負責任的時候，確實要體諒他們的苦衷（我知道一位編輯曾因史料中出現反動派所說的 "反動話" 而吃官司）。令我特別吃驚的是，不知為什麼，關於《貧寒子弟的求學機會》這一節應完全不涉政治，竟然也被刪去一些內容！

傅斯年在擔任台大校長時也指出，人人 "天生來在資質上便不平等"，故一切人一齊平等是做不到的。但 "因為貧富的差別，或者既得利益的關係，使能升學的不能升，不能升學的反而升了，確是不公道；而且在近代社會中，必是亂源"。因此，政治上的機會均等，"須先有教育機會均等為根本"。辦學者"一切的努力，在乎使貧富不同人家的子弟得到教育機會的均等"。具體方式方法可以不同，至少要讓"窮人而值得升學的，可以升學"；而"有錢有勢的人的子弟，不值得升學的，不可升學"。

傅、竺兩位大學校長的關注，應當引起我們的注意。更重要的是，貧寒子弟不僅有"急於謀生"的需要，他們也有和家境寬裕的少年同樣的夢想；說得高遠些，他們也非常願意、可能還更適合做"國家棟樑"（因其有吃苦的經歷，更能知民生的艱難），故應有就讀於一流大學的機會。辦學者一方面確實要考慮貧寒子弟謀生的需要，另一方面也不能須臾忘記教育機會的均等。更由於貧寒子弟在教育"起跑線"上的差距，所有政策還應向他們"傾斜"才是。

（原刊《澎湃新聞・上海書評》2018 年 7 月 2 日）

且慚且下筆：從史學想像世界

自從 2008 年為《南方週末》的“自由談”欄目寫一些小文字，已經有不短的時間，自己其實一直心存忐忑和困惑。首先，今日學者應當怎樣服務社會，個人並無確切的答案。其次，即使以面向大眾的寫作為服務社會的方式，自己是否有此能力，也是存疑的。

在中國進入我們所說的“近現代”以後，發生了真正可以說是翻天覆地的巨變。即使是以天下士為自定位的讀書人，也已經很難影響那變化中的天下。讀書人徘徊躑躅於天下衍生出的世界與中國、國家與社會之間，頗感無所適從。澄清天下的責任，於是漸行漸遠，有意無意之間，已讓與肉食者謀了。另一方面，陳寅恪再三強調，斯文是否掃地，讀書人有著不可推卸的責任；不僅“吾儕所學關天意”，而且“文章存佚關興廢”。正如清儒沈垚所說：

> 文章可絕於朝，不可絕於野。不絕於野，則天下尚有其人，斯道固猶在也。惟並絕於野，則斯道真絕，後人無可望矣。

這是一個兩難的局面。還在五四學生運動的當年，顧頡剛就注意到，"真實學問的勢力不能去改革社會，而做學問的人反被社會融化了"。可知在新時代裏，學問與社會的影響是雙向的，學問方面的準備不足，便不僅不能改革社會，反會被社會所融化。顧先生提出的方案是，學者若真想改革社會，就應當"快些去努力求學"。

然如老話所說，"古之學者為己，今之學者為人"。在五四時代，學者求學還多少有些"為己"的意味，今日則越來越向"為人"傾斜。現在的大學裏，借用西文的表述，已少言大寫的學問，而更多是小寫的學術，並已全盤計日程功化。像我這樣的專業學人，早已被陳澧所謂"博士之學"壓得喘氣不勻；儘管還不敢忘他所說的"士大夫之學更要於博士之學"，卻也離"士大夫之學"越來越遠。

在上述的時代大背景下，很多讀書人對社會不得不敬而遠之，不復敢言化民成俗、改變社會的責任了。而在學校的小環境裏，"努力求學"與"改革社會"之間，也已形成某種程度的緊張，個體學人很難兼顧，遑論所謂"雙贏"。因此，如果不是年輕朋友蔡軍劍鍥而不捨的敦促，我應當不會進入報紙作者的範圍（此前給報紙副刊寫的，都是數千字的長文）。即使勉強進入，心境仍是矛盾的，所謂"心存忐忑和困惑"，的確不是客氣話，而是真實的寫照。

古語云：三思而後行。雖認識到讀書人有為社會服務的責任，我的第一個困惑，便是今日學者應當怎樣服務社會。報刊編者動員我這類人寫作的理由，便是先問對目前報刊文字是否滿意。答曰不滿意，則曰正是因為你們這樣的人都不參與。譬如小人當道，多因君子退縮。只有人人出力，才能改變現狀。話似有理，惟能力有長短，術業有專攻；在一個講究分工的現代社會，做好"本職工作"，似乎就可以說是盡了本分之責。且人的精力是個常數，而專業應是一個學人對社會貢獻最大的領域，要為面向廣大讀者的報刊寫作，勢必減少用於專業的時間。在這樣的情形下"分心"，可能社會服務未必佳，而專職也不如前了。這的確是一種兩難的選擇。

進而言之，當學者面向大眾說話，是該去"提高"呢，還是"普及"呢？在士為四民之首的時代，這是沒有什麼疑問的 —— 士為其他三民之楷模，先自修身於前，化民成俗於後。但在強調平等的現代，若云提高，便有自居精英之嫌，彷彿不以平等待人；若云普及，同樣帶有自上而下的意味，對讀者水準的預設甚至更低。還在五四時代，"提高與普及"就引起了爭辯，迄今仍是一個懸而未決的議題。

且寫作是一個涵括閱讀的發展中進程，必有"讀者"的參與，才成為章學誠所說的"言公"。而言論的"是非失得"，最終是由讀者決定的。這就難免出現有心栽花花不開、無心插柳柳成蔭的情境。胡適就曾嘆謂，許多他細心用力的文章不為世人所注意，而隨意為之的作品常多得喝彩。這似乎還是古已有之的持續現象。韓愈已說，他作文每自以為好，則人必以為惡；"時時應事作俗下文字，下筆令人慚。及示人，則以為好。小慚者亦蒙謂之小好，大慚者則必以為大好"。可知讀者與作者的意趣不一致，由來已久。

袁枚後來發揮說，韓愈所謂"下筆大慚"，是指詩賦一類進士文章，可韓愈仍是唐代的進士。故"昌黎肯慚，所以為昌黎；雖慚，肯下筆，所以成進士"。他建議當時士人對待科舉時文，不妨法昌黎，"且慚且下筆"。這當然有些借題發揮，但也可作為進行兩難選擇時的參考。近人汪國垣（闢疆）便說，韓愈此語，或"今日報館之謂"。則既為報紙寫文字，不妨預存待讀者抉擇之想，且慚且下筆。

我的第二個困惑，則在於自己是否有此服務社會的能力。雖說書生報國唯執筆，然對於專業學人來說，怎樣寫面對非專業讀者的文字，其心境之忐忑，或有些像五四時代慣用文言表述的學者不得不寫白話文。我從來沒有奢望真能影響大眾，所作報紙文字，針對的可能還是相對小眾的讀者。但就是面對這樣的小眾，也有話怎麼說的問題。

對於報紙，我給自己的定位是拾遺補闕。蓋身處變化的時代，知道自己沒有跟風迎合的能力，只能多關注一些他人忽視的面相，盡量思而後言，少說或不說別人也會說也可說的話。同時牢記史學的啟示，一要盡可能為他人設身處地，二則必以證據支持所立言。這當然也帶來新的問題——過去人多說文史不分家，但在一千多字的短文中還要"引經據典"，很多報紙讀者對此是不習慣的。

章學誠曾從技藝層面言"史家運用之功"說，著史者與文人的一大區別，就是著述中"惟恐人不知其所本"。蓋若"不知所本，無以顯其造化爐錘之妙用"。換言之，必須先有引文，才能體現作者"造化爐錘之妙用"；而史家的高下，亦正於此處見。然此可與習史者道，不足為他人言。報紙的多數讀者，恐怕更希望言之有物，而不那麼在乎史藝的高低，這是不能不考慮並予以尊重的。

同時，既然為報紙寫文字，就要盡量體現建設性。我知道很多讀者是喜歡揭露和批判的，這方面的文字也有一些，惟多點到為止，讓一些讀者不夠滿意。如有前輩便以為我談大學校園的一些現狀，有"小罵大幫忙"之嫌。其實我的本意連"小罵"也沒有。因為今日報紙本不提倡多做批評，偶爾釋放一點不同意見，相關編輯還可能為此"負責任"（是謂責任編輯）。在這樣的時候，既然選擇說話，也只能盡量多說"建設性"的話，不給編輯和報紙添麻煩。但這樣的不滿對我是一種提醒，讓我更注意說話不能離了讀書人的本位。

有時候，立足於建設，仍可有所"揭露"。法國史家夏提葉（Roger Chartier）曾與社會學家布迪厄（Pierre Bourdieu）進行系列對話，夏提葉注意到，以前"知識分子在社會宏觀層面享有先知、救世主和揭露者的形象"，"二戰"後亦然；但現在

（對話是在 1988 年）他們正轉向另一類工作，如福柯（Michel Foucault）自稱"他的工作就是剝去一些顯然事物和公認概念的鱗片"。布迪厄表示，在這一點上他與福柯完全一致。他認為"科學應當具有戰鬥性，但這絕不意味著'介入'"。在他看來，社會科學不僅"要回答一些極其重要的問題"，更要"提出普通社會世界出現的問題"，並且"有責任更好地提出問題"，即在方式上應超過記者和評論界。

在西方，理想型的知識分子一向是站在政府甚至社會的對立一面，更多扮演揭露、批判的角色。在中國，固然從來存在頌聖的士人（不排除是真心實意的，即確實感覺到實現了得君行道之願），但讀書人中更有立於社會之上或之外的清流，與實際政治的濁流處於對應和對立的地位，既批判也引導，同時還要改造社會，化民成俗。大概從 20 世紀 60 年代起，西方社會和思想出現了重大的轉變。知識分子的社會定位也隨之轉變，其社會地位整體上似乎有所退縮，至少弱化，這就是夏提葉和布迪厄所觀察到的現象。而且這是帶有自覺的轉變，相當一些在思想界扮演著領導地位的文科學者（法語中的社會科學大體包括英語中的社會科學和人文學科，約近於我們通稱的文科）意識到並接受了這一轉變。

學問（科學）和學者仍在"戰鬥"，但戰鬥對象和戰鬥方式都有所轉換。學者不一定要像以前一樣"介入"政治和社會，能盡量剝去一些"眾所周知"的事物和眾皆認可的概念之上所附著的鱗片，也就揭示了"真相"，同樣是對社會不小的貢獻。這雖不那麼劍拔弩張，顯然也並非易事，所以仍是"戰鬥"。

注意布迪厄特別強調的是，學者對社會事務的觀察能力，至少要高於一般媒體從業者。這一觀念反映了也針對著 20 世紀 60 年代後西方社會開始顯著的一些新現象。意識到學者不能像媒體人一樣思考和說話，既表明媒體地位的上升，也展現了學者的自覺。要知道他們兩人的對話是在廣播電台進行的，法國聽眾的領受程度，真讓人羨慕；而對話者的自覺，也就更加意味深長了。

在中國，由於近代的變動遠比法國大，中國讀書人面臨的挑戰，似也比法國學者的更強。借用柯睿格（E. A. Kracke）的術語，近代法國的改變雖大，基本仍是"在傳統中變"（change within tradition）；而中國的巨變，卻是名副其實的"在傳統之外變"（change beyond tradition）。其中一個根本性的轉變，就是"天下"變成了帶有異域風情的"公共"，而"天下士"也漸帶今人所謂"公共知識分子"的意味。

其結果，讀書人言論關照和因應的內容，發生了很大的改變。還在"五四"前後，很多"時論"已是在所謂"社會輿論"壓力下的反應性表述，等於是被"社會"要求表態，而不必是立言者自己有話要說。故他們在討論所謂社會問題（例如自殺、青年煩惱等）時，更多可能是在回應社會，而不是表述自己，至少不是主動表述自己。此前天下士的價值，則在於思存高遠，主動提出有助於"澄清天下"的根本性問題。像這樣被動地隨社會之波而逐社會之流，幾乎為社會所“裹挾”，顯然是新時代的新現象。

志存高遠也思存高遠，乃是讀書人的“本位”。在法國，媒體地位上升的同時，學者還有說話不能與媒體人同的自覺意識，其前提也就是學者尚維持其主體性。但在以變著稱的近代中國，“公共”場域的變化也隨世變而愈亟。梁啟超早年曾說，其為報章之文，乃“應於時勢，發其胸中所欲言”。惟“時勢，逝而不留者也”。應時之文，“轉瞬之間，悉為芻狗”。儘管如此，他所發還是“其胸中所欲言”。隨著媒介方式的技術演進，各類反應式表述的一個後續發展很可能是從“公共知識分子”變為“名嘴”——他們可以針對一切問題開口，也必須針對一切問題開口，直到走進電視上的綜藝節目，不管胸中是否有言欲發。

從“天下士”向“公共知識分子”再向“名嘴”的一步步蛻變，伴隨著讀書人主體性的一步步消逝。這是一種非常可怕的“士變”——“士”在“變”中退隱，直至淡出。這類“士變”的發生，是同樣可怕的“世變”。今人批評與自我批評之時，常說我們處於一個浮躁的時代。其實我們正在經歷一種或隱或顯的時代巨變（在中國還夾雜著特有的“趕超心態”），“浮躁”二字，遠不足以表述其複雜性和內在的緊張。

眼下世界局勢真是名副其實的風起雲湧，在面臨多方面失序之時，不免出現“翻雲覆雨者為俊傑”的現象。不思而行，甚或聞風起鬨，非大學中人所當為。做學問的人，總應比一般人稍多遠慮，方不至於"被社會融化"。今日我們需要的，可能更多是提出需要反思的問題，並思考出現問題之後怎樣可以做得更好。動盪之時，人多有不平之氣，也更需要心平氣和。遇事多從邏輯一面思考，盡量把從身邊到外國的他人看作常人，社會也許就會更加祥和。

雖然帶著兩層困惑，終於還是進入了報刊作者的行列。余不才，文不足以表私衷，甚愧言之不文，亦只有於忐忑中且慚且下筆。王陽明提出的"道大無外"，是支持我寫作的旨趣，也是我對未來的憧憬。據章學誠的"言公"理論，寫作是一長程，作者停筆之後，更多是讀者的參與。只要閱讀是延續的，寫作也就永遠在發展。若有人因讀拙文而生會心之感，甚或撥冗思考明天怎樣可以更好，則幸甚！

（原刊《讀書》2016 年 1 期）

責任編輯　　張　娟

書籍設計　　a_kun

書　　名	中國的近代：大國的歷史轉身	
著　　者	羅志田	
出　　版	三聯書店（香港）有限公司	
	香港北角英皇道 499 號北角工業大廈 20 樓	
	Joint Publishing (H.K.) Co., Ltd.	
	20/F., North Point Industrial Building,	
	499 King's Road, North Point, Hong Kong	
香港發行	香港聯合書刊物流有限公司	
	香港新界大埔汀麗路 36 號 3 字樓	
印　　刷	美雅印刷製本有限公司	
	香港九龍觀塘榮業街 6 號 4 樓 A 室	
版　　次	2020 年 3 月香港第一版第一次印刷	
規　　格	大 32 開（140 × 210 mm）384 面	
國際書號	ISBN 978-962-04-4590-3	

© 2020 Joint Publishing (H.K.) Co., Ltd.

Published & Printed in Hong Kong